国家社会科学基金艺术学项目

世界文化遗产"唐崖土司城址"艺术价值研究

雷宇 著

中国社会科学出版社

图书在版编目（CIP）数据

世界文化遗产"唐崖土司城址"艺术价值研究/雷宇著．—北京：中国社会科学出版社，2020.9
ISBN 978-7-5203-7128-5

Ⅰ.①世… Ⅱ.①雷… Ⅲ.①土司—城堡—文化遗址—研究—咸丰县 Ⅳ.①K878.34

中国版本图书馆 CIP 数据核字（2020）第 170510 号

出 版 人	赵剑英
责任编辑	孔继萍
责任校对	郝阳洋
责任印制	郝美娜

出　　版	中国社会科学出版社
社　　址	北京鼓楼西大街甲 158 号
邮　　编	100720
网　　址	http://www.csspw.cn
发 行 部	010-84083685
门 市 部	010-84029450
经　　销	新华书店及其他书店
印刷装订	北京市十月印刷有限公司
版　　次	2020 年 9 月第 1 版
印　　次	2020 年 9 月第 1 次印刷
开　　本	710×1000 1/16
印　　张	14.75
字　　数	235 千字
定　　价	88.00 元

凡购买中国社会科学出版社图书，如有质量问题请与本社营销中心联系调换
电话：010-84083683
版权所有　侵权必究

(本书所使用的图片，除注明来源的外，皆由咸丰县唐崖土司城遗址管理处提供。特此说明并致谢！)

前　言

2015年7月4日，由湖北"唐崖土司城遗址"、湖南"永顺老司城遗址"、贵州"播州海龙屯遗址"组成的"土司遗址"项目，获第39届世界遗产大会通过，被列入《世界遗产名录》，成为当时我国的第31处"世界文化遗产"。

"唐崖土司城遗址"（以下简称"唐崖土司城址"），是历史上唐崖土司治所的遗址，其占地面积超过明清故宫，"三街十八巷三十六院落"井然有序，有"小故宫"之称。城址拥有"荆南雄镇"牌坊、"石人石马"、"土司王坟"装饰等诸多艺术遗存。城址艺术是"唐崖土司城址"的有机组成部分，它不仅展现世界文化遗产的外在之美，而且蕴含丰富的历史文化信息，值得深入探究。2016年，笔者以"世界文化遗产'唐崖土司城遗址'艺术价值研究"为题，申报了国家社会科学基金艺术学项目，并有幸获准立项。经过3年的艰苦努力，如期完成研究任务，顺利通过结项。

本书主要从四个方面，展开对"唐崖土司城址"艺术价值研究。

一是考察城址艺术产生的背景。探讨了在王朝体制下，土司制度实施的缘由、土司制度的基本内容与历史价值，分析了唐崖土司所处的社会历史环境、个性特征与土司城的兴衰，概述了"唐崖土司城址"艺术的类型特点，阐明了城址艺术研究的意义与维度，为城址艺术价值研究提供了历史文化背景与基本思路。

二是分析城址艺术的审美价值。这是本书的核心部分。根据城址艺术的种类，分别从"选址艺术之美""建筑艺术之美""石雕艺术之美""纹样艺术之美"等四大方面，探讨了城址艺术的表现形态、艺术特色与价值蕴涵。在选址与布局方面，通过对自然生态、地质结构、"堪舆"理念、生存智慧等因素的分析，揭示了城址所体现的功能与审美相统一原则，以及高超的造"势"艺术和怡人的"形"胜之美。在建筑艺术方面，通过对"荆南雄镇"牌坊、"土司王坟"、青石道路系统、"桥上桥"等建筑艺术的分析，揭示了其形制简约之美、间架结构之美、雕刻装饰之美、古朴简约之美、磨砺沧桑之美。在石雕艺术方面，通过对"石人"、"石马"、"石狮"、"荆南雄镇"牌坊、"土司王坟"望柱、"鹤寿无量"等石雕件的分析解读，揭示了其艺术特色、精神寄寓与审美价值。在纹样艺术方面，通过对缠枝纹、宝相花纹、水波纹、云纹、几何纹等装饰纹样的解析，揭示了各类艺术纹样的构图特点、雕刻技法、精神蕴含与审美特征。

三是探究城址艺术的影响因素。本书认为，一种艺术文化的形成与发展，受着多种因素的制约与影响；文化的交流与涵化是决定民族艺术走向的重要因素。城址的艺术成就，是不同民族、不同区域之间，物质文化与精神文化交往交流交融的结果。从城址艺术表现的文化认同、国家认同、建筑形制、营建法式、雕刻技法、纹样图形与装饰艺术等方面看，城址艺术是对汉族文化与汉族艺术的接受与仿象。除阐明城址艺术与汉族传统艺术的关联之外，本书还从艺术生境的视角，分析研究了当地的政治、经济、文化、民间艺术等因素对城址艺术的影响。如从自然地理环境、居户与居民、生计方式与经济生活等方面，分析了自然与经济生境对城址艺术的影响；从土司与王朝的关系、土司与地方势力的关系、土司与土民的关系等方面，分析了政治生境对城址艺术的影响；从土司时期武陵地区的民间社会文化因子、儒家文化在施州地方的传布等，阐明了文化生境对城址艺术的影响；从土司时期的民族民间艺术成就，探讨了民族民间艺术对城址艺术的影响，等等。

四是阐释城址艺术的社会价值。城址艺术不仅具有审美价值，而且具有重要的社会价值。认识价值是艺术的重要社会属性。"荆南雄镇"牌坊等建筑艺术对土司制度政治意蕴的彰显与诠释，有助于提升对民族地区治理历史智慧的认知；城址艺术对传统文化的表达，有助于提升对中华传统文化以及民族之间文化交流意义的认知；城址艺术对土司精神文化生活的反映，亦可弥补区域社会史、唐崖土司发展史等记载的不足。城址艺术蕴含丰富的教育题材，通过对城址艺术的赏析，可以从中获得诸多启迪与教益。城址艺术具有国家认同教育价值、文化认同教育价值；城址艺术对"孝道"的传扬、对纯良风俗的倡导等，具有较高的道德教化价值；城址艺术反映的民族交往交流交融的现象与理念，亦具有明显的现代教育价值。土司城址及其艺术，是一种宝贵的历史文化资源和"文化资本"，具有重要的经济价值。城址及其艺术的科学合理利用，能够产生重要的经济与社会效益，促进地方经济社会发展与民生改善，满足人民群众日益增长的物质文化需求。城址经济价值实现的路径，包括旅游发展、环境改善、观念改变、基础设施建设、传承利用等等。

通过上述探究，笔者体会到城址艺术内涵丰富，是一座有待继续开掘的艺术"富矿"。城址艺术研究，不仅有利于全面展示世界文化遗产"唐崖土司城址"的风采，而且有助于揭示其所蕴含的历史文化信息，实现其作为世界文化遗产的"突出的普遍价值"[①]。

唐崖土司城址"申遗"成功之后，曾一度成为社会关注的热点。但实事求是地讲，对唐崖土司城址的学术研究，特别是对其艺术形态与艺术价值的研究，尚处于起步阶段，还有许多工作要做。笔者不揣浅陋，希望抛砖引玉，为促进相关研究贡献绵薄之力。

---

① 《保护世界文化和自然遗产公约》，中国世界遗产网：http：//www.whcn.org/Detail.aspx？Id=1751。

目　录

第一章　历史回眸：唐崖土司与城址艺术 …………………… （1）
　第一节　中国历史上的土司制度 …………………………… （1）
　　一　土司制度实施的背景 …………………………………… （1）
　　二　土司制度的基本内容 …………………………………… （4）
　　三　土司制度的历史价值 …………………………………… （8）
　第二节　唐崖土司与唐崖土司城 …………………………… （10）
　　一　唐崖土司所处环境与个性特点 ………………………… （10）
　　二　唐崖土司城的兴衰 ……………………………………… （15）
　　三　从"废城"到"世界文化遗产" ………………………… （17）
　第三节　唐崖土司城址艺术的类型与特点 ………………… （20）
　　一　唐崖土司城址艺术的类型 ……………………………… （21）
　　二　唐崖土司城址艺术的特点 ……………………………… （22）
　第四节　土司城址艺术研究的意义与维度 ………………… （24）
　　一　城址艺术研究的意义 …………………………………… （24）
　　二　城址艺术价值研究的维度 ……………………………… （26）

第二章　深山王城：选址布局艺术之美 …………………… （31）
　第一节　土司城的选址艺术 ………………………………… （31）
　　一　空间适宜 ………………………………………………… （32）
　　二　地质稳固 ………………………………………………… （33）
　　三　符合堪舆 ………………………………………………… （34）
　　四　有利防御 ………………………………………………… （35）
　　五　宜于治理 ………………………………………………… （36）
　第二节　土司城的造"势"艺术 ……………………………… （37）

一　"城中城"体现"王城"气象 ……………………………………（38）
　　二　"荆南雄镇"牌坊彰显土司威权 ……………………………（39）
　　三　宗祠与宗教建筑占领精神高地 ……………………………（40）
第三节　土司城的"形"胜之美 ……………………………………（41）
　　一　合理的功能布局 ……………………………………………（41）
　　二　规范的形制尺度 ……………………………………………（42）
　　三　怡人的视觉空间 ……………………………………………（43）

第三章　雄镇屏翰：城址建筑艺术之美 …………………………（46）
第一节　"荆南雄镇"牌坊的建筑艺术特色 ………………………（46）
　　一　形制简约之美 ………………………………………………（47）
　　二　雕刻装饰之美 ………………………………………………（48）
　　三　间架结构之美 ………………………………………………（51）
　　四　题刻书法之美 ………………………………………………（53）
第二节　"土司王坟"的形制与装饰艺术 …………………………（55）
　　一　独特的形制 …………………………………………………（56）
　　二　精美的装饰 …………………………………………………（58）
第三节　石板道路的沧桑之美 ……………………………………（60）
　　一　保存完好 ……………………………………………………（60）
　　二　依形就势 ……………………………………………………（61）
　　三　工艺精美 ……………………………………………………（62）
　　四　磨砺沧桑 ……………………………………………………（64）
第四节　"桥上桥"的古朴简约之美 ………………………………（65）
　　一　基本构造 ……………………………………………………（65）
　　二　艺术特点 ……………………………………………………（67）

第四章　凿刻神功：城址石雕艺术之美 …………………………（69）
第一节　石人石马 …………………………………………………（69）
　　一　精神寄寓 ……………………………………………………（69）
　　二　艺术特色 ……………………………………………………（71）
第二节　石狮 ………………………………………………………（75）

  一 "民狮"形象 …………………………………………… (75)
  二 雕饰特点 …………………………………………… (77)
  三 象征意义 …………………………………………… (78)
 第三节 "荆南雄镇"牌坊装饰石雕 ……………………… (78)
  一 "奉调出征" ………………………………………… (78)
  二 "除妖镇反" ………………………………………… (79)
  三 "尊祖敬宗" ………………………………………… (81)
  四 "土王出巡" ………………………………………… (81)
  五 "麒麟奔天" ………………………………………… (82)
  六 "渔、樵、耕、读" …………………………………… (83)
  七 石鸥吻 ……………………………………………… (84)
  八 象牙雀替 …………………………………………… (85)
 第四节 "土司王坟"祭台围栏石雕 ……………………… (86)
  一 栏板石雕 …………………………………………… (86)
  二 望柱头石雕 ………………………………………… (87)
 第五节 "鹤寿无量"石雕 ………………………………… (90)
  一 是"鹤"不是"凤" …………………………………… (90)
  二 "鹤"形石雕艺术之美 ……………………………… (91)

第五章 唯美韵律:城址纹样艺术之美 ……………………… (93)
 第一节 城址装饰纹样的种类与艺术形制 ……………… (93)
  一 缠枝纹 ……………………………………………… (93)
  二 宝相花纹 …………………………………………… (95)
  三 水纹 ………………………………………………… (98)
  四 云纹 ………………………………………………… (101)
  五 几何纹 ……………………………………………… (104)
 第二节 城址装饰纹样构图的审美特征 ………………… (108)
  一 对称 ………………………………………………… (108)
  二 均衡 ………………………………………………… (109)
  三 变化 ………………………………………………… (110)
  四 韵律 ………………………………………………… (111)

五　虚实 …………………………………………………………… (112)

第六章　交流仿象:城址艺术源流探析 ………………………… (114)
　第一节　城址艺术对汉族传统艺术的仿象 ……………………… (114)
　　　一　文化认同与国家认同 ………………………………………… (114)
　　　二　建筑形制与艺术仿象 ………………………………………… (116)
　　　三　营建法式与雕刻技法 ………………………………………… (118)
　　　四　纹样图形与装饰艺术 ………………………………………… (119)
　第二节　儒家文化与汉地艺术影响城址艺术的途径 …………… (120)
　　　一　汉文化随人口迁移在土家族地区传播 …………………… (121)
　　　二　朝贡与回赐:土司接受汉文化的制度性管道 …………… (123)
　　　三　儒学教育的兴起与文化认同的推进 ……………………… (124)
　　　四　经济贸易发展促进文化涵化 ……………………………… (125)
　　　五　汉族匠师流入与艺术事象扩展 …………………………… (127)
　　　六　奉调出征与田氏夫人入川 ………………………………… (128)

第七章　影响因子:城址艺术生境研究 ………………………… (131)
　第一节　艺术生境的内涵及其对艺术的影响 …………………… (131)
　　　一　生境释义 ……………………………………………………… (131)
　　　二　生境对艺术的影响 …………………………………………… (134)
　第二节　唐崖的自然、经济生境与城址艺术 …………………… (137)
　　　一　自然地理环境 ………………………………………………… (137)
　　　二　居户与居民 …………………………………………………… (137)
　　　三　生计方式与经济生活 ………………………………………… (139)
　　　四　自然与经济生境对城址艺术的影响 ……………………… (140)
　第三节　唐崖的政治生境与城址艺术 …………………………… (143)
　　　一　土司与王朝的关系 …………………………………………… (143)
　　　二　土司与地方势力的关系 ……………………………………… (144)
　　　三　土司与土民的关系 …………………………………………… (146)
　　　四　政治生境对城址艺术的影响 ……………………………… (147)
　第四节　唐崖的文化生境与城址艺术 …………………………… (148)

一　土司时期民间社会文化因子 …………………………… (148)
　　二　儒家文化在施州地方的传布 …………………………… (150)
　　三　文化生境对城址艺术的影响 …………………………… (153)
　第五节　唐崖的民族民间艺术生境与城址艺术 ……………… (155)
　　一　土司时期的民族民间艺术 …………………………… (155)
　　二　民族民间艺术对城址艺术的影响 …………………… (159)

第八章　大美不言：城址艺术认识价值 ………………………… (162)
　第一节　城址艺术认识价值的基本内涵 ……………………… (162)
　　一　认识价值是艺术的重要社会属性 …………………… (162)
　　二　艺术认识价值的基本内涵 …………………………… (164)
　第二节　城址艺术与少数民族地区治理历史智慧认知 ……… (168)
　　一　建筑规模形制对土司制度的诠释 …………………… (168)
　　二　牌坊艺术彰显土司制度政治意蕴 …………………… (170)
　第三节　城址艺术与传统文化、民族文化认知 ……………… (171)
　　一　中华传统文化的表达 ………………………………… (171)
　　二　地域与民族文化特色 ………………………………… (172)
　第四节　城址艺术与区域社会史认知 ………………………… (176)
　　一　弥补唐崖土司发展史记载不足 ……………………… (176)
　　二　反映唐崖土司的精神文化生活 ……………………… (178)

第九章　寓教于美：城址艺术教育价值 ………………………… (180)
　第一节　艺术教育价值的基本内涵 …………………………… (180)
　　一　教育价值是艺术的本质属性之一 …………………… (180)
　　二　艺术教育价值的基本指向 …………………………… (181)
　第二节　城址艺术的国家认同教育价值 ……………………… (184)
　　一　王朝认同与国家认同的关联 ………………………… (184)
　　二　城址艺术国家认同的表征 …………………………… (185)
　　三　城址艺术国家认同的现代教育价值 ………………… (186)
　第三节　城址艺术的文化认同教育价值 ……………………… (187)
　　一　文化认同的层次与意义 ……………………………… (187)

二　城址艺术对传统文化的认同 …………………………(188)
　　三　城址艺术文化认同的现代教育价值 …………………(189)
第四节　城址艺术的道德教化价值 ………………………………(190)
　　一　城址艺术对孝道的传扬 ………………………………(191)
　　二　城址艺术对纯良风俗的倡导 …………………………(192)
　　三　科学对待城址艺术的道德教化题材 …………………(193)
第五节　城址艺术的民族交往交流交融教育价值 ………………(194)
　　一　城址艺术是民族间长期交往交流交融的结果 ………(194)
　　二　城址艺术反映的"三交"现象具有现代教育意义 ……(196)

第十章　惠泽天下:城址艺术经济价值 ………………………………(198)
第一节　城址艺术经济价值的内涵 ………………………………(198)
　　一　城址艺术经济价值是一种转化利用形成的价值 ……(198)
　　二　城址艺术经济价值转化利用的主要途径 ……………(199)
第二节　城址艺术转化利用的初步实践及成效 …………………(201)
　　一　城址艺术的展示利用 …………………………………(201)
　　二　城址艺术的旅游利用 …………………………………(204)
　　三　城址艺术的传承利用 …………………………………(206)
第三节　改进城址艺术旅游利用的建议 …………………………(207)
　　一　深度融入鄂西生态文化旅游圈 ………………………(208)
　　二　加快旅游配套项目建设 ………………………………(209)
　　三　大力打造唐崖旅游名镇 ………………………………(210)
　　四　城址艺术与民间艺术结合 ……………………………(211)
　　五　建立艺术人才培养基地 ………………………………(212)
　　六　加强城址艺术遗存修复保护 …………………………(212)
　　七　精心设计城址艺术标识 ………………………………(215)
　　八　加大宣传力度与改进宣传方法 ………………………(219)

参考文献 ………………………………………………………………(220)

后　记 …………………………………………………………………(224)

第 一 章

历史回眸:唐崖土司与城址艺术

国家治理与艺术具有一种特殊的联系。统治者行使权力的方法与技巧本身就是一种艺术,而在不同的国家治理模式之下,艺术表达亦呈现出不同的特色。悠悠五千年的中华文明发展史,不仅创造了丰富的制度文明,也创造了多彩的民族艺术文化。地处鄂西山区的世界文化遗产——"唐崖土司城址",不仅是历史上广泛施行于西南民族地区的土司制度的重要物质遗存,而且以其多彩的艺术表现形态和丰富的艺术价值蕴含,为民族艺术宝库增添异彩。

第一节 中国历史上的土司制度

一 土司制度实施的背景

我国是一个历史悠久、民族众多的文明古国。早在 2000 多年前,《礼记》就有关于"五方之民"的记载。《礼记》阐明,因地域辽阔,广谷大川,气候各异,王朝域内除华夏居民外,还有东夷、南蛮、西戎、北狄。"中国、夷、蛮、戎、狄,皆有安居、和味、宜服、利用、备器。五方之民,言语不通,嗜欲不同";"五方之民,皆有性也,不可推移。"①

在古代,夷、蛮、戎、狄等少数民族大多居住在边疆或边远地区。由于地理环境恶劣,交通不便,语言不通,风俗不同,其生计方式、生活方式、经济水平、居住结构等与中原地区存在很大差异,往往被中央王朝视为"化外之地"。当封建王朝的统治发展至边疆或边远少数民族地

---

① (元)陈澔注,金晓东校点:《礼记》,上海古籍出版社 2016 年版,第 153 页。

区时,如果将内地行之有效的管理制度(如郡县制等)过早移植到这些地区,非但不能收到治理之功,而且可能激化民族矛盾,给王朝统治者造成巨大的政治军事压力与财政负担。基于对社会发展形态非均衡性与民族地区特殊性的认识,封建王朝的统治者选择了对"蛮夷"地方,"修其教,不易其俗;齐其政,不易其宜"①的"因俗而治"治理策略,推行了一套不同于内地的特殊统治方式。

从秦至宋,"因俗而治"的制度安排,称为"羁縻制度"。《史记·司马相如列传·索隐》云:"羁,马络头也。縻,牛韁也"。"羁縻",即"笼络"与"控制"之意,"言制四夷如牛马之受羁縻也"。②据史料记载,在秦统一西南部少数民族地区后,就实行对归降的"西南夷"酋领封授"王侯",任其为"蛮夷君长",允其统领部落,在其辖区内行使特别权利的羁縻政策。隋朝正式设置羁縻州县。唐朝建立后,随着边疆民族归附的增加,羁縻制度得到推广普及,羁縻府州的数量甚至超过直隶府州数量,达800余个;羁縻府州大都以少数民族部落区域为管制范围,保留边疆民族原有部落,以其酋长为都督、刺史,并可世袭;羁縻府州由边州都督府或都护府管辖(不同于普通府州直隶中央);朝廷给予羁縻府州优惠的经济待遇,其对王朝中央的负担主要有二,一是朝献(进呈象征臣服的方物土产),二是缴纳轻微的赋税,经济负担比直辖府州轻很多。③

"羁縻制度"在不同时期虽有一定差异,但总体上都保持了边疆的原有部落,用其酋领为都督、刺史,并给予优抚待遇等核心要素。这种统辖方式,是一种有别于汉族地区的间接性统治,"显然是对经济形态即社会结构非平衡性存在的承认,也是对边疆民族风俗习惯的尊重。"④《汉书·匈奴传》云:"其慕义而贡献,则接之以礼让,羁縻不绝,使曲在彼,盖圣王制御蛮夷之常道也。"⑤除授予羁縻首领特殊权力外,朝廷还使用和亲、朝贡、互市等笼络方法,以维持"大一统"与族群和谐关系。

---

① (元)陈澔注,金晓东校点:《礼记》,上海古籍出版社2016年版,第153页。
② (汉)司马迁:《史记》卷一百一十七,中华书局1959年版,第3049—3050页。
③ 参见马大正主编《中国边疆经略史》,中州古籍出版社2000年版,第123页。
④ 马大正主编:《中国边疆经略史》,中州古籍出版社2000年版,第122页。
⑤ (汉)班固:《汉书》卷九十四下,中华书局1964年版,第3834页。

正如马曜先生所指出的，羁縻制度是一种松散的统治制度和较为宽松的治理政策，"不过是略微管束，加以笼络，使之不生异心而已"。① 羁縻制度对少数民族首领的约束力较为有限，历史上一些羁縻府州和边远民族地区的反叛与对内地的骚扰，也曾引发朝廷的征讨与相互之间的战争。到宋王朝衰落时期，各羁縻府州酋长的叛乱频发。

元、明、清三朝，"因俗而治"的制度安排是"土司制度"。土司制度汲取了历史上王朝国家治理边远少数民族地区的经验，也借鉴了宋代羁縻政策失效的教训。从一定意义上说，"土司制度"是汉唐"羁縻制度"的一种延续与变通。"羁縻政策，乃宋、元、明、清几个王朝土官制度之窠臼"。②

土司，是经朝廷批准设立在边远"蛮夷"地区（主要是西南少数民族地区），由少数民族首领执掌并世袭的管理一定区域事务的行政机构，也是一种官职的名称。"土"有土地、土疆（蛮夷地方）、土人之意；"司"乃执掌、统治、治理等。作为一种特殊的制度安排，王朝授予少数民族大小首领不同种类与级别的土职，给予土司较大的自主管理权限，"以统其民"③，实行与内地流官不同的管理体制。

与羁縻制度相比较，土司制度覆盖面更广。通过大小土司的设立，实行了对不同民族地区的分层治理，将各民族地区几乎全部纳入管制范围。比如，宋朝虽然在鄂西地区设置数个羁縻州，但许多民族地方仍为强宗大姓占据，这些地方豪强往往各据一方，同羁縻州府分庭抗礼。道光《施南府志》载："施卫所属覃田二姓，当宋元未分之前，其势甚盛，故屡为边患。"④ 元朝廷为了有效控制这些边远民族地区的豪强，采取了广置土司，进行御控绥抚的办法。到了明代，鄂西设置31个土司，将该地大部纳入土司治下，土司制度管理趋于严格。羁縻制度较为松散，而"土司制度则是一套较为严格的管理制度"，到明代，各种土司管理办法

---

① 马曜：《中国土司制度史·序》，载龚荫《中国土司制度史》，云南民族出版社1992年版，第2页。
② 黄现璠等：《壮族通史》，广西民族出版社1988年版，第283页。
③ （清）张廷玉等：《明史》卷三百十七，中华书局1974年版，第8207页。
④ （清）王协梦等：《施南府志》卷二十八（艺文），（清）道光十七年刻本。

臻于完备。① 明王朝为加强对土司的管控，在设立条件、承袭审批、缴赋纳贡、奉调出征等方面，均有严格的规定，从而加强了对少数民族地区的控制。

据土司研究专家龚荫先生考证，元、明、清三朝设置的大小土司一共有 2569 家，涉及云南、四川、贵州、广西、广东、海南、湖南、湖北、甘肃、青海、西藏等十余省区。湖南就有 59 家，湖北 39 家。② 土司制度一直延续到清朝中叶，雍正、乾隆年间，王朝根据情势的发展，先后对不同少数民族地区的土司实行了"改土归流"，废除了土司制度，以朝廷的流官代替土官、土职，将土司所辖地区纳入王朝统一治理体系。由于清末及其后较长时期的社会动荡，在西南、西北边远地区，一些土司一直存续到 20 世纪 40 年代末才最终消亡。

二 土司制度的基本内容

在土司制度之下，土司享有诸多特权。土司特权，在不同时期、不同地方可能存在细微差别，但总体而言，主要包括以下几项：（1）土司拥有对本区域可世袭的治权。对域内事务任由土司管理，朝廷一般不予干涉。（2）土司占有境内山川熟田。土司"役佃户种之。佃户者，皆其所买入，如奴仆然"。③ 佃户对土司有极强的人身依附关系；土民"只有零星硗角之地"。④（3）朝廷允许土司保有自己的武装，即"土兵"。土兵为土司私家武装，由土司统领，其头领皆由土司子弟、"同姓之尊行领之"，"守备、千总、百户，名虽官任，趋走如仆隶"⑤；土兵"闻角声则聚，无事则各保关寨"。（4）土司自定"法条"，"自用其法"⑥ 管制土民。土司可自设公堂，对土民实施残酷刑罚；民间纷争不受朝廷法制规制，亦不诉诸地方衙门，由土司依俗解决；土司与土司之间发生纠纷，亦从俗处理；一些土司与朝廷间的问题，也依土俗办理。朝廷对有罪土

---

① 龚荫：《中国土司制度史》，云南民族出版社 1992 年版，第 2 页。
② 同上书，第 4 页。
③ （清）周来贺等：《桑植县志》卷二（田赋），（清）光绪十九年刻本。
④ 同上。
⑤ 《容美纪游》整理小组：《容美纪游注释》，天津古籍出版社 1991 年版，第 44 页。
⑥ （清）张廷玉等：《明史》卷一百七十二，中华书局 1974 年版，第 4602 页。

司，往往用"赎罪"办法处理，既从民俗，亦显示王朝宽贷。（5）土司残酷剥削土民。土司地方的土民，不仅要承担各种税赋与纳贡，还要供养土司及其他管治人员与家属；土民需自备粮食，担负司内劳役，"无事则轮番赴司听役，每季役只一旬，亦自持粮，不给工食"。①（6）朝廷在赋税等方面给予优惠照顾。土司地区的赋税额度较内地汉族地区低。据田雯《黔书》卷上说，明代整个贵州地区"赋不敌东南小郡焉"。②此外，朝廷还根据灾荒或军功等对土司地区实行税赋减免，在经济上给予优待，以示恩宠。（7）在土司制度下，一些土司俨然以"土皇帝"自居，"国中属员皆讲君臣礼"。③

虽然土司享有诸多特权，但并非完全不受朝廷控制。朝廷对土司的控制，主要表现在以下几个方面：

一是授职。土司并非自行设立与私相授受，土司设立、级别认定、土司承袭等，均须得到朝廷批准。为使土司臣服，朝廷掌握对土司的册封之权，各土司只有接受朝廷册封成为朝廷命官后，才能取得对土民统治的合法权力。在改朝换代、朝廷更替的时候，少数民族地区的土司必须向新的朝廷呈进贡表，明确表示"归顺"的意愿，并上缴前朝命符，方能获得新朝廷的册封与新的印信，从而取得合法地位。土司可以世袭，但朝廷要求袭职者必须持有承袭职务的凭据。在元朝时期，这种凭据是朝廷所颁发的金、银、铜牌；在明朝时期，是朝廷颁授的铜印；在清朝时期，除土司印外，还需要持有朝廷承认的"号纸"。土司一经授职，朝廷即赐予告敕、印信（见图1—1）、冠带、符牌等信物，以作为朝廷命官的凭证。在土司制度下，土司从朝廷获得占有资源和拥有权势的合法性，而朝廷掌握着收回资源与权势的权力，从而迫使土司奔走效忠。

二是等级节制。元、明、清三朝的土官官职，分文、武两类。武官按其职位尊卑，有宣慰司（宣慰使）、宣抚司（宣抚使）、安抚司（安抚使）、长官司（长官）等。其品级各朝代略有差别。清代，宣慰使从三

---

① 《容美纪游》整理小组：《容美纪游注释》，天津古籍出版社1991年版，第55页。
② （清）田雯：《黔书》卷上，《改隶》条，光绪贵州刻本。参见龚荫《中国土司制度》，云南民族出版社1992年版，第93页。
③ 《容美纪游》整理小组：《容美纪游注释》，天津古籍出版社1991年版，第44页。

图 1—1　金峒安抚司印及印文

品，宣抚使从四品，安抚使从五品，长官司、蛮夷长官为正六品。文职土官有土知府（正四品）、土知州（正五品）、土知县（正七品）。在有清一朝，还设有土游击、土都司、土守备、土千总、土把总等职级。在土司所辖境域，各土司还可以自行任命（主要是土司家族成员）峒长、寨长、家政、舍把等不同土职。在王朝体制下，土司序列中的武职隶属兵部，在省由都指挥领之；文职隶属吏部，在省由布政司领之。朝廷的相关机构对各级土司负有监督管理职责。大小土司也有统属关系，原则上级别高的土司对级别低的土司负有监管之责。通过这样的制度安排，将土司序列纳入王朝官职组织系统，便于控御差遣。正如清代的毛奇龄所赞：土司制度使"文武相维，机权攸寓，细大相关，股掌易运"。①

三是升降控制。封建王朝控驭土司的重要措施之一，是掌握土司的职级升降权。对归附的前朝土司，新的朝廷一般会同意复职复位。在履职过程中，朝廷要对各土司进行定期或不定期的考核，依功过劳绩予以升降。如明朝末年，鄂西的容美（田氏）土司，奉朝廷征调，立下军"功"，朝廷"嘉其忠勤"，将其职级由宣抚使提升为宣慰使，其下辖的数个长官司，也同时获得晋升。在历史上，唐崖土司曾多次被降职，如因"多叛"，于洪武七年（1374）由安抚使降为长官司长官。在明代，土司有反叛、不服朝廷管束、不履行义务、对外掳掠等罪行，也会遭到参劾，与流官一样要受到惩罚。违法的土司要被革职或降职，一些有罪的土司

---

①（清）毛奇龄著，杨东甫、杨骥校注：《蛮司合志校注》，广西人民出版社 2015 年版，第 17 页。

被迁徙到其他地方安置，以削弱其势力。对反叛土司，朝廷会派兵征讨，甚至予以消灭。"对一般土司之间的相互仇杀，如能悔过和息，则免议，其他各种过犯，有罚米、降职之类处分"，一般采取宽宥和赎罪的办法从轻处罚；对罪大恶极土司，朝廷不仅征伐镇压，科以刑典，杀一儆百，而且明确规定，"土官子孙不许承袭"。①

四是"卫所"钳制。为对土司进行有效控制，防范其叛乱或相互之间争斗仇杀，对外劫掠滋扰，朝廷还在土司地方设置不同等级的军事卫所，驻扎重兵，进行御控。如明朝就在鄂西地区设立"施州卫军民指挥使司"，统领鄂西地区诸土司（容美土司除外）；在咸丰县境内，还专设"大田军民千户所"（图1—2），扼诸土司之"咽喉"，派兵数千进行屯守，强化朝廷对这一地区土司的控制。

图1—2 施州卫千户所百户印及印文

五是规定土司义务。（1）定期朝贡。封建王朝为有效控制诸土司，明确规定各地土司必须履行朝贡的义务。边远地区土司向王朝纳贡，是维持君臣关系，促进土司国朝认同，控御土司的一种重要方式。因此，历代封建王朝都极重视土司的朝贡。向朝廷纳贡，也受到各土司上层人物的重视，他们将朝贡看作密切与王朝关系、巩固自己统治地位的重要途径；而且通过朝贡，土司还可以得到朝廷的"回赐"，获得可观的物质利益。据史料记载，鄂西土司向朝廷进贡的土特产品，主要有茶叶、骡马、黄连、麝香、犀角、蜂蜜等。朝廷为笼络土司，回赐物品的价值往往高于贡物的价值，包括珠宝、金银、食盐、绸缎等。（2）缴纳赋税。

---

① 田敏：《土家族土司兴亡史》，民族出版社2000年版，第191、133页。

元朝时期，土家族地区的土司需向朝廷缴纳赋税，但不编丁口，也不丈量土地，其缴纳的额度主要依据土司归附时自己上报的"认纳"数额。明、清两朝虽然赋税额度有所增加，但总体上低于内地汉族地区。鄂西地区土司不仅要向朝廷缴纳赋税，还要负担卫所一部分粮饷。（3）奉调出征。土司所辖"土兵"，除了"保境安民"、维持地方秩序与安全、参与土司之间的争斗之外，有服从朝廷征调、参与镇压土酋反叛和农民起义、抗击外来入侵，以及参与"轮戍"驻防等义务。

三　土司制度的历史价值

土司制度存续了700余年，是封建王朝治理西南民族地区的一种重要统治形式。土司制度代表了封建王朝统治者和土司阶层的利益，具有较浓厚的封建割据性和对土民的奴役性，在实施过程中也存在民族歧视与民族反抗。但总体而言，这一制度适应了一定历史时期国家治理的需要，顺应了国家统一与民族地区发展的大趋势，体现了王朝体制下对民族地区的治理智慧，具有一定的历史进步意义。

第一，土司制度维护了国家的疆土统一。在此制度之下，实现了封建王朝对边疆或边远民族地区的有效控制。土司制度建立在地区社会发展与族群文化差异的基础之上，与王朝治理能力相匹配，体现了王朝认同与"因俗而治"的理念。它通过赋予民族地区首领特别权力与优待政策，避免了一体性治理可能导致的政治与文化冲突，密切了边远少数民族地区与封建王朝的联系，促进了少数民族对国朝的认同，维系与拓展了王朝对民族地区的统治。土司制度的有效实施，在一定程度上改变了西南边疆地方豪强各自为政的涣散局面，基本解决了汉唐时期的"夜郎""南诏""大理"等地方性政权割据问题，促进了民族地区的政治整合与王朝疆土的稳固。

第二，土司制度促进了民族地区社会秩序的稳定。封建王朝通过特殊的制度安排，对边疆和边远地区的少数民族首领分别授予土职，将他们纳入王朝体制，使之成为"朝廷命官"。通过规定其"守土责任"和对朝廷应尽的义务，以及对大小土司的优抚宽贷与羁縻御控，发挥了其对地方事务和土民的管理职能，增强了对中央王朝的认同。在土司体制下，通过奖惩与卫所控制，有效减少了土司地区的叛乱活动，以及土司之间的相互攻伐、仇杀，维护了民族地区的社会稳定与安宁。这一制度安排，也初步解决了长期存在的"治边"成本高、效益低的问题，在一定时期维护了整个王朝国家的社会稳定，减轻了王朝的社会治理压力。

第三，土司制度促进了民族地区的经济社会发展。土司制度提供了边疆或边远地区少数民族与内地交往的制度性管道，在一定意义上促进了边远少数民族地区与内地的交往交流。伴随着汉族人口大量流入少数民族地区，内地许多较为先进的种植技术、生产器具，以及一些作物品种等相继被移植与采用，为边远少数民族地区的经济社会发展创造了有利的条件。在土司制度之下，内地与民族地区的经济贸易得到较快发展，进一步增强了内地与民族地区的经济联系，为民族地区经济发展注入活力。而人员往来与经济交流的发展，也有利于增进不同民族之间的相互了解，促进民族之间的和谐关系。

第四，土司制度促进了文化交流与各民族的文化认同。土司制度实施之后，中原地区的汉族传统文化与民族地区的文化交流增加，儒家文化加速在土司地区的传播，促进了民族地区文化教育的兴起与发展。各土司经过定期朝贡、获得"回赐"、奉调出征与参加戍守等，加深了对主流文化的接触与认同，受到潜移默化的熏染与影响。明朝嘉靖年间，湖广永顺、保靖、桑植、容美等土司奉朝廷征调，率数万土兵参加抗倭战争，为取得抗倭胜利作出重要贡献。参与抵抗倭寇的战争，使土司的国朝意识、国族意识得到增强。"可以说，各少数民族的中华民族的共同心理素质和向心力，是在元明清时期才完全形成并不断增强的。"[①]

概而言之，在当时的历史条件下，土司制度既保障了王朝国家的统一，又对民族地区既有的社会制度和文化形态表现出明显的尊重与包容，体现了"因俗而治"的统治策略。这一制度和政策，尽管存在诸多弊端与消极因素，但其在促进国家统一、推进各民族之间的交流、增进少数民族对王朝国家的认同等方面，显然具有一定的历史进步意义与价值。

---

① 龚荫：《中国土司制度史》，云南民族出版社1992年版，第4页。

第二节　唐崖土司与唐崖土司城

一　唐崖土司所处环境与个性特点

历史上的湘西、鄂西、黔东北、川东南（今属重庆市），是四省交界之地，处云贵高原东延武陵山腹地，山高壑深，民风迥异，是典型的少数民族地区。唐崖土司所处的鄂西南（古称施州），是古巴人后裔等少数民族的世居之地，属历史上的"武陵蛮"居地。据吴永章先生的研究，"三国时期，'武陵蛮'势力颇盛"。① 在此"蛮夷"之地，逐步形成了以土著田、覃、冉、向等强宗大姓为代表的蛮酋统治。从汉唐开始，就在这一地区建有羁縻州县，对土酋"假与印传，许之封赏，""以金锦赐五溪诸蛮夷，授以官爵"，进行羁縻笼络。② 到元朝，这些土酋大姓逐渐为朝廷所确认，分别授以土司官职，土司制度正式在鄂西南民族地区开始施行。古施州是较早规范实施土司制度的地区之一，土司建置也较为稳定。

鄂西南的土司均属武职序列。根据各土司领有的土民数量、区域范围、势力强弱、历史功绩、代际传递、与朝廷关系等因素，先后设置有39个不同职级的土司。元代16个，明代31个，清代33个。以土司发展最盛的明代为例，计有宣抚司4个：施南、散毛、中建、容美（清代为宣慰司）；安抚司8个：东乡、忠路、忠孝、金峒、忠峒、龙潭、大旺、高罗；长官司11个：唐崖、镇南、盘顺、椒山玛瑙、五峰石宝、石梁下峒、水尽源通塔平、摇把峒、上爱茶、下爱茶、西关峒；蛮夷长官司5个：东流、腊壁、隆奉、镇远、西萍（参见图1—3）。③

唐崖土司在今咸丰县境内。咸丰位于鄂西南边陲，鄂、湘、黔、川（渝）接合部，西邻重庆黔江，南连来凤与湘西龙山，距史上施州治所（今恩施市）有近百公里。历史上咸丰疆域，除现在的咸丰县外，还包括利川、来凤、黔江、酉阳的部分地区。境内山高林密，与外界处于相对

---

① 吴永章：《湖北民族史》，华中理工大学出版社1990年版，第70页。
② （宋）司马光：《资治通鉴》卷六十九，中华书局1956年版，第2201页。
③ 咸丰县政协文史资料委员会、唐崖土司城遗址管理处编：《唐崖土司城址》，湖北人民出版社2015年版，第14页。

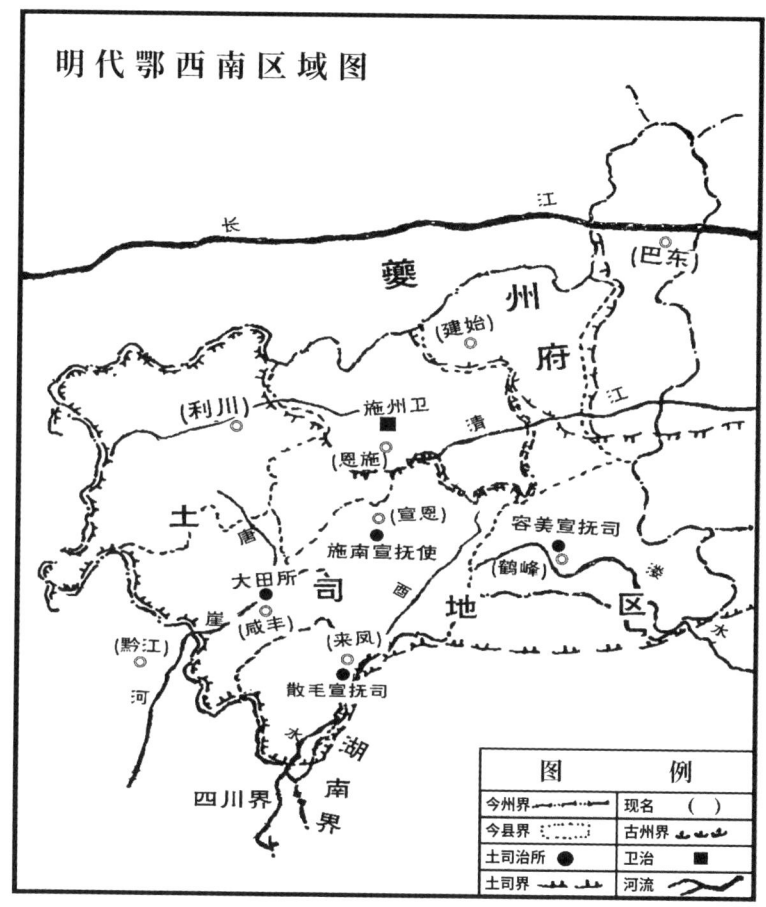

图1—3 明代鄂西南区域图

隔离的状态。在古代，鄂西属偏远之地，而咸丰更是偏远中的偏远地区，不仅朝廷鞭长莫及，就是地方府州亦难以御控。正因如此，咸丰地方历史上长期是强宗大姓土酋建关立寨，聚族而居，以致到明清时期，施州风气为之大变的情况下，咸丰土司地方仍然"其风朴野"、"獠蛮杂处"。① 从元朝开始，咸丰地方是土司建置较为集中的地方，先后设有唐崖、散毛、金峒、龙潭、西萍、菖蒲、石关峒等10个土司。由于土司较多，较难管控，朝廷在设立"施州卫军民指挥使司"，统领鄂西地区诸土

---

① 张仲炘、杨承禧等：《湖北通志》卷二十一（风俗），民国十年刻本。

司的同时，考虑到散毛等土司"叛服不常，黔江、施州虽有卫兵，相去悬远，缓急卒难应援"①，故在咸丰地方专门设立"大田军民千户所"，派重兵驻守。

唐崖土司始建于元末至正十五年（1355），覃启处送（覃化毛）为首任长官司长官。有学者认为，唐崖土司为蒙古人后裔②，但据萧洪恩教授等考证，认为"可以肯定地说：'这不可能'。"萧教授等根据当地的覃氏族谱等资料和权威著述认为，唐崖土司覃氏是"古巴人后裔"。覃启处送姓名中的"启处送"是地方土语，意为"上天赐予的仁主"。③ 从至正十五年（1355）设立，到清雍正十三年（1735）"改土归流"，唐崖土司经历元明清三朝，共计381年，存续期间共历十七代十八任土司（见表1—1）。

表1—1　　　　　　　　　　唐崖土司世系

世系	姓名	时代	任土司时间	任职年限	职衔	亡故原因及时间
一世	覃启处送	元	至正十五年（1355）	不详	长官司长官	因阵身故
二世	覃值什用	明	洪武七年（1374）	不详	长官司长官	病故
三世	覃耳毛	明	不详	不详	不详	洪武十三年（1380）在任病故
四世	覃忠孝	明	永乐四年（1406）	22年	长官司长官	宣德二年（1427）在任身故
五世	覃斌	明	不详	不详	长官司长官	景泰三年（1452）阵亡
六世	覃彦实	明	天顺元年（1457）	51年	长官司长官	正德二年（1507）在任染病告终

---

① 台湾"中研院"历史语言研究所校印：《明实录·明太祖实录》卷201，第3012页。
② 王平：《唐崖覃氏源流考》，《贵州民族研究》2001年第3期；王希辉、杨杰：《唐崖土司覃氏世系及其征调述略》，《三峡大学学报》（人文社会科学版）2009年第5期。
③ 萧洪恩、张文璋编著：《世界遗产地　唐崖土司城》，世界图书出版广东有限公司2016年版，第28页。

续表

世系	姓名	时代	任土司时间	任职年限	职衔	亡故原因及时间
七世	覃文铭	明	未就任			血战重伤，回营身故
八世	覃富	明	未就任			在营岚瘴身故
九世	覃万金	明	嘉靖八年（1529）	不详	长官司长官	至老身故
十世	覃柱	明	不详	不详	长官司长官	身病亡故
十一世	覃文瑞	明	万历十六年（1588）	26年	长官司长官	万历四十一年（1613）告老回司病故
十二世	覃鼎	明	不详	不详	宣抚司宣抚使、武略将军	天启七年（1627）病故
十二世	田氏夫人	明	天启七年（1627）	4年	武略将军	崇祯三年（1630）身故
十三世	覃宗尧	明	崇祯三年（1630）	1年	不详	病故
十三世	覃宗禹	明	崇祯三年（1630）	50年	长官司长官	康熙十八年（1679）病故
十四世	覃鈜	清	康熙十九年（1680）	24年	长官司长官	病死于狱
十五世	覃溥泽	清	康熙四十九年（1710）	12年	长官司长官	康熙六十年（1721）身故
十六世	覃梓椿	清	雍正元年（1723）	11年	宣抚司宣抚使、忠勇将军	雍正十一年（1733）
十七世	覃光烈	清	未就任		把总	乾隆三十九年（1772）

资料来源：咸丰县政协文史资料委员会、唐崖土司城遗址管理处编《唐崖土司城址》第43页。

唐崖土司是当年施南诸土司中一个职级较低的土司。《明史》卷三百十记载，永乐四年，"唐崖长官覃忠孝……招集三百余户，请袭，许之。"① 宣德二年，忠路安抚司上奏朝廷，为元故土官子孙请设官司，授

---

① （清）张廷玉等：《明史》卷三百十，中华书局1974年版，第7986页。

以职事。"兵部议以四百户以上者设长官司,四百户以下者设蛮夷官司。"① 自此之后,四百户成为长官司授职定制。在数百年存续期间,唐崖土司的职级虽有数次变动,但最为长久的是长官司(图1—4)。其下辖居户在四百户上下,居民在一千六百人左右。

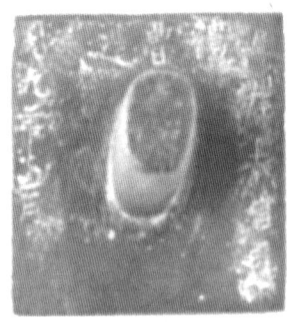  

图1—4　唐崖长官司印及印文

唐崖土司因朝代更迭、功过奖罚,职级有过数次变动。元末,明玉珍"大夏"政权改授其安抚司,明洪武七年复为长官司,后又因参加湘鄂西土司叛乱被废置,永乐四年(1406)复置,天启年间(1621—1627)因战功授宣抚司,清康熙十九年(1680)归顺清廷,又降为长官司。其职级以长官司为主,任宣抚司、安抚司的时间较短。唐崖土司辖地,东南与大田军民千户所相邻,北与龙潭土司接壤,南与散毛土司毗邻。而龙潭、散毛等土司级别、实力均高于唐崖,因此,唐崖土司的治理空间并不大。

唐崖土司虽然级别较低,但在古施南的众多土司之中,却是个有个性、有影响的土司。该土司有以下几个特点:一是与覃氏土司抱团,形成群体优势。在周边土司中散毛、施南、金峒、忠路、腊壁等土司均为覃氏一脉,诸覃土司虽有利益纠葛,但在对外冲突中往往相互帮扶策应。二是通过与龙潭、忠孝等异姓土司联姻,结成利益共同体,增强自身对外交往能力。三是几任土司为人霸道,以桀骜不驯著称。如任职最长的六世土司覃彦实(任职51年)以桀骜闻,称为"最倔强土司"。四是具

---

① (清)张廷玉等:《明史》卷三百十,中华书局1974年版,第7987页。

有扩张性与反叛性。该土司不仅曾与相邻的龙潭田姓土司世代为仇，长期攻伐不断，而且多次参与对外抢掠，仅《黔江县志》就数次记载"唐崖土兵寇掠县境。"唐崖土司甚至强占相邻的大田千户所的田地多处，曾与千户所发生激烈冲突。五是曾多次奉朝廷征调，立有战功。如曾参与镇压麻阳苗民起义，参与征剿金峒土司叛乱，参与平定"奢安之乱"等等，受到朝廷嘉奖。正是由于唐崖土司所具有的特殊性，在鄂西诸土司的统辖体制上，也有特殊的安排。它不隶属相邻的较高级别的土司，而是"直隶施州卫"①，其实际地位与影响并不输于其他级别较高的土司。

二　唐崖土司城的兴衰

在土司制度之下，土司拥有很大的"自治"权力，犹如"土皇帝""土王爷"。为了彰显各自的权威，享受"土皇帝"的生活，提升在相互竞争与对外交往中的地位，以及防护自身的安全，各土司都非常重视其治所建设。尤其是在朝贡过程中，身处深山的土司有机会目睹中央王朝宫廷的奢华与皇帝的荣耀生活，更是激发了他们"司署"建设的热情。据史料记载，距唐崖土司不算太远的容美土司的宣慰司署，"司堂石坡五级，柱蟠金鳌，榱栋宏丽，君所莅以出治者。堂后则楼，上多曲房深院……楼之中为戏厅。""规模弘大，转弯抹角，百孔千窗，真令人不得其门而入者。内可藏万余人，有池水，有蓄粮，何异于深沟高垒也。"②湘西永顺宣慰司署——老司城，占地19公顷，依山形地貌建有宫殿、衙署、花园、别墅、宗祠、关帝庙等，内有"九街两口十九巷"，四周城墙围绕。其中宫殿区和衙署区处于高6米、厚1.2米的"一方一圆"的内罗城之内，等级威严。③以现存的祖师殿、玉皇阁观之，可谓鬼斧神工，气势非凡。

唐崖土司自从覃启处送就任长官时起，就开始营建司署。除现存的土司城址之外，史书、方志、族谱等均未见唐崖土司在其他地方兴建治

---

① （清）张廷玉等：《明史》卷四十四，中华书局1974年版，第1099页。
② 《容美纪游》整理小组：《容美纪游注释》，天津古籍出版社1991年版，第37—38页。
③ 成臻铭：《土司城的建筑典范——永顺老司城遗址建筑布局及功能研究》，民族出版社2014年版，第129页。

所的记载。唐崖土司的治所，应该是在现址上经历代土司相续修建而成。明洪武年间，第二任土司覃值什用墓（又称"土司王坟""皇坟"，以下简称"土司王坟"）建成；明弘治年间第六任土司覃彦实建成衙署；明万历年间，石人石马雕琢落成；明天启年间朝廷敕建的司城标志性建筑"荆南雄镇"牌坊落成，张王庙竣工；明崇祯年间司城"三街十八巷"、大衙门建筑群、大寺堂等主要建筑建成，城址整体格局最终形成。在历史上，其治所因职级升降，天灾人祸，有兴有废。如明洪武年间，唐崖土司因参与叛乱被朝廷镇压，"治所废毁"①；明永乐四年，唐崖第四任土司覃忠孝，奏请朝廷复设长官司，言"洪武时大军平蜀，民惊溃，治所废"。②据专家考证，现土司城址之上的司城规模与形制，主要形成于明天启年间，与第十二世土司覃鼎参与平定"奢安之乱"立下战功，受朝廷嘉奖有关。据唐崖现存《覃氏族谱》记载，平定"奢安之乱"后，明廷为表彰覃鼎战功，提升其为宣抚使，敕建"荆南雄镇"牌坊，敕赐大方平

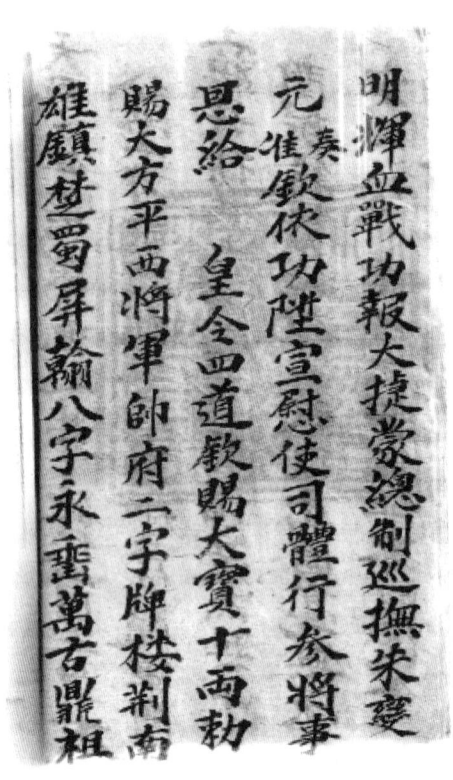

图1—5 《覃氏族谱》片段

西将军"帅府"二字（图1—5）。正是在此背景下，由覃鼎夫人田氏、峒主覃杰等主持，对土司城进行了整修扩建，形成了现城址规模。

唐崖土司城可谓气势宏阔，俨然一座深山"王城"。土司城坐落于距

---

① 咸丰县政协文史资料委员会、唐崖土司城遗址管理处编：《唐崖土司城址》，湖北人民出版社2015年版，第54页。

② （清）张廷玉等：《明史》卷三百十，中华书局1974年版，第7986页。

今咸丰县城30余公里的唐崖河畔，背倚玄武山，面临唐崖河，占地1500余亩，地势优越，环境独特；司城建有城墙环护，衙署核心区中轴对称设计并有内城环卫；司城行政、文教、宗教、军事、生活娱乐、刑场、墓葬、平民居住等功能划分清晰，布局等级有序；"三街十八巷"整体格局规整，道路系统合理，防洪排水设施齐备，唐崖河边建有码头；"荆南雄镇"牌坊庄严华美，巍然耸立；"土司王坟"形制独特，装饰庄敬肃穆；石人厚朴威武，石马势若腾骧……难怪著名考古学家张忠培先生称唐崖土司城为"小故宫"①。

唐崖土司城的建成，既是唐崖土司发展鼎盛的标志，也是其走向衰落的起点。从大环境看，唐崖土司大兴土木对司城进行整修扩建之时，正值明王朝内忧外患、满清王朝崛起之际。在王朝更迭过程中，烽烟四起，战火连连，社会动荡，处于边远山区的唐崖土司亦遭受极大的冲击，各土司面临着追随旧主，做明朝遗民，还是归附清廷的艰难选择。覃鼎死后，十三世土司覃宗禹于康熙三年（1664）归顺于清朝，康熙十三年（1674）又归附于反清的吴三桂吴周政权，康熙十九年（1680）复归顺于清王朝。这样的反复，对于这个在前朝立过军功、受过朝廷嘉奖的小土司来说，极为不利。加上在这动乱之世，唐崖第十四世土司覃鋐于康熙四十二年（1703）因土兵寇掠黔江，遭朝廷"疏劾提问"，死于狱中，可谓雪上加霜。雍正十三年（1735），唐崖土司被改土归流。至此，存续近400年的唐崖土司被废止，其辖地被并入新设立的咸丰县。末代土司及其眷属被迁至汉阳居住，唐崖土司城亦被废弃。

三 从"废城"到"世界文化遗产"

鄂西土司改土归流较为彻底。在改土归流之后，为铲除土司影响，清朝不仅将土司及其家人迁移外地安置，而且对土司治所进行了人为破坏。据近年对唐崖土司城址的考古发掘，在城址主要建筑遗址之下，发现有焚烧的灰烬层，以及大量破损的建筑部件和生活器具，包括大量的

---

① 咸丰县政协文史资料委员会、唐崖土司城遗址管理处编：《唐崖土司城址》，湖北人民出版社2015年版，第70页。

瓷器碎片。专家推测，这是"建筑被大火焚烧后形成的废弃堆积"①。经过改土归流后近 300 年的自然侵蚀毁损与社会变迁过程中的人为破坏，曾经辉煌一时的唐崖土司城历经沧桑，蜕变成为一旧制度的遗迹。新中国成立后，城址地面成为农村集体土地，变成了村民的宅基地和耕地。

改革开放之后，随着国家各项事业步入正轨，历史文物受到国家和各级政府的重视，唐崖土司城址保护迎来春天。1978 年，咸丰县文物部门将唐崖土司城址登记为不可移动文物；1986 年，成为县级文物保护单位；1988 年，成为州级文物保护单位；1992 年，成为省级文物保护单位，同年，维修"荆南雄镇"牌坊、"土司王坟"及田氏夫人墓等；2000 年，湖北省人民政府公布城址的保护范围与建设控制地带；2006 年，被国务院公布为全国重点文物保护单位；2012 年 11 月，土司城址被列入《中国世界文化遗产预备名单》，开启"申遗"之路；2013 年，湖北省人民政府批复的《唐崖土司城址保护管理规划》、湖北省人民政府审议通过的《唐崖土司城址保护管理办法》公布实施。2015 年 7 月 4 日，在德国波恩召开的第 39 届联合国教科文组织世界遗产大会，正式批准将唐崖土司城遗址、湖南永顺老司城遗址、贵州播州海龙屯遗址联合申报的"中国土司遗址"列入世界文化遗产名录。

在我国，土司遗存数以百计（见表 1—2），为什么作为一个职级不高的唐崖长官司城址，能获得"世界文化遗产"的殊荣？概括起来，大致有如下几方面的原因。

表 1—2　　　　　　　　中国已知的与土司相关的遗存统计

保护级别	土司城/官寨	土司衙署建筑群/庄园	土司墓葬（群）	单独建筑	其他	合计
国家级	9	7	1	2	0	19
省级	3	7	7	2	1	20

---

① 湖北省文物考古研究所、咸丰县文物局：《咸丰唐崖土司城址衙署区发掘简报》，《江汉考古》2014 年第 3 期。

续表

保护级别	土司城/官寨	土司衙署建筑群/庄园	土司墓葬（群）	单独建筑	其他	合计
县市级	7	36	15	2	2	62
合计	19	50	23	6	3	101

资料来源：中华人民共和国国家文物局：《土司遗址》申报书（2014），第53页。

第一，唐崖土司城址具有典型性。首先，唐崖土司存续的史实清晰。唐崖土司历经元、明、清三朝，存续近400年，其发展沿革脉络清楚，有正史、方志、族谱、文物、考古、遗迹等印证与支撑。其与王朝的互动，与周边土司和卫所的博弈，对土民的统治等，是土司制度规范实施的典型代表。唐崖土司虽然级别不高，但在历史上的区域社会影响颇大。其次，土司城遗址的形制特征具有代表性。唐崖土司城址规模大、格局完整、遗存丰富；城址环境独特、四至范围明确、建筑遗迹清晰可辨，标志性建筑如"荆南雄镇"牌坊、"土司王坟"等保存完好，具有特殊的历史文化价值与艺术价值。最后，唐崖土司城址的保护具有先进性。城址虽遭人为破坏与自然侵蚀，但总体上受到较好的保护。特别是改革开放以来，各级政府出台了系列遗址保护政策法规，采取了有效的保护措施，遗址保护取得显著成绩，城址的相关学术研究与"申遗"组织工作卓有成效。

第二，唐崖土司城址与永顺老司城、播州海龙屯遗址形成较完整的土司制度遗存系列。一是时间序列。三处土司遗址，位于我国西南部山区与王朝政权核心地区连接的边缘地带，"具有地理和文化前沿交汇带的显著特点，属较早并完整、规范、有效地推行土司制度的地区……城址的兴废背景与土司制度产生、兴盛、废止的不同发展阶段相对应，在时代特征和历史文化内涵方面具有突出的代表性"[①]，反映了王朝体制下通过土司制度，实施对西南少数民族地区有效管理的完整序列。二是层级序列。永顺老司城遗址、播州海龙屯遗址，当年的土司职级是宣慰司，

[①] 傅晶、李敏等：《"土司系列遗产"视角下唐崖土司城址价值研究》，《三峡论坛》2014年第4期。

是土司序列中级别最高的土司,而唐崖土司是土司序列中级别较低的长官司。三处城址涉及两个土司行政建置级别,是体现土司职级体系的典型物证。三是功能系列。唐崖土司城址与永顺老司城遗址的主要功能为行政、生活、经济、文化、军事中心,而海龙屯遗址为播州杨氏土司专用的山地防御性城堡,是战争时期的播州土司的行政中心,其主要功能为行政和军事。

第三,土司城址系列体现了我国古代多民族国家的治理智慧与人类共同价值。土司城官署建筑群,是西南少数民族地区施行土司制度的特殊产物。土司制度体现了古代中国对边远民族地区实施"齐政修教、因俗而治"的治理传统,既强调国家统一和对多民族地区的有效管理,又尊重各少数民族的环境与文化差异;既注重对少数民族施行教化,又不改变其特有的文化与风俗;既采取差异化管理方式,实施有效控御,又不改变其适宜的生存基础。这种特殊的制度设计与实施,有效保证了该历史时期中央王朝与西南少数民族间的利益平衡、共同发展,以及国家的稳定统一。在保持民族文化传承的基础上,增强了民族之间的经济文化交流,促进了少数民族的国家(王朝)认同。土司系列遗产具有鲜明的民族文化特色,并表现出象征土司统治权力和吸收中央官式文化的共性特征。三处土司城址,是历史上土司制度管理智慧及人类价值观交流的代表性物证。

唐崖土司城址申遗成功,极大地提升了城址的知名度与美誉度,使城址的保护与利用进入了一个新的历史时期。深入发掘与研究其作为世界文化遗产的特有价值,更好地发挥其历史与文化的价值作用,成为地方政府和学界的重要使命与责任。

第三节 唐崖土司城址艺术的类型与特点

唐崖土司城址,既是历史上土司制度的重要物证,也是一个重要的民族艺术宝库。由于土司城地面建筑大多已不复存在,许多附着于原始建筑之上的艺术形制已不可考。但仅就城址现有文物遗存来看,其艺术形制之丰富、艺术水平之高超,仍令人惊叹。城址艺术构成世界文化遗产的重要组成部分,是彰显城址审美价值与历史文化价值的重要形式。

一　唐崖土司城址艺术的类型

唐崖土司城址艺术形制丰富，表象多彩，概括起来主要有如下几种类型。

1. 选址布局艺术。在中国传统文化中，大到京城布局，皇宫、皇陵地望选择，小到普通民居的朝向，道路的曲直走势，都十分强调风水，追求与自然环境的和谐统一，与价值观念、精神信仰相契合。因此，建筑的选址与平面的布局设计，是一门古老的艺术。唐崖土司城的选址、平面布局设计，贯彻了中国传统的堪舆思想，体现了威权象征与大自然生态环境的有机协调，表现出精妙的艺术思维与丰富的形象设计，做到了地质优越，环境优美，依山傍水，易守难攻。在城址功能布局上，充分利用山形地势，将衙署核心区与生活、休闲、教育、宗教、军事、墓葬、民居等合理分布，牌坊、道路、桥梁、城墙、门楼等统筹设计，达到了等级秩序与实用便利的统一。

2. 城址建筑艺术。从仅存的建筑遗迹，仍能窥见司城建筑的雄浑与大气，建筑艺术的匠心独具。"荆南雄镇"牌坊造型古朴庄重，展现出"荆南雄镇""楚蜀屏翰"的雄奇；"土司王坟"，仿宫殿式建筑，前殿后寝，吻兽照壁，祭台护栏，石生瑞兽，尽显奢华；青石道路，石条加工精细，铺砌规整严实，贯通功能区域；"桥上桥"依山形水势，构造简洁，形制独特；排水系统纵横交汇，畅通无虞；城墙断壁、衙署地基、楼台堡坎、瓦当柱础等建筑遗存，显露出土司城建筑的华美与坚实。司城的建筑形制与建筑法式，包含着丰富的建筑艺术理念与多彩的装饰艺术元素，不仅体现出高超的建筑设计艺术、装饰艺术，而且将建筑与自然环境有机结合，达到了天人合一的艺术境界。

3. 城址石雕艺术。在司城的艺术遗存中，石雕艺术最为丰富。这一方面是由于石质材料耐腐蚀、抗毁损的物理特性，使这类艺术品得以更多地留存下来；另一方面，是由于司城建设过程中，石料就地取材，使用广泛，再加上当地石雕艺术较为发达、创作能力较强所致。有学者形容，唐崖土司城是一座石头之城、石头艺术之城，所言不虚。在现有的城址艺术遗存中，有精美的"荆南雄镇"牌坊上的石刻装饰，有著名的石人石马雕塑，有"土司王坟"精细的石刻装饰和形态各异、洒脱灵动的望柱头动植物塑形,有"双凤朝阳"墓精美的动植物石刻,还有石柱础、石水缸、石仙鹤、石建筑构件、石碑刻等等。这些石雕艺术品,雕刻技法多样,刀工细腻敏熟,造型生动,寓意深刻。

4. 城址纹样艺术。纹样是装饰艺术的重要形式。城址艺术纹样丰富多彩,既有中国传统的缠枝花纹,也有带有宗教色彩的宝相花纹;既有传统的云纹、水纹,也有其他动植物纹样。城址艺术中几何纹样种类繁多,颇具特色。有圆形、半圆形、椭圆形、腰圆形、弧形、方形、三角形、菱形等连续纹或单体纹。纹样连接有二连方、四连方等多种形式,灵活运用对称、均匀、虚实、扩散等手法,表现出装饰的韵律与变化,形成多彩多姿的装饰效果。司城纹样中,既有对传统纹样的借用,也有体现地区、民族文化特色的图形与元素。在其中,我们可以发现与当代土家族织锦纹样的某些关联。

除上述几种主要的艺术类型之外,唐崖土司城址还有一些书法、绘画、陶瓷、银饰等艺术遗存。这些艺术遗存,有的附着于城址上述艺术物象之上(如书法),有的附着于外来器具之上(如瓷器碎片图文),为城址考古发掘所发现。

二 唐崖土司城址艺术的特点

与国内已有的世界文化遗产相比,唐崖土司城址由于受历史、自然等因素的影响,其整体呈现残缺、破损的遗存状态,这种状态对城址艺术产生了重要影响。虽然我们可对城址艺术进行综合分类,但各类艺术表现形态相对零散,艺术品质亦参差不齐。有的较为精致,有的则相对粗糙。纵览唐崖土司城址的各类艺术物象,可以发现其有如下几个显著特点。

第一,仿象特征明显。仿象乃模仿之意。在城址艺术中,选址的堪舆思想、衙署核心区中轴对称设计、牌坊的形制与装饰石雕戏文题材、"土司王坟"建筑范式与装饰符号、覃鼎夫妇墓碑的形制与碑文表达等等,都深受中国传统文化的影响,明显是对汉族地区通行的艺术形制与符号的接受和仿象。在艺术表现手法上,纹样运用、书法表达、雕刻技法、建筑法式,亦表现出对汉族地区传统艺术文化的吸收与借鉴。中国古代的传统艺术文化,构成唐崖土司城址艺术的核心与灵魂,城址艺术生动地体现了民族艺术文化交流交融的特征。

第二，民族特色突出。虽然司城艺术的主体呈现出对中原汉族传统文化与艺术的仿象，但其中也不乏较为明显的区域与民族的艺术特色。如体现山地民族生存智慧的司城选址特色，主体建筑与桥梁、道路等特殊的建筑形制，装饰纹样中山地动植物图形构造，几何纹样中菱形四方连续的运用，"土司王坟"装饰中体现土家族重生乐死、灵魂不灭理念的雕刻造型等等，都是典型的地域文化与民族文化的艺术呈现，显示出独特的文化意蕴与艺术价值。

第三，象征意味浓厚。艺术都有象征与表意的功能，而城址艺术在这方面表现特别突出。城址的建设者，十分重视以艺术的形式与手法，彰显唐崖土司的文治武功，展现其精神与价值追求。可以毫不夸张地说，城址的每一件艺术品、每一种艺术符号，都有深刻的价值蕴含与象征意义。如司城核心区的中轴对称仿皇城设计，表达的是土司对威权的向往与追求；"荆南雄镇"牌坊的艺术造型与精美装饰，表达的是土司对王朝的认同与对治权合法性的张扬；牌坊上"渔樵耕读"石雕装饰，展现的是土司对传统儒家文化的尊崇与地方治理的教化理念；石人石马雕塑，表达的则是对武功的崇尚与对外敌的威慑；"土司王坟"装饰中宝相花纹的大量使用，以及望柱头的艺术雕刻，既表达对先人的崇敬，也体现土司的生死哲学理念。

第四，表现手法雅达。从构图、设计、技法、效果等来看，整个土司城艺术物象表现手法多样精致。"渔樵耕读"雕刻表现朴实，切近生活，具写实风格；石马"势若腾骧"表现夸张，重在气势；"双凤朝阳"构图精美，刀工隽永；马鞍坐垫层次分明，表达柔软细腻；王坟望柱头石雕，透视构图，运用圆雕、透雕、镂雕、深浮雕、浅浮雕，抽象生动，个性鲜明，气韵诙谐，极富艺术感染力。诸如此类，土司城址的艺术物象，无不表现出制作匠人深厚的艺术素养与高超的艺术表现技法。

总而言之，唐崖土司城址的艺术特点，可用"精""雅""细""气"四字概括。"精"即一些石雕构图与雕刻精致；"雅"即一些装饰图形的题材和内容清新淡雅；"细"即一些石雕和装饰的细节处理手法细腻；"气"即一些建筑或石雕气韵生动、大气，无论是人物还是动物，形象栩栩如生，线条流畅，灵动优美。

第四节　土司城址艺术研究的意义与维度

一　城址艺术研究的意义

在"申遗"过程中和"申遗"成功之后，有关机构和学者对唐崖土司与土司城址进行了多方面、多维度的研究，取得丰硕成果。但遗憾的是，迄今为止，从艺术的角度对城址进行研究还极不充分，可以说尚处于起步的阶段。进一步挖掘与研究城址艺术的审美价值与历史文化价值，具有重要的历史与现实意义。

城址艺术研究有利于揭示城址审美特质与全面展示城址风貌。城址艺术是"唐崖土司城址"的重要组成部分，也是城址的重要表现形态。城址与城址艺术不可分离。从艺术的角度深入探究其形制特点与艺术特色，揭示其审美价值，可以使世人更全面地了解城址遗存的价值，加深对土司制度与土司城址的认识。从城址与环境的关系中，解读其自然和谐之美；从残垣断壁与青石道路、桥上桥、柱础、瓦当中，解读其沧桑之美；从牌坊与"土司王坟"等建筑中，解读其雄奇之美；从石雕与装饰纹样中，解读其工艺精妙之美等等，无疑有助于实现城址观览的视觉超越，为观赏者提供新的审美视角，使之获得更多的审美体验与审美享受。这将有利于提升"唐崖土司城址"的观赏层次，增加城址的美誉度，进一步扩大其影响。

城址艺术研究有利于全面揭示与诠释城址的历史与文化价值。黑格尔将美定义为"美是理念的感性显现"。[①] 城址艺术是城址精神与价值的重要表现形式。城址艺术既承担了城址美化、彰显王城气象的审美功能，又以艺术的表现手法，彰显了土司城的价值理念，实现了民族文化与传统文化的交流对话，制度文化与精神文化的交汇与融通。通过对城址物象的艺术解读，揭示其内在的价值追求与精神实质，能使观者透过艺术的表象，更好地了解土司制度的历史面貌。通过艺术看历史，有助于揭示唐崖土司的生境与精神生活，阐释唐崖土司与王朝的互动关系，更好地了解土司制度"齐政修教，因俗而治"的精神特质。

---

① ［德］黑格尔：《美学》第 1 卷，朱光潜译，商务印书馆 2009 年版，第 142 页。

城址艺术研究有利于阐明民族交往交流交融的历史事实。如上所述，唐崖土司城址艺术深受中国传统文化的影响，对汉地艺术的仿象，是城址艺术的重要特点。通过对城址艺术物象、表现技法、价值理念等与汉地艺术的比较研究，有助于从艺术的角度，阐明我国古代西南少数民族与汉族之间的经济文化（艺术）交流与互动关系，揭示汉族传统艺术影响少数民族艺术的内在机理。而这些对于促进国族认同与文化认同，推进中华民族共同体建设，显然具有积极的意义。同时，通过对城址艺术的分析研究，也可以揭示其地域与民族的特色，探明其艺术源流与构成要素，为民族艺术的传承发展提供学理支持。

城址艺术研究有利于促进城址的保护与利用。加强世界文化遗产保护，使之免受人为破坏与自然侵蚀，得以"确定、保护、保存、展出和遗传后代"，是《保护世界文化和自然遗产公约》对世界文化遗产地的基本要求，也是公约规定的缔约国的国家责任。① 而遗产"保护、保存、展出、遗传"的基本前提是"确定"，即确定遗产的样态、形制与特点。唐崖土司城址艺术研究，通过对城址艺术的挖掘、整理、考据与分析解读，"确定"其艺术表现形态与价值蕴含，有利于对城址艺术采取特殊的保护、保存与展出措施，有利于彰显城址作为世界文化遗产的价值，更好地发挥城址艺术的教育、旅游等功能，促进城址更好地融入鄂西生态文化旅游圈，服务于区域经济社会发展。

城址艺术研究可弥补学界研究的不足。学术研究是城址利用的重要方面，也是支撑城址保护与利用的重要维度。近些年来，随着城址"申遗"工作的推进，学界从考古、历史、政治、文化、民族学等视角切入，展开对唐崖土司与土司城址的研究，形成一个研究的小"热潮"。但从艺术的角度研究城址仅有数篇论文，缺乏系统深入的研究，这种状况与《保护世界文化和自然遗产公约》对"文化遗产"的定义极不相称。公约非常强调，遗产"从历史、艺术或科学角度看具有突出的普遍价值"。② "艺术"是世界文化遗产的重要价值特征之一，因此，对文化遗产的艺术研究不应缺位。城址艺术研究，不仅有利于全面揭示城址价值，而且有

---

① 《保护世界文化和自然遗产公约》第4条，中国世界遗产网：http://www.whcn.org/。
② 《保护世界文化和自然遗产公约》第1条，中国世界遗产网：http://www.whcn.org/。

助于弥补城址学术研究的不足，拓展艺术科学的研究领域。

二　城址艺术价值研究的维度

城址艺术研究意义重大，但如何进行研究，从什么角度进行研究，却可能是一个见仁见智的问题。艺术的学科体系博大精深，艺术分类众说纷纭。从表现形态类型与遗存数量来看，城址艺术相对简单。但从研究视角来说，也面临多种选择。如可以分类进行专题研究——雕刻艺术研究、建筑艺术研究、设计艺术研究、纹样艺术研究等等；也可以从艺术文化、艺术比较等视角入手，探讨其艺术源流与艺术传承等等。本研究选择的是城址艺术的价值研究，期望通过对唐崖土司城址各类艺术物象的内容、形制、寓意、技法、源流等的研究，揭示其价值蕴含，属于一种综合性研究。艺术价值（有学者称之为艺术的作用或功能）具有多重属性。根据城址艺术的特点，笔者将其艺术价值凝练为审美价值、认识价值、教育价值、经济价值。

1. 城址艺术的审美价值

审美是人类特有的一种精神活动，反映的是审美主体与审美对象（客体）的一种特殊关系。人们常说，爱美之心人皆有之。《论语·述而》有载："子在齐闻韶，三月不知肉味，曰：'不图为乐之至于斯也'。"[①]《论语》的这段描述，表现了孔子从《韶》乐中所获得的审美享受，也体现了《韶》乐的审美价值。由此，他发出感叹，"真想不到，《韶》乐之美，竟然达到如此迷人的地步啊！"孔子从《韶》乐中发现美、享受美，就是一种审美或审美体验。我国美学大师宗白华先生，以梅为例，阐明了审美的特质。他说："只有'通过'感觉、情绪、思维找到美，发现梅花里的美。美对于你的心，你的'美感'是客观的对象和存在。你如果要进一步认识她，你可以分析她的结构、形象、组成的各部分，得出'和谐'的规律、'节奏'的规律、表现的内容、丰富的启示。"[②]

价值是一个内涵十分复杂的哲学概念。从最一般的意义上讲，价值表征某一事物对主体的有用性，是事物能满足人的愿望或需要的属性。

---

① 杨伯峻：《论语译注》，中华书局1958年版，第75页。
② 宗白华：《美学散步》，上海人民出版社2005年版，第25页。

文德尔班在《哲学概论》中提出，价值"意味着某种满足一个需要或引起快乐的东西"。① 所谓审美价值，就是指审美客体的属性对主体审美需要的满足，亦指艺术能给审美主体带来精神愉悦与审美体验的特质。这种"属性"或"特质"简单地说，就是艺术中蕴含的"美"。"美是基本的审美价值，仿佛是审美价值的一种'标尺'"；"美、崇高——这是审美价值。"② "在广义的理解上，美就是审美价值的另一种说法。"③

"美的现象具有统一的审美本质，同时又千姿百态，可以依据美表现于其中的现实领域或部门来区分美的形式。在此基础上，人们谈论自然美、人的美、人的创造活动过程和结果的美、艺术美（艺术手法的美或艺术性）等等。"④ 也正是从这个意义上说，"美"是艺术"基本的审美价值"。"艺术品的性质正在于此，它们能直接给人们提供幸福或满足"。⑤ 正如亚里士多德在《尼各马可伦理学》中在回答什么东西自身就是善时所说的："因为它使我或其他人感到快乐。"⑥

审美价值是艺术的核心价值，也是艺术的本质属性。可以说，离开了审美价值，没有美，艺术也就不成其为艺术了。人类通过审美活动，根本的目的就是要发现艺术的美或审美价值，从中获得审美体验，愉悦身心，完善自我，丰富自己的物质生活和精神家园。"如果说哲学的本质是真，那么艺术的本质就是美。任何艺术品，只有当它具有美的特点时，才可称为艺术，离开了美，就无艺术可言。艺术的任务，就是满足人们对于美的渴望，用艺术作品去表现美。"⑦

唐崖土司城址艺术的审美价值研究，就是要通过对城址不同类型艺

---

① 引自赵修义、童世骏《马克思恩格斯同时代的西方哲学》，华东师范大学出版社 1994 年版，第 591 页。
② ［爱沙尼亚］斯托洛维奇：《审美价值的本质》，凌继尧译，中国社会科学出版社 2007 年版，第 124、238 页。
③ 黄凯锋：《审美价值论》，云南人民出版社 2005 年版，第 51 页。
④ ［爱沙尼亚］斯托洛维奇：《审美价值的本质》，凌继尧译，中国社会科学出版社 2007 年版，第 124 页。
⑤ ［英］H. A. 梅内尔：《审美价值的本性》，刘敏译，商务印书馆 2005 年版，第 6 页。
⑥ 转引自［英］H. A. 梅内尔《审美价值的本性》，刘敏译，商务印书馆 2005 年版，第 14 页。
⑦ 岳介先：《论"美是理念的感性显现"》，《安徽大学学报》（哲学社会科学版）1982 年第 3 期。

术物象的分析解读，揭示城址艺术美的特质。城址艺术审美价值研究的对象，包括城址整体的美及各种艺术物象所表现的美，如它们的空间布局、题材、造型、装饰、色彩、技法、寓意、节奏、韵律、对称、均衡、气势等等。通过对城址艺术审美价值的揭示，不仅使研究者获得艺术美的体验与享受，亦为城址艺术的欣赏者提供审美视角与有益启示，使之在游览与观赏的过程中，获得美的艺术体验与享受。显然，城址艺术审美价值的彰显，有助于增加城址的美誉度。在本书的篇章结构中，城址艺术审美价值研究，主要集中在第二章、第三章、第四章、第五章。

为了揭示城址艺术的形制特点与影响因素，更好地阐明城址艺术的价值，本书对城址艺术的源流和民族特点进行了探讨，阐明了城址艺术与汉族艺术的关系，揭示了城址艺术的"仿象"特点（第六章）。同时，从自然地理、生计方式、经济发展、政治生态、文化特质、民族艺术等视角，分析研究了城址艺术的生境，揭示了影响城址艺术的自然与社会因子（第七章）。

2. 城址艺术的认识价值

黑格尔在分析美的构成时指出："美的要素可分为两种：一种是内在的，即内容，另一种是外在的，即内容所借以现出意蕴和特征的东西。"① 艺术之美，不仅表现为外在（形式）之美，而且具有内在（内容）之美。这种内在的美，也是需要审美才能获得。从这个意义上说，内在的美也属于审美价值的范畴。但这种内在的审美价值，衍生出艺术的另一种价值，即认识价值。所谓艺术的认识价值，就是指通过艺术的形制，能够使观者认识艺术所表达的社会人文、历史事件、自然生态等方面的内涵，从而形成对审美主体的精神熏染与感化。

黑格尔曾以哥特式建筑艺术为例，认为这种建筑的内外构造，都表现出一种自由向上、飞向天国的宗教精神，象征"超脱有限世界的纷纭扰攘，把自己提升到神那里"。② 他说："艺术作品的表现愈优美，它的内容和思想也就具有愈深刻的内在真实。"③ 在分析与解读艺术物象时，既

---

① [德] 黑格尔：《美学》第1卷，朱光潜译，商务印书馆2009年版，第25页。
② [德] 黑格尔：《美学》第3卷（上册），朱光潜译，商务印书馆2009年版，第93页。
③ [德] 黑格尔：《美学》第1卷，朱光潜译，商务印书馆2009年版，第93页。

要关注其具体的感性形式要素与表现技法，又要强调其体现的本质和内容，揭示其精神性内容与物质性形象的相互关联。在形态美的表象背后，往往有着深厚的历史与精神文化的寄寓。

城址艺术作为一种历史、文化、社会记忆的载体，在它丰富的形制和多彩的装饰背后，蕴含了历史上国家治理民族地区的理念与制度，描绘刻画了特定历史时期的人物、事件、习俗等等。城址丰富的艺术物象，成为人们认识历史与文化的重要物证，今人可从中得到启迪，增加对区域社会、历史事件、政治制度、民族关系等的认知（第八章）。

3. 城址艺术的教育价值

建筑、雕塑、绘画、文学作品、音乐等艺术形式，往往是对历史事件、人物、风俗、情感、宗教信仰等的艺术表达，深刻蕴含一定历史时期的思想文化理念与政治主张、价值追求等等。最有代表性的，莫过于14世纪至17世纪欧洲文艺复兴时期的文学、艺术作品，其对中世纪神权至上的批判和对人文主义的张扬，为否定封建特权、思想解放进步扫清了道路，对社会的变革产生了巨大而深远的影响。

正是由于艺术所具有的历史文化与思想精神的价值，宗白华先生指出："艺术不仅满足美的要求，而且满足思想的要求，要能从艺术中认识社会生活、社会阶级斗争和社会发展规律。"[①] 艺术研究，不仅要重视审美价值的挖掘，而且要重视艺术所体现的教育价值的分析。

如上所述，城址艺术是唐崖土司城址的重要表现形态，它不仅具有形式上的艺术美，而且通过艺术的形式表征了王朝时期的土司制度，见证了"齐政修教、因俗而治"的理念与实践，记录了唐崖土司发展的历史与重大事件，表现了土司制度的历史特征与唐崖土司的精神追求；城址艺术凸显了中国传统文化的影响，以及民族之间的交往、交流与交融等等。城址艺术的这些意蕴，对于增强中华民族、中华文化的认同，加强民族团结，促进和谐民族关系建设等，具有重要的教育价值（第九章）。

4. 城址艺术的经济价值

作为世界文化遗产的有机组成部分，唐崖土司城址艺术是一种重要

[①] 宗白华：《美学散步》，上海人民出版社2005年版，第66页。

的历史文化资源和"文化资本",具有重要的经济价值。虽然,作为世界文化遗产组成部分的艺术遗存,不能用现代生活中的价格、币值来测度与衡量,不能通过市场进行交易与买卖,但是可以通过合法、科学的转化利用,产生巨大的经济与社会的效益。由于世界文化遗产及其艺术遗存是一种可转化利用的重要资源,因此探索转化利用的途径与形式,对于发挥其经济价值意义重大。本书主要通过对城址艺术的展示利用、旅游利用、传承利用的研究,探讨如何实现城址艺术的经济价值,更好地促进当地经济社会发展与民生改善等问题,并提出相关对策建议(第十章)。

第二章

深山王城：选址布局艺术之美

"烟树苍茫望里分，当年歌鼓寂无闻，惟留废苑埋芳草，但见空山走白云。"① 这是晚清诗人冯永旭游历唐崖土司城址后留下的诗句，它道出了土司城往昔的奢华与废弃后的苍凉。昔日"王城"盛景已成过往，但"申遗"成功使城址再现历史光焰。拂去岁月留下的尘埃，土司城址三街十八巷三十六院落清晰可辨，"荆南雄镇"牌坊、衙署、"恒侯庙"、宗祠、墓园、大寺堂、靶场、码头、水井等建筑遗迹井然有序。从历史文献和考古发现可知，土司城是经过精心谋划设计，综合权衡多种因素的产物。虽然当年操持城郭建设的匠师已不可考，但从现存遗迹我们仍能窥见其"置陈布势"的设计能力与审美情趣。

第一节 土司城的选址艺术

建筑坐落的方位与环境，构成承载建筑的物质基础和实现建筑功能的物理空间。建筑存在于环境之中，环境承载建筑的物质价值与精神价值，建筑环境对于建筑的意义，既"在于它自身的空间结构的特征与属性"，也在于它构成"环境艺术整个文脉系统的重要组成部分。它也客观地制约着人工场所的形态构成与发展"。② 正因为如此，无论是西方建筑文化，还是中国建筑文化，都十分重视建筑选址。我国汉代著名科学家张衡在《东京赋》中就说："昔先王之经邑也，掩观九隩，靡地不营。土

---

① （清）张光杰等：《咸丰县志》卷十八（艺文志），（清）同治四年刻本。
② 吴家骅：《环境设计史纲》，重庆大学出版社2002年版，第7页。

圭测景，不缩不盈。总风雨之所交，然后以建王城。"① 作为土司的治所和生活空间，司城选址不仅关系地质生态安全与政治军事安全，而且关系精神信仰与文化认同，体现建筑功能与审美情趣。从自然地理环境与建筑设计的角度审视，土司城的选址艺术主要有以下几个显著特点。

一　空间适宜

作为土司治所与生活空间，城址需有与其地位相称的建筑布局，以彰显其威权特征，满足其物质与精神需求。这对土司城选址提出了占地空间要求，不可过于逼仄。土司城址选，顺自然山势，依山傍水，西高东低，处于玄武山（海拔约 654 米）东坡的缓坡地带（图 2—1）。缓坡逐级降至唐崖河畔，形成约 140 米的高差。对现存土司城遗址的总体面积有不同的表述。《唐崖土司城址》的表述为，城址"大致以唐崖河和周边的天然壕沟构成一个相对封闭的空间，东西长约 1200 米，南北宽约 700 米，总占地面积约 74 万平方米"。② 邓辉、黄永昌的《唐崖土司城址调查报告》说，"经数次的调查测量，城呈不规则的方形，东西长约 770 米，南北宽约 750 米，总面积 57 万多平方米"。③ 二者的主要差距在东西长度上。从实地观察看，前者可能将西部边界定在玄武山顶，后者大致定在司城西部围墙基础之上。湖北省文物考古研究所、中国人民大学历史学系考古教研室、咸丰县文物局共同完成的《湖北咸丰唐崖土司城址调查简报》称："城址外围大致以唐崖河和周边的天然壕沟构成一个相对封闭的空间，壕沟内总面积约 74 万平方米，是鄂西地区土司城遗址中单体面积最大的一个。"④ 这一表述与《唐崖土司城址》一致。有资料显示，北京故宫——明、清两代皇宫紫禁城，南北长 961 米，东西宽 753 米，占地面积 72 万平方米。由此可见，土司城址面积超过了紫禁城，完全能够满足司城各类功能布局的需要。城址靠山面水，"符合土家族聚落建筑于半

---

①　（汉）张衡著，张在义等译注：《张衡文选译》，巴蜀书社 1990 年版，第 60 页。
②　咸丰县政协文史资料委员会、唐崖土司城遗址管理处编：《唐崖土司城址》，湖北人民出版社 2015 年版，第 63 页。
③　邓辉、黄永昌：《唐崖土司城址调查报告——兼论唐崖土司覃氏的历史问题》，《三峡论坛》2013 年第 5 期。
④　刘辉等：《湖北咸丰唐崖土司城址调查简报》，《江汉考古》2014 年第 1 期。

山腰、背靠山林、不占良田的基本选址特征，在生产、生活、交通、管理、防御等方面具备优越的天然条件。"①

图 2—1　唐崖土司城址全景图

二　地质稳固

地基稳固是建城筑屋的基本要求。在山区筑城，更要重点考虑地基稳固问题，"山宁人住，山走人离"，是山区生存智慧的总结。山地建筑最忌山体滑坡、山洪冲击。土司城址的地基为石性结构，地质非常稳固。从城址四至边界可见，整个城址为西高东低，相对独立，近似三角形的石质台地。西部玄武山顶土质较薄，中部衙署区土层最厚，南部贾家沟和北部打过龙沟岩石耸立，唐崖河边山石陡峭、土质稀薄。整个城址坐落于石质缓坡地带，中间略显窝状，土层较厚，适宜耕作、居住。城址面向唐崖河，核心区距河床平面约40米，可避山洪冲击。这种石质高台状地质结构，不存在大面积崩塌、滑坡、泥石流的风险，即便遇大雨、暴雨，雨水也能顺山势及人工开凿的排水沟渠，流入唐崖河中，不会造成危及司城安全的自然灾害。

---

① 咸丰县政协文史资料委员会、唐崖土司城遗址管理处编：《唐崖土司城址》，湖北人民出版社2015年版，第60页。

三 符合堪舆

"堪，天道；舆，地道也"。① 堪舆在传统文化中又称为风水学。堪舆学研究地形地物，考察山川地理形势，择其形胜之处，营国立都、筑室安居，强调宇宙自然与人类生活的和谐；通过对地形地貌的描述，测度建筑物及相关人事之吉凶。在中国传统文化中，建筑选址都重视风水。"但言地有四势，只有朱雀玄武青龙白虎而已"，"一得其宅，吉庆荣贵。"② 古代文献《周礼》所阐述的城郭、殿堂选址原则，构成古代堪舆之理论基础。"负阴抱阳、背山面水"，倚"祖山"（玄武），绕"金带环抱"之河流，面"朝山"（朱雀），左青龙、右白虎，以及一系列的"护山"，是理想的选址标准。在我国古代，道教思想中，也有"万物负阴而抱阳，冲气以为和"③的主张，以山、水代表阴、阳，追求人与自然的和谐相处（图2—2）。

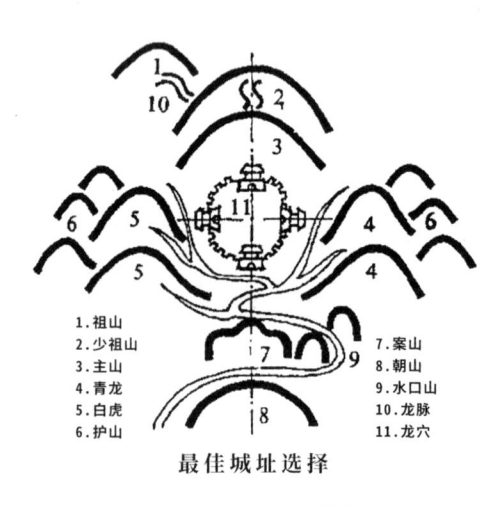

图2—2 古代城址堪舆图

最佳城址选择
1. 祖山
2. 少祖山
3. 主山
4. 青龙
5. 白虎
6. 护山
7. 案山
8. 朝山
9. 水口山
10. 龙脉
11. 龙穴

受中国传统文化浸染，唐崖土司城的选址深受堪舆思想影响。从土司城址周围的山形地势看，完全符合传统建筑布局的堪舆理念。虽然受地势影响，土司城不可能坐北向南，但土司城后部的山体被命名为玄武山，即祖山；与玄武山相对的山体命名为朱雀山，成为土司城的"朝山"；而城址北侧和南侧的山体，则分别被命名为青龙山和白虎山，与贾家沟、打过龙沟等天堑，形成城址的左右屏障，构成堪舆理念中的"护山"。通过山体命名与人为赋义，将司城构建为精神上的坐北朝南的城郭。

---

① 孙冯翼辑：《许慎淮南子注》，中华书局1985年版，第8页。
② 郭彧编著：《风水史话》，华夏出版社2006年版，第32页。
③ 任继愈：《老子绎读》，北京图书馆出版社2006年版，第94—95页。

城址的地势特点，合乎堪舆"前后尖峰，富贵三公"的观念；城址中间的窝地，则契合了"明堂掌心，积玉堆金"的理念。这一自然山水环绕的地理特征，与人为命名赋义，将土司城址上升到精神的高地，体现了自然与人文，汉族传统文化与当地民族文化的有机结合。

四 有利防御

在远离国家权力中心的武陵山区，唐崖土司虽为一方豪强，但也面临诸多安全忧患。其一，作为有名的"最倔强土司"，与其他土司存在较多的利益矛盾与纷争。史料记载，为扩大势力范围，巩固自己的地位，鄂西诸土司相互争斗，"世相仇杀"①；其二，存在朝廷征剿与官兵打击的威胁。在土司体制下，朝廷一方面给予土司各种特权，予以安抚，同时，为防御土司作乱，又建立卫所，派驻重兵，予以钳制。为扩张领地，谋取利益，历史上的唐崖土司曾屡屡与相邻诸土司、朝廷派驻地方的官兵争夺田土，有不服朝廷管束、挑战王朝权威的反叛记录。《咸丰县志》记载："明季唐崖最倔强，每结散毛、腊壁、木册为所（大田千户所）患"。② 其三，需防范土民反抗或流匪滋扰。正因为如此，城址对安全和防御有特殊的考量，城址选择必须符合防卫的要求。土司城址利用周边的山形水势，构成天然防御屏障（图2—3）。西靠玄武

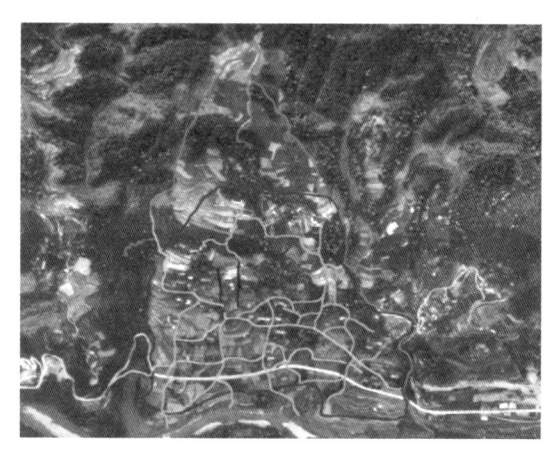

图2—3 土司城址航拍图

山，东面是唐崖河及陡峭的河岸，南北分别以天堑贾家沟、碗厂沟为界，

---

① 咸丰县政协文史资料委员会、唐崖土司城遗址管理处编：《唐崖土司城址》，湖北人民出版社2015年版，第44—46页。

② 引自邓辉、黄永昌《唐崖土司城址调查报告——兼论唐崖土司覃氏的历史问题》，《三峡论坛》2013年第5期。

山崖陡峭；南北两端出口狭窄，辅以人工建造的城墙、垛口，构成稳固的防御体系。除此之外，翻过玄武山，有较大的山地平坝，土质肥沃，宜于农耕，能够在受困时保障土司城的粮草供应与消费所需。

五　宜于治理

唐崖土司地处武陵山腹地，山岚叠嶂，沟壑纵横，山高坡陡，陆路难行。从当时的交通工具与可行路径看，土司城址选在唐崖河边，是明智之举。唐崖河是古冰川故道，属乌江水系，发源于武陵山区的星斗山（今湖北省利川市毛坝），过咸丰，经黔江到酉阳，在古镇龚滩注入乌江，然后再汇入长江。唐崖河全长249公里，为乌江第一大支流。其上游称龙潭河，进入重庆黔江后称"阿蓬江"。"阿蓬江"是一条由东向西流的河流，有"岸转涪江，倒流三千八百里"之说。唐崖河是咸丰县境内最大的河流，径流100余里。当年的唐崖河，可谓通江达海，是土司出行与对外交往的重要通道。从土司城的三条下河道以及河边的码头遗迹，我们可以想见当年唐崖河的繁忙景象。①

从区域治理的角度看，相关历史地理图籍和文献显示，唐崖土司的管辖范围，随势力消长、职级升降多有变化。但相对稳定的统辖区域，主要在唐崖河西北部，唐崖河构成其统辖区域的东南部边界。土司城坐落在统辖区域东南的唐崖河中段，紧邻大田千户所屯地，形成向西北辖区的扇形辐射态势（图2—4）。土司城所处方位，客观上有利于覃

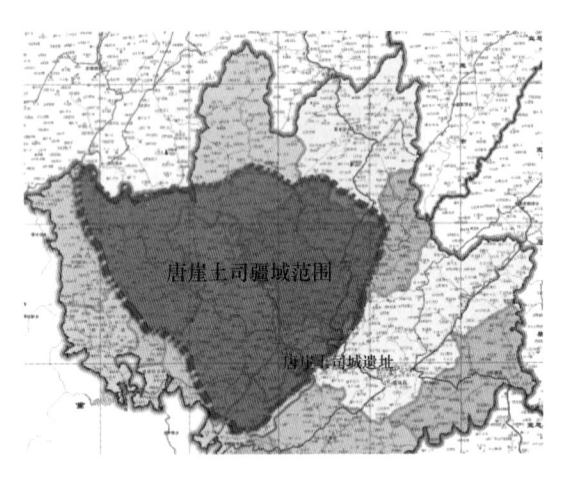

图2—4　唐崖土司疆域图

---

① 参见《唐崖河风光》，新华网湖北频道 2010 - 04 - 14，http://www.taiwan.cn/zt/jlzt/qwhtwz/twztp/twzhbt/201004/t20100414_1319321.htm。

氏土司对土民的统辖与区域的整合、治理。笔者以为，土司城选址，可能与覃氏土司先祖落根于此，长期经营发展有关，但客观上契合了区域治理的需求。

第二节 土司城的造"势"艺术

空间是一个多义多元的复杂综合体。土司城的选址，解决了城址坐落的物质基础与建筑的总体空间，但在其上如何规划与布局各类建筑，又涉及设计者、使用者对建筑的个体与整体、建筑与环境的理解。设计者不仅要研究有形的空间要素，而且要考虑政治、道德、伦理、习俗、情感等社会与精神要素。建筑艺象要反映建筑的精神内涵，体现建筑空间的社会属性。

建筑空间布局的"势"与"形"，是建筑艺术审美的重要范畴。按照中国传统建筑审美的观点，远为"势"，近为"形"，"势"言其大者，"形"言其小者；"势"可远观，"形"需近察。从建筑布局形态来说，所谓"势"就是"气势"，显示宏观的美，具有精神的象征意义与价值。正如我国清代著名画家沈宗骞先生所言，"统乎气以呈其活动之趣者，是即所谓势也"。① "势"表征建筑的雄伟、壮观、巍峨、大气等等。所谓"形"，就是具体的建筑个体的尺度与样貌特征，以及建筑之间的呼应关系，"形"表征建筑的漂亮、精巧、和谐等等。"势"与"形"是辩证统一的关系。"势"统御"形"，"形"体现"势"。离开"势"的统御，"形"则零乱、散碎；没有"形"的支撑，"势"则无以立。因此，处理好"势"与"形"的关系，是建筑设计布局的基本原则，也是评价建筑群体的基本审美要求。建筑空间形态的把握，需要"势"和"形"的有机结合。

土司城"势"的艺象，不仅体现在玄武、朱雀、青龙、白虎等象征性、隐喻性物象上，而且呈现在建筑空间的设计布局之中。

---

① 沈宗骞：《芥舟学画篇·中国画论辑要》，江苏美术出版社1985年版，第219页。

一 "城中城"体现"王城"气象

衙署区是土司处理政务和生活起居的地方,由大衙门、官言堂、内宅等主体建筑及附属设施构成,是土司城的核心所在,也是土司权威的基本象征(图2—5)。大衙门和官言堂是土司及官员办公议事的地点,而内宅实际为寝宫。衙署区的整体布局,属于比较典型的前朝后寝结构,这种建筑布局与《周礼·考工记》要求的"前朝后寝"理念相一致。考古发现,土司城的北面、南面、东面修建有外城墙。衙署区北面和东北面还修建了内城墙,衙署区实为城中之城,这种内、外城的建筑设计,既出自安全的考虑,也模仿了中央王朝皇城的建筑范式,体现内外有别与土王高高在上的威权势能。

图2—5 土司城衙署区遗址

衙署区居于司城中心,体现尊卑等级秩序。据测量,衙署区离西城墙约270米,离东城墙约210米,基本上处于整个城址的中心。城址的主干道——上街、中街与第二下河道在衙署、"荆南雄镇"牌坊之前实现交汇。在整个土司城址,上街、中街以上部分(城址西部),是全城的核心与尊显区位。以"荆南雄镇"牌坊为核心,布置了衙署机构、宗祠、书院、大寺堂、"御花园"以及"土司王坟"等重要的建筑设施,形成土司城的权力与礼仪中心。而在中街以下(东部),除"小衙门"等建筑外,主要是由不同院落组成的普通居民区,或土司城服务性建筑,如钱庄、手工作坊等。这种划分格局,进一步强化了衙署区在司城的中心地位,体现了不同居住主体的尊卑等级秩序关系。

衙署区建筑群有明显的中轴线。中轴对称是封建社会皇城建筑的显性特征之一,是权威势能在建筑形制上的重要表现。土司城虽然受山形地貌的制约,未能实现整体按中轴布局建造,但在其政治主体功能区,仍体现了这一势能原则。衙署区的建筑遗存坐西朝东，大致分为四级台地。其中，"荆南雄镇"牌坊位于衙署中轴线东端，由下至上，从东至西，建有门楼、大衙门、官言堂、内宅等四组核心建筑。在背倚的玄武山最高点，建有玉皇庙（玄武庙），传说中的"夫妻杉"亦位于此，二者占据全城最尊的部位。所在山脊向下的延伸线，大致与"荆南雄镇"牌坊、衙署区中轴线相一致。

二 "荆南雄镇"牌坊彰显土司威权

"荆南雄镇"牌坊，是土司城最显性势能的标志（图2—6）。关于该牌坊的建筑风格与艺术价值将在下文专门评述，在此仅就其在整个司城中的地位与象征意义作简要探讨。该牌坊的建造缘起，为明天启年间，十二代土司覃鼎奉朝廷征调参加平定奢崇明等叛乱，朝廷为表彰其战功所敕建。牌坊正面中间看板上，阳刻"荆南雄镇"四个大字，款书"钦差总督四川兼湖广荆岳郧襄陕汉中等府军务策授总粮饷巡抚四川等处四方兵部左侍郎兼都察院乃金郡御使朱燮元为"。背面（朝向衙署）阳刻"楚蜀屏翰"四个大字，款书"湖广唐崖司征西蜀升都司佥事兼宣抚司宣抚使覃鼎立天启四年正月吉旦"。"荆南雄镇"牌坊矗立于土司城中央，前为街道，后为衙署，其形制简约庄严，雄伟壮观。关于"荆南雄镇""楚蜀屏翰"的书写者，民间和学界有不同的说法，有说为当朝皇上朱由校御书，有说由钦差总督、御使朱燮元所为。不论书者为谁，有一点可以肯定，这就是朝廷对唐崖土司的认可与赞誉。最高统治者"敕建"牌坊，"授书""荆南雄镇"和"楚蜀屏翰"，有效提升了土司城的势能。

图2—6 "荆南雄镇"牌坊

在古汉语中，"雄镇"一词有两方面的蕴涵：一是指具有重要战略地位的城镇;二是指执掌兵权、身居要职的重臣。屏翰,指屏障辅翼,其大意也有两层,即"边镇"与"重臣"。《明史·张翀传》:"国家所恃为屏翰者,边镇也。"① 《诗·大雅·板》:"大邦维屏,大宗维翰。"② 以"屏翰"比喻国家重臣,有文韬武略才可用为屏翰。据土司史研究,中央王朝对各地土司的表彰并不少见,但如此高的评价的确少有。该牌坊的"势"能艺象,至少体现在两个方面:一是权威性。牌坊体现了至上皇权与王朝国家在场。虽然,唐崖土司有"土皇帝"之称喻,但在强大的中央王朝面前仍显自信不足,能获得朝廷的嘉奖,与皇帝扯上关系,不仅能光宗耀祖、荫及子孙,而且能大大提升"土王"的地位与影响力。二是正统性。牌坊宣示了王朝政治与土司区域治理的有机勾连,体现了土司对王朝与传统文化的认同,表现出对正统性与合法性的追求。"荆南雄镇"牌坊,既满足了土司的精神需求,又有利于其对土民的治理,增强其与地方势力及权贵抗衡的势能。

三 宗祠与宗教建筑占领精神高地

土司城的建筑布局,不仅注重建立政治威权势能,而且注重凸显精神威权势能,将宗族、宗教等精神建筑摆在显要位置,是土司城的重要特征之一。根据城址考古和《覃氏族谱》记载,土司城建有"覃氏宗祠"和"大寺堂"两组相邻的建筑。"覃氏宗祠"为土司祭祀祖先的建筑,"大寺堂"为礼佛的场所。"覃氏宗祠"和"大寺堂"位于衙署区左侧,处于主干道上方高地。从所处方位看,其选址布局遵循了《周礼·考工记》"左祖右社"③的理念。

在中国传统文化中,宗祠又称宗庙、祖祠、祠堂等。它是供奉祖先的神主牌位,举行祭祖活动的场所,也是从事家族聚会、执行族规家法、议事宴饮的地方。氏族宗祠通过定期的祭祀活动,传承祖训和家族文化,惩戒破坏族规家法行为,强化精神认同,维护宗族权威。氏族宗祠具有

---

① (清)张廷玉等:《明史》卷二百十,中华书局1974年版,第5566页。
② 葛培岭注译评:《诗经》,中州古籍出版社2005年版,第255页。
③ 关增建、[德]赫尔曼译注:《考工记:翻译与评注》,上海交通大学出版社2014年版,第35页。

凝聚族人、实现精神控制的功能。而"大寺堂"作为礼佛场所，体现的是精神慰藉与佛法庇护的功能。据文献记载和考古发掘，在土司城之外还建有玉皇庙、尖山寺、观音寺等多处宗教建筑。由此可见，土司对宗教教化功能非常重视，发挥家族宗法与宗教教化的功能，将政治威权与精神威权结合起来，实现精神统御与训导，是土司的高明之处。

在土司城的西北部，衙署区左后侧约300米处，也就是在"覃氏宗祠"和"大寺堂"的后方，是土司的"官坟山"。这里有"土司王坟"和覃鼎墓、田氏夫人墓等墓葬。据考证，"土司王坟"为第二代土司覃值什用之墓，该墓建筑华丽。从汉族的丧葬文化看，将墓园置于城内，与衙署相邻，似有不妥。但土家族传统文化重生乐死，将祖坟置于宅后，图的是祖宗的庇护，彰显的是对先祖的敬仰与崇拜。这种类似现代纪念堂、纪念碑的设置，与处于其下方的覃氏宗祠等构成一体的祖先崇拜物象，形成巨大的精神势能。从史料记载看，土司城的扩建，由覃鼎夫人田氏与钦依峒主覃杰共同掌理。土司城扩建时的官坟山，主要墓葬为"土司王坟"。覃鼎及田氏夫人以其武功建树与治理有方，在覃氏土司世系与家族中占有重要地位，身故后葬于"王坟"之侧，享受后世香火，亦在情理之中。

第三节　土司城的"形"胜之美

在土司城址，尚未发现汉式亭台楼阁的遗迹。但从考古发掘和实地观察，我们还是可以看到，设计建造者"置陈布势"的独具匠心。他们将建筑与环境、功能与审美巧妙地结合起来，造就了土司城的"形"胜之美。

一　合理的功能布局

设计建造者依形就势，将整个土司城划分为若干功能区域（图2—7）。如以"荆南雄镇"牌坊、衙署为核心的政务区；以大寺堂、宗祠等为主体的宗教区；以靶场、营房为主体的军事区；以书院为主体的文教区；以御花园、"万兽园"为主体的休闲娱乐区；以官坟山为主体的墓葬区；以多个院落组成的普通居民生活区等等。土司城各功能区的

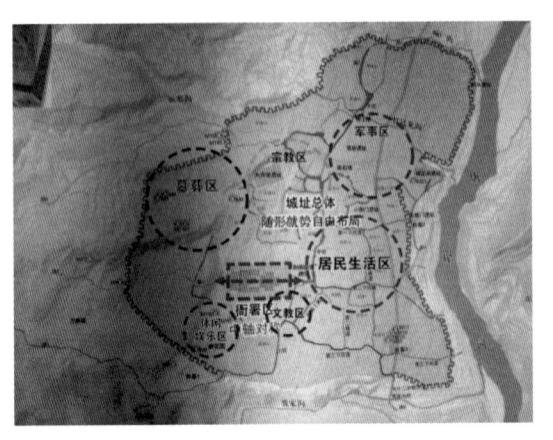

划分，充分考虑了城区的山形地势与等级秩序。政务区处于土司城中心，与文教区相邻；宗教区处衙署之侧，居主干道以西；休闲娱乐区与衙署和内宅相连；居民区处主干道以东，居下位；军事区位于城堡的东北部主入口附近，与采石场相邻，充分体现防御的功能。

图2—7 土司城址功能区划图

土司城道路布局建构合理，将各功能区连接为有机的整体。在土司城的设计布局中，道路建造与功能区划密切相关，起到了便利交通、连接各功能区的作用。城址现存石基道路中，南北向有长800余米，由上、中、下街组成的主干道，从南至北贯穿全城，连接各主体功能区。东西向有自西向东三条下河道，与南北主干道成T形连接，将东部区域又划分为三个团块。第一下河道连接衙署、中街和唐崖河码头，由西向东穿过东城门，为当年土司进出土司城的主要通道。从整体看，城址路网布局合理，用材考究，施工精细。主干道的石条镶嵌与边缘包条，下河道的台型阶梯、驳岸砌垒，在今天看来，其材料与工艺仍令人赞叹。土司城的道路建设，做到了功能与审美的统一。

二 规范的形制尺度

在中国古建筑的空间设计中，"尺度"始终是掌控全局的一个关键词。适宜的尺度可以满足人的生理、心理及社会需要。在中国古建筑知识体系中，"形"是建筑外部空间构成的尺度衡量标准，"形"也是对人们近观事物时的视觉感受的描述。对单体性空间构成而言，"形"的空间尺度具有体量制约意义。单体建筑、建筑体之间的关系，都需要符合尺度的要求。对于"形"，古人有"近以认形"之说，其近观视距范围以百尺为限，是为"百尺为形"①。在我国古代，尺的实际长度不同朝代有不同的标准。将古代的百尺换算为现代公制单位，大约为30米左右，在此视距范围内，观者大致可以看清事物的细节。

衙署区建筑群是土司城的核心，也是整个司城建筑的代表。根据湖北省古建筑保护中心李德喜等对土司城的考古发掘研究，衙署区建筑群的形制尺度大致如下："荆南雄镇"牌坊四柱三间，面宽8.4米，中楼高6.8米、边楼高5.8米。"门楼"位于石牌坊以西13.37米，门楼基址南北长15.60米、东西深7.60米。"大衙门"在门楼以西8.25米，大衙门基址平面呈长方形，南北长34.67米、东西宽20.7米。"官言堂"在大衙门之后，台基平面呈长方形，长38.25米、宽17米。② 由此，我们可以列出上述建筑的距离关系："荆南雄镇"牌坊至门楼13.37米，门楼东西宽7.60米，门楼至大衙门8.25米，"荆南雄镇"牌坊至大衙门的距离为13.37米+7.60米+8.25米=29.22米。"荆南雄镇"牌坊面宽8.4米，门楼面宽15.60米，大衙门面宽34.67米，三者宽度尺寸大约呈1∶2∶4的比例关系。这一建筑尺度及比例关系，完全符合中国传统建筑"百尺为形"的形制要求。上述建筑物除"荆南雄镇"牌坊之外，均已毁损，其高度已不可测，但可以推断，它们的高度及相互比例关系，也应符合相应的尺度，形成由低到高的排列组合。对处于深山之中的唐崖土司城的规划设计者来说，能借鉴并运用汉族传统建筑文化的形制要求，实属难能可贵。

由于土司城地面建筑大多毁损，今天的人们已不可能欣赏整个土司城建筑的原貌，但从建筑遗迹和"荆南雄镇"牌坊等，我们还是可以想见当年土司城建筑的和谐与壮美。在当时的建筑设计条件下，土司城合适的形制与特有的山形地势的结合，无疑增加了土司城建筑的审美情趣。

三 怡人的视觉空间

土司城的设计建造，考虑了土司城与环境的相容性。在已有的研究

---

① 郭彧编著：《风水史话》，华夏出版社2006年版，第29页。
② 参见李德喜、康予虎《咸丰唐崖土司城衙署区建筑遗址复原初探》，《三峡论坛》2014年第4期。

与介绍中，为了凸显王城的繁盛，大多强调城内的三街十八巷三十六院落，更有学者将土司城等同于城市①。笔者以为，这样的表述是不准确的。土司城主要是土司理政居住之所，可谓城堡、城郭，但非城市，也非日常交易的集市。

从宗祠的设置可以推测，居于土司城内主要应是覃氏土司及其族人，以及治理所需之机构、服务、武装人员。一般土民，无论从阶层或生计的角度看，都不可能在城内立足。从考古发掘和城内路网构成与走向看，城内的居民生活区位于采石场以南，中街以东，由多个封闭的院落组成，居住比较分散，并没有统一的规制，院墙砌筑工艺也较为简单。这些院落应该是土司家族人员的住所，或为土司城生活服务的磨坊、库房等，而非集市交易的店铺。

武陵山地区的传统集市，一般设置于地势相对平坦、人口较为稠密、交通较为便利的区域，而且也并非每天开市，而是初一、十五，或单日、双日开市。集市的辐射范围、集市之间的距离，受人口密度、经济发展状况、传统习惯等条件的影响。唐崖土司城一面靠山，一面临河，两侧深沟，与城外保持相对的独立，显然不宜作为集市交易的场所。从对现存道路的勘察看，其主要功能是日常通行和与外界联络的通道，虽然俗称为"街"，但并非集市载体。土司城的日常之需，应有其他供应渠道与采办之地。

值得注意的是，历史上的唐崖土司辖地，长期是"土旷民稀，獠蛮杂处"。②永乐四年，唐崖覃忠孝在奏请朝廷批准复设土司时，上报的居户才三百余户，"蛮民"不足二千。③正如同治《咸丰县志》所载，由于"山多土少，而民勤耕凿，艰食化居"。④这种人口、环境与社会经济状况，也决定了土司城不可能是人来人往的繁华集市。因此，将土司城定义为具有现代意蕴的城市显然不妥。

---

①　参见咸丰县政协文史资料委员会、唐崖土司城遗址管理处编《唐崖土司城址》，湖北人民出版社2015年版，第57—64页；陈飞《荆南雄镇楚蜀屏翰——唐崖土司城的选址与营建》，《中国文化遗产》2014年第6期；萧洪恩、张文璋《世界遗产地唐崖土司城》，世界图书出版公司2016年版，第88—92页。

②　张仲炘、杨承禧等：《湖北通志》卷二十一（风俗），民国十年刻本。

③　（清）张廷玉等：《明史》卷三百十，中华书局1974年版，第7986页。

④　（清）张光杰等：《咸丰县志》卷八（食货志），（清）同治四年刻本。

另外,从衙署"前朝后寝"的设计,"覃氏宗祠"方位依"左祖右社"原则选址,可以看出,司城建筑布局非常重视《周礼·考工记》所述规范。值得注意的是,在《周礼·考工记》中,还有"面朝后市"①的要求。在土司城建筑中,衙署区后面是园圃、山林,根本无"市"的痕迹。这也从一个侧面证实了土司城并无"市"的功能。

正因为土司城主要体现治所与居住功能,而非集市交易功能,所以特别注重凸显"土王"威权,满足王族居住、享受需要。整个土司城建筑总体布局较为稀松简约,留下较大的活动空间,体现了建筑与自然协调、尊重自然环境的设计理念。土司城内,建有"御花园"和"万兽园"。"御花园"实为土司城的后花园,处于土司城西南部,与衙署区相连;"万兽园"也在土司城南部,与南城墙相连,为射猎训练与玩乐之所。玄武山顶部的"玄武杉"又名"夫妻杉",树龄超过400年,传说为覃鼎夫妇所植,现在的树围约5米,树高约44米,树冠覆盖约225平方米。可以推测,当年土司城生态优良,景色宜人。

土司城址的空间布局,注意到了"空间的延伸"。由于山地的特殊形貌,空间的延伸对于城址获得更为丰富的层次感具有重要作用。从城址建筑布局看,主体建筑分布于西部高地,东向视距越过唐崖河,直至对岸的朱雀山,不仅可俯视土司城全貌,而且可远观唐崖河两岸的风光。在土司城南北方向,近处也无建筑物遮挡,亦显示出较大的视域空间。城址空间的延伸,意味着空间序列设计突破了场地的物质边界,有效地丰富了土司城与周边环境之间的空间关系。从方志记载可知,明代唐崖地方山体植被茂盛,树大林密,花草众多。当年的土司城,处于优良的生态环境之中,冯永旭诗中的"烟树苍茫""空山""白云""芳草"等景象,应该具有较多的写实成分。

总之,唐崖土司城的选址与建筑设计布局,较好地处理了人与城郭、环境之间的关系,体现了"诗意栖居理想"与"理性规划实践"的有机结合,是古代山区城郭建设的杰作。土司城的选址与建筑布局艺术,为城址获得世界文化遗产殊誉奠定了重要的环境与物质基础。

---

① 关增建、[德]赫尔曼译注:《考工记翻译与评注》,上海交通大学出版社2014年版,第35页。

第三章

雄镇屏翰:城址建筑艺术之美

建筑与建筑艺术,是世界文化遗产的重要内容。唐崖土司城历经十余代土司相续营建,到晚明时期形成完整格局,不仅布局宏阔,而且具有鲜明的建筑艺术特色。改土归流后,由于人为毁损与自然力破坏,土司城址地面建筑已所剩不多。目前,城址保存较为完好的有"荆南雄镇"牌坊、"土司王坟"等墓葬、道路与排水系统、"桥上桥"等建筑物。从这些建筑遗存,我们仍能感受城址建筑的精美,窥见其所蕴含的高雅审美情趣与精湛建筑艺术。

第一节 "荆南雄镇"牌坊的建筑艺术特色

牌坊作为封建社会表彰功勋、德政、科第、节孝等所立的建筑物,是中华文化的一种象征性标识,具有悠久的历史。牌坊以其特殊的建筑形制、丰富的文化内涵,成为重要的建筑艺术载体,是一种能给人们带来独特审美感受的"有意味的形式"。①

在唐崖土司城址衙署区的正前方,衙署区中轴线的起点,上街、中街与第二下河道的交汇处,立有土司城址的标志性建筑"荆南雄镇"牌坊。该牌坊是为褒奖唐崖第十二世土司覃鼎参与平定"奢安之乱"的战功,由明朝廷所赐建,属典型的功德牌坊。"荆南雄镇"牌坊,是土司城

---

① [英]克莱夫·贝尔:《艺术》,周金怀、马钟元译,中国文艺联合出版公司1984年版,第4页。

址中"等级最高、体量最大的礼制性建筑"。① 从艺术审美的视角看,"荆南雄镇"牌坊有如下几个显著的特点。

一 形制简约之美

古罗马建筑大师维特鲁威认为,建筑之美在于比例,"作品的细部要各自适合于尺度,作为一个整体则要设置适于均衡的比例"。② 牌坊作为一种独立的单壁式建筑艺术造型,其整体与细部,细部与细部之间的比例关系特别重要。只有比例协调,才能产生美感。否则,就可能产生视觉错乱,影响牌坊的审美效果,破坏牌坊所要表达的人文精神。因此,选择适当的比例尺度,是实现牌坊艺术价值与人文价值的重要条件。

适宜的体量与完美的比例尺度,构成"荆南雄镇"牌坊的重要艺术特色(图3—1)。"荆南雄镇"牌坊为全石结构,四柱三门三楼,仿木构建筑。牌坊面宽8.4米,通高7.15米;边楼高5.8米;中门宽2.5米,高3.5米,侧门宽1.7米,高2.5米;坊柱为边长0.5米的正方形,每柱前后有高约2.5米的抱鼓石支撑。从总体形制与尺度看,在我国现存的各类牌坊中,"荆南雄镇"牌坊的体量算得中等。其面阔与通高之比约为1∶0.85,给人以稳重平实的视觉印象;中

图3—1 简约庄重的"荆南雄镇"牌坊

楼与侧楼高低错落,高宽比例适当,侧楼对称拱卫中楼;四根素面方形坊柱与石枋相连,整个牌坊上部结构紧凑,雕饰丰富得体。"荆南雄镇""楚蜀屏翰"8个楷书大字,分别刻于牌坊中门正面和背面的上下额枋中

---

① 咸丰县政协文史资料委员会、唐崖土司城遗址管理处编:《唐崖土司城址》,湖北人民出版社2015年版,第89页。

② [意]维特鲁威:《建筑十书》,高履泰译,中国建筑工业出版社1986年版,第11页。

间的看板，字体雄劲浑厚，居中凸显。整个牌坊各构件比例协调，给人简约而不失庄严、平凡而显尊贵的视觉感受。

通过比较，更能显出"荆南雄镇"牌坊的简约庄重之美。图3—2是安徽省绩溪县的"奕世尚书坊"（四柱三门五楼，通高10米，宽9米）；图3—3是山东省单县的"百寿坊"①（四柱三门五楼，通高13米，宽8米）。这两座牌坊是现存的明、清古牌坊，都有较高的知名度和美誉度。"奕世尚书坊"和"百寿坊"的整体架构，都是三层五楼，高度大于宽度；两牌坊细部装饰繁复，元素过多，华丽有余，庄严不足，给人累赘压抑之感。而"荆南雄镇"牌坊素雅端庄的特点非常明显，显现出一种简约之美，其比例结构安排，更好地凸显了"荆南雄镇"与"楚蜀屏翰"的主题，彰显王朝嘉奖的意蕴，体现了庄重严肃的纪念碑型风格，是简而不俗、约而显雅。同时，这种简约设计减轻了牌坊的自重，增强了牌坊的稳固，并与周边环境构成和谐一体。该牌坊典雅庄重，古朴壮观。正如著名古建筑专家张良皋教授所指出的，"在整个武陵土家地区所存石牌坊中，此牌坊堪称第一，置于全国所有明代石坊中，也毫不逊色"。②

图3—2 绩溪"奕世尚书坊"　　图3—3 单县"百寿坊"

二 雕刻装饰之美

"荆南雄镇"牌坊十分注意细部的装饰。该牌坊为单色石材构成，因

---

① 参见苗红磊《单县石牌坊及其石雕艺术略考》，《设计艺术研究》2011年第3期。
② 土家刘郎：《唐崖土司城：一个土司王朝演绎的传奇史诗》。http://www.360doc.com/content/16/0611/11/17301683_566706663.shtml。

此其装饰主要表现为石雕艺术。该建筑虽然总体简约，但石雕装饰内容丰富，寓意深刻，雕刻精美。关于牌坊之上的石雕艺术，将在第四章"城址石雕艺术"中集中介绍，这里仅简要综合介绍该牌坊石雕装饰的几个特点。

第一，主题鲜明，寓意深刻。该牌坊主楼正面与背面分别题刻"荆南雄镇"与"楚蜀屏翰"8个大字，凸显了牌坊纪念碑性质的主题。围绕这一主题，牌坊在主楼和侧楼的上下额枋与看板上，设计了多组浮雕与透雕。主楼正面，在"荆南雄镇"的上、下额枋上分别雕刻有"奉调出征"与"除妖镇反"两幅石雕（图3—4），凸显了土司的国家认同意识与参与平叛的武功。在两边楼的正面，分别设置有"渔""樵""耕""读"与"麒麟奔天"石雕装饰，表现土司接受儒家传统文化，祈愿治下百姓安居乐业的价值取向。主楼背面，"楚蜀屏翰"

图3—4 "奉调出征"与"除妖镇反"

题刻之上额枋有"尊祖敬宗"石雕，显示土司在受到朝廷嘉奖之后，敬宗追远，对祖先的缅怀与祭奠；下额枋的"土王出巡"石雕，则展现土司"治功"勤勉、区域和谐的场景（图3—5）。边楼的"断桥送子""槐荫送子""乘龙""驭凤"石雕，表现了土司对子孙繁衍与美好前程的期待。这些石雕图案紧紧围绕土司文治武功的主题，将结构功能部件与艺术装饰有机结合起来，通过神话与民间戏文故事及土司人物图案，彰显了土司的国家认同意识与治理情怀，寓意十分深刻。

图3—5 "尊祖敬宗"与"土王出巡"

第二，设计精美，雕工细

腻。在牌坊装饰石雕设计上，建造者做到了整体与局部、实体与空间的和谐统一。设计者根据牌坊主题，合理安排不同内容的雕刻图案，做到了以"荆南雄镇"与"楚蜀屏翰"题刻统领不同题材的石刻图案，各图案寓意形成对主题的烘托与阐释，使牌坊石雕文化符号形成具有内在逻辑联系的统一整体。在具体的石刻图案设计上，则做到了突出主题，着力精简。以"除妖镇反"石刻为例，虽有祥云、龙门，但用刀简约，视角焦点集中在图案中间的"魁星"（"哪吒"）和"鳌头"（"跃鲤"）之上，人物造型生动，雕工精细，使"打压""镇反"之势跃然石上。除此之外，牌坊上的"渔""樵""耕""读"等石刻，都体现了这一原则，虽然构图简约，但主题都非常突出，画面生动有趣，人物形象栩栩如生，表现出高超的绘画设计与雕刻技艺。

第三，妥善处理虚实关系。牌坊两侧的横枋与看板上的"麒麟奔天""渔""樵""耕""读"等图案，每边3幅，上下排列，形成左右对称。上、下两幅为浮雕，中间的"麒麟奔天"为透雕（图3—6）。这种结构安排，可谓匠心独具。它不仅在视觉空间上打破了浮雕实体的沉闷，使画面显得更加灵动，有效改善了雕刻的装饰功能与效果，而且"麒麟奔天"居于中间，寓意深刻。牌坊上的雕刻图案，运用了传统的圆雕、透雕、浮雕等技法，"人物表情丰富，场景布置生动合理，立体呈现

图3—6　"麒麟奔天"与"渔""樵"

了不同题材的构成要素，图案布局绘制专业，雕刻手法精到纯熟，达到了较高的雕刻艺术水准"。① 牌坊的4根石柱为素面，没有任何的雕饰。

---

① 雷宇：《关于唐崖土司城址石雕艺术遗存命名释义的几个问题》，《三峡论坛》2019年第1期。

从艺术审美的角度看，这样的安排衬托了牌坊的庄重与肃穆，发挥了"无"与"白"在建筑艺术中的特殊作用，呈现了"无"胜于"有"的艺术效果。

"荆南雄镇"牌坊作为象征符号，其隐喻意旨主要体现在雕刻装饰图案上。从上述雕刻装饰看，其象征符号题材多样、寓意丰富，深刻寄寓了建造者的情感与祈愿。寓意深刻的雕刻艺术装饰，与"荆南雄镇""楚蜀屏翰"的题刻融为一体，彰显了牌坊深厚的历史文化底蕴。"荆南雄镇"牌坊建筑，不仅艺术地表现了土司的精神追求，也凸显了牌坊历史纪念碑的风采。上述隐喻性、象征性精美雕饰，不仅有效增强了整个牌坊的形式美，而且对牌坊的精神价值产生巨大的提升，堪称建筑艺术的成功范例。

三 间架结构之美

德国著名哲学家叔本华，在评论建筑之美时曾指出，"建筑艺术在审美方面唯一的题材实际上就是重力和固体性之间的斗争……最动人的美，好像是最完善的表达材料的强度和荷重之间的斗争所形成的"。[①] 从建筑艺术审美的角度看，"荆南雄镇"牌坊的设计与建造，很好地处理了功能材料与整体结构的关系，凸显了材料与结构之美。

上实下虚、构造合理、安全稳固，是牌坊存在的前提和基础。牌坊的材质不仅对其形制有重要影响，而且材质本身及其处理工艺对其形式美与价值表达也有重要意义。因此，建筑材料在牌坊建造中占有非常重要的地位，历来受到建造者的重视。"荆南雄镇"牌坊为全石结构，石材取自当地的砂岩石，呈淡黄色。这种选材，满足了牌坊沉稳厚重、坚固持久的要求，既可节约建筑成本，又符合传统文化中黄色代表皇权与高贵的价值意蕴。特殊的材质及色彩，契合了牌坊为皇帝所敕建，体现王权在场的价值取向，同时也使牌坊在造型上更加挺拔、庄重。

"荆南雄镇"牌坊的造型之美，一个很重要的原因，是其构件各具特色，构件的排列组合协调优美，符合美学法则。"荆南雄镇"牌坊以整石

---

① [德]叔本华：《作为意志和表象的世界》，石冲白译，商务印书馆1982年版，第298页。

为枋，枋柱榫卯相接，部件之间连接严实顺畅。牌坊中门顶层巨型横枋上，置七座五踩斗拱，托起主楼顶板，沉重的石顶负荷经斗拱分散到梁枋和4根立柱之上。七座五踩斗拱，既是符合建筑力学的重要部件，又构成对顶楼的重要装饰。斗拱的莲花造型与雕饰，斗拱之间的间隙，使整个牌坊增色不少。顶板由整石雕刻拼接而成，呈飞檐翘角，上刻瓦楞、瓦当。顶楼正脊由方石与龙形鸱吻构成，两头鸱吻翘首卷尾，张口怒目，呈仰天长啸状，栩栩如生，气势非凡。在中国古建筑文化中，正脊两端的鸱吻，具有辟除火灾的象征意义和稳固脊梁、封固瓦垄、黏合殿顶两坡、防止雨水渗入的结构性功能。"荆南雄镇"牌坊顶脊上的鸱吻构件，使结构功能与艺术造型巧妙地结合起来，达到了建筑功能与艺术审美的和谐统一。

　　牌坊两边的侧楼结构特色也十分鲜明。在两侧门顶层横枋上，共置七座五踩斗拱，每边三个半，形成左右对称结构，共同托起次楼顶板。其中半个斗拱分别与正门立柱紧紧相依，设计精巧美观。侧楼顶板也由整石雕成，飞檐翘角，上刻瓦楞、瓦当。两侧楼顶板置于中门顶层横枋之下，分别向外展开呈展翅状；楼脊之尾与中门顶层横枋持平，脊头使用向上翘起之波涛翻滚水形鸱吻装饰；鸱吻两层卷曲波纹之间，运用透雕技法，形成露白，凸显波涛气势，有效改善视觉影像。边楼的水形鸱吻，与顶楼的龙形鸱吻，形成下有波涛、上有龙腾的呼应之势。两边楼对称而立，对中楼形成明显的烘托。

　　象形雀替，是"荆南雄镇"牌坊独具特色的构件。在牌坊中，雀替是承重构件，其作用是承托额枋，缩短柱间梁枋的净跨度，减少梁与柱相接处的向下压力，从而增强其荷载力。此外，雀替具有重要的装饰性功能，起视觉过度与修饰作用，形状好似一双飞翼附于柱头两侧，是结构美学的重要物象。"荆南雄镇"牌坊中门额枋下，以具有佛教色彩的象鼻、象牙为雀替装饰，寓意吉祥。该雀替不仅取义不凡，而且雕刻精美。据有关专家考证，此雀替是国内现存各类牌坊中之孤例，别致有趣，有很高的艺术观赏价值。

　　抱鼓石（又称夹杆石），是牌坊的重要构件。在结构功能上，抱鼓石对牌坊起稳固作用，防止牌坊倾斜或倒塌，运用得当也可成为重要的装饰件。"荆南雄镇"牌坊共有4对抱鼓石，分别立于4根坊柱前后。抱鼓石根据力学原理，下宽上窄，紧贴立柱，对牌坊构成有力支撑。"荆南雄镇"牌坊的抱鼓石，外部边沿呈三级卷曲波纹状，侧面雕刻卷曲云纹。根据柱体高度差异与抱鼓石的比例关系，中间两对明显高于外侧两对。抱鼓石作为功能构件与艺术品，与坊体融为一体，对牌坊起到明显的装饰效果。

"荆南雄镇"牌坊石材与色调的选用、立柱的素净挺拔、额枋的上下错落、梁头和榫头的出挑、楼檐的动感、斗拱和楼板的造型、雀替的别具一格、吻兽的灵动与呼应、抱鼓石的沉稳与雕饰、楼层之间的比例关系、雕刻图案的深刻寓意、"虚"的开间与透雕技法的运用，等等，无不体现出建造者高雅的审美情趣与高超的建造艺术。

四　题刻书法之美

各类牌坊上的题刻书法，往往高度凝练牌坊彰扬的主题和体现的人文精神。书法题刻是牌坊价值功能最显性的表现，也是修立者与观瞻者关注的焦点。因此，牌坊的题刻书法，不仅构成牌坊的重要组成部分，而且具有重要的审美价值，直接影响牌坊的视觉效果。

唐崖土司城址石牌坊题刻，共8个楷书大字，即"荆南雄镇"与"楚蜀屏翰"，分别书刻于牌坊中门看板的正面和背面，"荆南雄镇"牌坊的命名也因此而来。"荆南雄镇"与"楚蜀屏翰"8字，是很高的政治定位，标明了唐崖土司的历史地位与王朝统治者的褒扬，具有重要的象征符号价值。从书法审美的角度看，此8字书体有颜柳遗风，书法线条凝厚，结体严谨，浑厚端庄，有庙堂之气。书法题刻占位居中，高度适宜，字体大小形态与牌坊架构和谐统一，不仅为牌坊增添了文化之美，也给土司城增添了王者之气。现存8字题刻笔画镌刻较浅，笔画边缘清晰，但笔画内凹凸不平。据当地村民介绍，此8字原为阳刻，"文化大革命"期间被人破坏，将凸起的笔画铲掉，后经人刻出笔画边缘，乃存此状。

关于"荆南雄镇""楚蜀屏翰"这8字出自何人手笔，有不同说法。主流的看法是时任皇帝明熹宗朱由校亲笔所题。当地覃氏土司后裔所藏《覃氏族谱》记载，"牌楼荆南雄镇楚蜀屏翰八字"是"皇令""钦赐"。依其所言，当地土司后裔和民间传说认为，8字为当朝皇帝手书。具有权威性的《唐崖土司城址》一书认为，"坊名'荆南雄镇'和'楚蜀屏翰'

明熹宗朱由校手书"①。《荆南雄镇——镜画唐亚土司城》一书，也认为这8个大字为"明熹宗御笔"②。湖北省文物局的陈飞先生，直接参与了城址申遗工作，他也赞同上述说法，认为"按《覃氏族谱》记载：荆南雄镇坊为明廷所赐，'荆南雄镇'、'楚蜀屏翰'由明熹宗手书"③。陈飞先生的观点代表了部分学者的看法。

另一种观点认为，8个大字非明熹宗朱由校御笔，实为朱燮元所提。以梁厚能先生为代表的学者，从《覃氏族谱》的准确性、牌坊的题款没有注明、题匾上没有皇帝御玺、明熹宗的生平与学识等方面，推断"荆南雄镇""楚蜀屏翰"8字非明熹宗朱由校手迹。进而，通过对"荆南雄镇"题匾的"钦差总督……朱燮元为"，以及朱燮元的官职地位、学识及其与牌坊修建的关联等方面的分析，认为朱燮元奉命批准修建牌坊，可以理解为其获朝廷授权，书"荆南雄镇"与"楚蜀屏翰"8字。朱燮元为进士，书法水平高，其资历与学识都堪此任。梁厚能先生还通过网络检索，发现北京翰海拍卖有限公司2005年秋季拍卖会，曾公开拍卖一幅朱燮元手札，其书法为行书，可以看出有柳公权、颜真卿行书的影子，而唐崖石牌坊题字风格接近于颜柳，两者书体风格相近。因此，推断"荆南雄镇""楚蜀屏翰"8字，可能为朱燮元所书。④

笔者赞同梁厚能先生的观点。对书者的理解，应高度重视牌坊题刻两侧所留题记。经专家辨识，其正面题记为"钦差总督四川兼湖广荆岳郧襄陕汉中等府军务策授总粮饷巡抚四川等处四方兵部左侍郎兼都察院乃金郡御使朱燮元为"；背面题记为"湖广唐崖司征西蜀升都司佥事兼宣抚司宣抚使覃鼎立天启四年正月吉旦"⑤等字。一个"为"，一个"立"，客观展现了历史的场景，为我们判别牌坊建立的背景与文物事项提供了重要的依据。"宣抚使覃鼎立"的"立"含义明了，但"御使朱燮元为"

---

① 咸丰县政协文史资料委员会、唐崖土司城遗址管理处编：《唐崖土司城址》，湖北人民出版社2015年版，第89页。

② 何继明主编：《荆南雄镇——镜画唐崖土司城》，中国民族摄影艺术出版社2016年版，第68—69页。

③ 陈飞：《唐崖土司荆南雄镇坊价值探析》，《三峡论坛》2013年第6期。

④ 参见梁厚能《湖北唐崖土司城遗址书法遗存初考》，《中国书画报》2016年3月15日。

⑤ 咸丰县政协文史资料委员会、唐崖土司城遗址管理处编：《唐崖土司城址》，湖北人民出版社2015年版，第92页。

的"为"需要推敲。"为"什么？笔者以为，无非两个方面，一是朱燮元根据王朝统治者"敕建"的授权，批准或允许建立此牌坊，以表彰土司参与平叛的功绩；二是根据王朝统治者的旨意，获"授书""荆南雄镇""楚蜀屏翰"8个大字。除此之外，这个"为"字难以解释。

对于"荆南雄镇"牌坊用"敕建"，对牌坊题刻书法用"授书"的说法，可能比较符合历史事实。显然，如果该题刻为时任皇帝御书，文字的历史价值可能更高，但从书法艺术审美的角度看，即便是朱燮元授书，也丝毫不影响其审美价值。关于书者的不确定性，反而增加了牌坊本身的思维拓展与想象的空间，产生一种朦胧之美。

第二节 "土司王坟"的形制与装饰艺术

在中国传统文化中，墓葬极受重视。墓葬有等级尊卑之分，有华丽简陋之别，因其与死亡相关，一般不作为审美的对象。但是，由于死者生前的地位与财富，一些墓葬建筑极尽奢华，成为极具典型性的墓葬建筑艺术物象，如秦始皇陵、明十三陵、清东陵等皇家陵园。唐崖土司作为称雄一方的"土皇帝"，其死后也因时局不同而有厚葬与薄葬之别。在土司城址，现存数座土司坟墓，包括"土司王坟"、覃鼎墓、田氏夫人墓、覃梓椿墓等等。从建筑形制看，"土司王坟"（图3—7）规格最高，装饰最为精美，具有特殊的艺术审美价值。

图3—7 "土司王坟"

"土司王坟"位于城址西北部的官坟山，墓主是唐崖二世土司覃值什用。据《明太祖实录》记载，覃值什用于洪武七年（1374）获任土司，职级为长官司长官。该墓葬在土司城极尽奢华，独享尊荣。而在土司世系中战功显赫，受到朝廷嘉奖的覃鼎墓，却极其简陋，对此史料、族谱均未记载。据有关专家考证,"土司王坟"建筑是"西南地区现存等级最高、规模最大的土司墓之一",在武陵山区,"土司王坟"为土司墓葬之最。① 从建筑艺术的角度审视,"土司王坟"有两个鲜明的特点。

一 独特的形制

"土司王坟"为石质墓葬,是一坐完整的独体建筑,坐西向东,占地面积约400平方米。该建筑物由四部分构成:墓室主体、墓前祭台、八字照壁、祭台护栏。四者有机围合,构成造型独特的墓葬建筑体。"土司王坟"宫殿院落式建筑形制,具有重要的审美价值。

1. 墓室主体。"土司王坟"非传统穴式墓葬,而是前廊、后寝、圆顶、仿殿堂式结构。据现场观测,墓室主体坐落于山坡辟出的小块平地上,主体建成后在墓室上方覆土筑圆形坟堆并与后方山体相连。墓室门面非一般墓穴的单孔开间,而是五柱、四开间,整个面宽约8米,通高约4米。门柱之后为祭祀廊厅,廊厅高2.52米,长6.36米,宽1.88米②;廊厅正面前壁有8扇整石打造的石门;石门后面为四间并排灵寝,灵寝室"长3米,高1.5米,两中室宽1.3米,侧室宽1.25米。各有石棺床,长2.7米,宽0.9米……室间以块石隔开,块石厚0.15米左右"。③

墓室主体立面上部,在柱间横枋之上,置四块仿木石斗拱,托举顶部石雕筒瓦重檐构件。上、下檐之间,以厚约40厘米的条石镶隔。墓室立面顶脊,由长方形条石与龙形鸱吻构成,脊中间立一佛桃状装饰物件。"王坟"主体既没有采用民间的地穴法,也没有采取皇室的地宫法,而是根据石质山坡地质地貌,凿山筑墓,采取前院后寝的宫殿式建设形制。从正面看,它像一座微型殿堂。下有石柱、石门、斗拱,上有重檐、吻兽,内有石室、石床、精美雕饰,尽显奢华。这一建筑形制,体现了土

---

① 咸丰县政协文史资料委员会、唐崖土司城遗址管理处编:《唐崖土司城址》,湖北人民出版社2015年版,第108页。
② 满益德:《唐崖土司王城与土家族的艺术精神》,《恩施职业技术学院学报》(综合版)2002年第4期。
③ 咸丰县政协文史资料委员会、唐崖土司城遗址管理处编:《唐崖土司城址》,湖北人民出版社2015年版,第109页。

司"王权"的高贵,其生时住豪宅大屋,死后也居奢华殿堂,享受人间拜祭。这种建筑形制,沟通阴阳两界,展现了土家族文化中的重生乐死观念。

2. 墓前祭台。在墓室主体前面,是一块等腰梯形场院式祭祀平台(图3—8),面积约28平方米,由加工规整的方石铺就。梯形场地内高、外低,内窄、外宽。据实地测量,祭台内侧宽6.53米,外侧宽7.71米,纵深3.91米。墓前梯形场地的功能可能有二:一是提供祭拜场地,

图3—8 "土司王坟"墓前祭台(宋文/摄)

既可在此为进入墓室廊厅祭拜做准备,也可在此摆放祭祀物品,行祭拜之礼;二是营造肃穆氛围,墓前场院的梯形设计,内高、外低,内窄、外宽,看似无心,实为有意。墓前祭台这种空间尺度安排,造成对"王坟"的仰视角度与视角聚焦,可起到营造肃穆氛围的作用。"王坟"的设计建造者,在有限的场域,充分利用八字照壁与场院高低宽窄设计,造成对祭拜人员的视觉引导与心理规制。

3. 八字照壁。照壁又称影壁,是典型的中国古代汉族传统建筑特有的部分,明朝时特别流行。一般讲,照壁是设在大门内或外的屏蔽物,古人称之为"萧墙"。其功能一是遮挡住外人的视线,即使大门敞开,外人也看不到宅内事物。二是起装饰作用,在上面雕刻各种吉祥图案,烘托气氛,增加住宅气势。八字照壁又称"撇山影壁",一般位于大门或建筑物两侧,呈八字形分布。在"土司王坟"靠墓室两侧,分别立有宽约3.4米,高约1.8米的石质照壁(图3—9)。照壁内与墓室主体相连,外与护栏相接。每块照壁由基座、照板、条石、石雕瓦檐构成。内侧照壁檐脊上有石雕鸱吻装饰。内侧"照板"上刻有植物、"奔马",外侧"照板"上刻有两个同心圆,外圆的直径为49厘米,内圆的直径37厘米。

墓前石质八字照壁的设计，凸显建造者的独具匠心。"土司王坟"将汉式照壁置于殿（墓）前，其旨趣无外乎三：一是与宫殿式墓室相配，显示"王坟"的尊贵；二是以雕刻图案隐喻"土王"功德圆满，祈愿逝者升天；三是以八字形照壁引导祭祀者的视线，烘托庄严肃穆氛围。

图3—9 "土司王坟"墓前照壁

4. 祭台护栏。在墓前祭台的外侧，建有八栏柱、六栏板构成的围栏。侧面各一柱一栏与照壁相接，正面左右各三柱两栏对称分立，中间为祭台入口，占两栏空间，入口设三级阶梯，居墓园中轴。围栏的作用，除实现墓场四壁围合，形成完整墓园格局的显性功能外，还兼具透视与装饰功能，进一步强化墓园的场域特征。

二 精美的装饰

墓室外观——结构严谨，奢华大气。"土司王坟"为石质仿木结构，柱与枋实行仿木卯榫连接，整体稳重坚固；斗拱托举石刻筒瓦双层飞檐，墓室立面顶脊配置龙形鸱吻，顶脊中央多层莲花座上矗立"佛桃"状装饰物，"佛桃"明显高于两端龙形鸱吻，呈一枝独秀状，凸显"王坟"中心地位，明显提升"王坟"气势。令人匪夷所思的是，在佛桃所立之莲花底座上，一只蝴蝶图样隐约可见，造型奇特，是否寓意"土王"化蝶升天，不得而知。这些艺术造型与装饰，使"王坟"外观显得庄严奢华，凸显其"殿堂"式建造特色。

墓室之内——纹样丰富，雕饰精美。在墓厅前廊和四间墓室，藻井、梁枋、龛楣、墓壁之上均有雕饰（图3—10）。对此，满益德、凌云等专家有细致的观察与描述："藻井多用八宝花图案，也有四瓣宝相花图案、八宝太极图案等等。墓厅走廊中央的藻井并列一个圆形龙纹和一个圆形花草纹的图案，图案大多采用四方位的米字格构图；多块梁枋除下部统一用圆形的八宝花外，两端雕饰绶带，结绕形式多变，两侧面在倒立三角形的锦纹中雕饰卷草图案，门楣多用祥云做二方连续排列，棂窗四格，上紧下松，亦有下两方格上镂空

图3—10　"土司王坟"前廊藻井

为古钱图案的，平面分割形式多样。灵寝正门刻有灵牌，两侧及底部有大小不同的方块分割，有的刻有简洁的几何纹饰"。① 王祖龙等认为，"整个灵寝充分发挥了'以图娱神''以形娱神'的功能，通过平列和立式构图，把各个视点的物象紧密而有序地联系在一起，象征人生于自然、回归自然"。②

八字照壁——图案抽象，表意含蓄。照壁基座由长方形整石构成，内侧基座上刻三幅吉祥花草图形，外侧基座刻两幅吉祥花草图案。照壁看板由整块长方形砂石打磨而成，内侧看板刻有植物与奔马图案，外侧的照板上有两个同心圆的浮雕。满益德、凌云将此图案解读为，象征太阳和月亮，代表男人和女人，表征"人的生死与宇宙的关联"。③ 对此同心圆图案，笔者将在第五章城址的纹样艺术中，做更深入的辨析解读。

墓前护栏——花草石生，雕工精妙。墓园围栏由地栿石、望柱、栏板等构成。地栿石上刻有云纹图形，呈二方连续。八柱六栏，每两柱间镶嵌一块长方形的石质装饰栏板，上面并排雕刻两幅长方形浅浮雕花卉图案；精致的花草图案与框形纹样相配，显出栏板构图的和谐之美。八

---

① 满益德、凌云：《唐崖土司王城建筑石刻的造"形"与造"势"》，《湖北民族学院学报》（哲学社会科学版）2009年第4期。
② 王祖龙、陈露、肖竹：《仿象与象征：唐崖土司城遗迹的文化解读》，《三峡论坛》2014年第4期。
③ 满益德、凌云：《唐崖土司王城建筑石刻的造"形"与造"势"》，《湖北民族学院学报》（哲学社会科学版）2009年第4期。

根栏柱为正方形整石雕成,由柱体、顶部动植物雕饰及其基座构成。望柱头有三组雕饰,正面中间四柱(阶梯两边各二)为"狮子戏球",该石雕似"狮"似"蛙",憨态可掬;正面两边的望柱头似"桃"似"莓",莲瓣衬托;侧面与照壁相连的两根望柱头,似"象"似"猴",步履蹒跚。这一组望柱石雕,造型生动有趣,雕工圆润精细,寓意抽象,达到很高的艺术水准。

从以上的描述与分析可见,"土司王坟"虽然占地面积不大,但空间布局设计缜密,建造风格独特,装饰雕刻华丽,精神蕴含极为丰富,体现了功能与礼仪、精神文化与建筑艺术的有机结合。

第三节 石板道路的沧桑之美

道路,是人类生存发展的重要载体,也是人类演进足迹的记录实体。鲁迅先生在《故乡》一文中曾说,"其实地上本没有路,走的人多了,也便成了路"。① 随着人类的进步,路的功能与意蕴发生巨大变化,已不再是初民社会自在自为的产物。在文明社会,道路不仅承载着出行、交往、联通、交流的基本功能,而且成为经济社会发展的重要观测指标。路的形态、质量、与环境的关系等,更体现一国一地的设计与建造水准。不同的路,不同环境中的路,造成不同的视觉感受。山间小道、林间小路、陡峭山道、休闲绿道、宽阔笔直的城市干道等等,给人的审美感受是完全不同的。对道路进行建筑审美,已成为现代建筑与艺术的基本共识。道路是重要的建筑审美对象。

一 保存完好

在土司城址,风格各异的石质道路,是目前保存最为完整的建筑遗存之一。调查发现,城址道路遗存共28处,多数至今仍在使用。城址道路之所以能历经数百年的社会变迁与风雨侵蚀而完整保存,原因有三:一是城址道路均为石质材料铺成,能抵御风雨侵蚀、人为磨损;二是道路铺设工艺考究,建造质量过硬;三是道路布局合理。在改土归流之后

---

① 《书立方》编委会编:《鲁迅文集》,上海科学普及出版社2012年版,第118页。

的岁月里，仍能满足城址之上居民的生产生活需要，并得到较好的维护。城址道路是持续发挥通行功能的活化遗存，具有特殊的审美价值。

据专家勘测，城址内最主要的道路遗存，是南北向贯穿全城的上街（图3—11）、中街（图3—12）、下街和东西向自上而下直通唐崖河的第一下河道、第二下河道、第三下河道，以及分布于三条下河道之间的第一横道、第二横道和第三横道等。这些道路名称从土司时期沿用至今。

图3—11　"上街"局部　　　图3—12　"中街"局部

根据道路修筑方式和石材特征，土司城址的道路大致可分为三类：一是以加工规整的石条铺就，上街、中街、下街均属此类；二是以粗加工的不规则石块铺成，路面基本平整，路边也较为整齐，大多数横道（巷道）、下河道属于此类；三是以块石和条石铺砌的台阶式道路，在入城坡道、下河道、七十二步朝天马、九道拐等处较为多见。从审美视角看，土司城址的道路建筑特色明显。

二　依形就势

由于城址特殊的山地、缓坡地理特征，其道路系统最显性的特征之一，是根据环境与功能的需要，因形就势，妥善处理道路与环境的关系，实现功能与环境、功能与审美的统一。

上街、中街、下街作为贯通南北，连接核心区——牌坊、衙署等的司城主干道和土司进出司城的主通道，全长800余米，建设最为考究。以最具代表性的中街为例，其总长度约250米，道宽2.3—2.7米，在司城道路系统中最宽，路面基本保持平直。道路以条状青石板铺设，砌筑规范；中街道路与牌坊、衙署等核心建筑相匹配，不仅满足司城仪式的需要，而且体现王权的象征功能，明显突出了道路与司城主体建筑的关系。

下河道和"九道拐"（图3—13）都顺地形山势分段铺就。在缓坡地段，路面一般选择加工的大小不一的石块铺设；在坡度较大处，多用加工规则的整块长方形

图3—13 "九道拐"

石条铺砌，踩踏面较为平整；在陡坡路段，除设置阶梯踏石外，则采取迂回建筑的方式，以条石或石块铺设。据有关专家勘察，在第一下河道两侧还砌有护路围墙，墙体下部和墙基为石包土结构；护墙与道路边缘之间利用岩基设有排水沟。值得注意的是，在司城道路建设中，较多采取了较平缓的阶梯与平台道路相结合的构筑方式（图3—14），即采取坡度较小的阶梯——平道——坡度较小的阶梯——平道，逐级抬升或下降。

这种道路建筑方式，有效缓解了山道行走的不便，最大限度地利用自然地理、地质条件，形成缓冲，增加了道路与环境的协调性。

在土司城的"御花园"内、"夫妻杉"下、"将军墓"旁，有多条林间小道。虽经岁月磨砺，人们仍能依稀辨别当年小道的走势，享受小

图3—14 "入城道"局部

道带来的美。小径曲折，地上的碎石与落叶，茂密的树林与竹林，五彩的鲜花野草，那种幽静与秀美，置身其中让人流连忘返。

三 工艺精美

在土司城的道路中，主干道的建造质量无疑最具代表性。根据《湖北咸丰唐崖土司城址调查简报》提供的勘察测绘资料，中街路面大部至

今保存比较完整。中街整体呈南北走向，局部因地形略有弯曲，坡度较大处为台阶，其建筑形制主要有以下几个特点：一是选料考究。道路全部由青灰色砂岩石铺砌，质地坚硬，表层显沙砾状，具有防滑功能。二是石料加工精细。无论是路中间的条石，还是路边的压边石，无论是规范的条状石，还是异形的梯形石，都经过精心切割打磨，边缘平直，表面平滑，厚度一致，棱角分明。三是铺砌严实。道路中间由规整的长条形石板横向铺砌。条石每块宽度在30—50厘米之间，长度在50—100厘米之间，厚度约20厘米；横向铺砌的石条，一般由一长一短两块条石拼接而成；条与条之间错位镶接，即下条的长段对上条的短段，上条的长段对下条的短段；在一些路段，因地形需要或为保证石板之间的合缝，而将石块加工成三角形、梯形等形状。这种拼接方式，既保障了条与条之间的稳固，有效防止石条错位松动，又增加了道路的视觉美感。四是道边稳固。道路外侧全部采用加工规整的长条石护边。五是道路平直。为保证相对平直，在有坡度的地方一般用石板砌成台阶。六是排水设施完善。中街采用明沟与暗沟相结合的排水方式。在中街南段的东侧，有人工挖掘（开凿）的排水沟；在道路的西侧，采用暗沟排水，在沟的底部，用条状石板或石块铺设，而在沟的顶部，则用加工规整的石板覆盖；在路面上，每隔一段距离有一条横向的石砌浅沟槽，其功能是将雨水导向外侧，再经下河道排水沟排入唐崖河（图3—15）。

司城主干道路面的铺筑，材料加工精细，铺设水平极高。不仅横条石、压边石宽窄尺寸把控合理，而且注重石与石之间的紧密结合，许多地方至今仍然严丝合缝。在当时无石料加工机械的条件下，能做到如此精细严密，实属不易。道路铺砌的高品质是其能长久保存的重要原因，时至今日，当人们行走在规整的青石板

图3—15　"中街"排水沟

道上,听到脚步清脆悦耳的回声,仍能体验到踏实与惬意的审美享受。

四 磨砺沧桑

土司城址的石质道路,不仅因其选材考究、建筑品质优良、功能与环境协调,成为人们欣赏的对象,更由于其经受岁月的洗礼,显现出历史的沧桑,成为艺术审美的对象。正如楚楚在《沧桑之美》一文中所言,"沧桑不是视觉,是感觉。它是一本玄异深奥的书……一块破旧斑驳的古墓碑,一堵朱红剥落的残垣断壁,一口在荒烟中被弃的老井,一条海岸边被风霜侵蚀的皮船……岁月正是以这只无声却残酷的软蹄,践踏着人所创造的事物和人本身,使我们不能一劳永逸地常住于美丽新鲜的情境。这时,沧桑是一处人文景观,需要高品位的审美心境"。① 沧桑之美,是文化遗存最重要的品位与特征,也是土司城址艺术的重要特色。

司城的道路遗存,虽然主体相对完整,但无论是主干道,还是下河道与横道,都有明显的残缺与磨损。一些地方出现局部性塌陷;一些地方,石条滑动与石块凸起。许多石条与石块、护坡与护墙石壁,颜色已褪呈墨绿色(图3—16);司城主干道的青石,许多被踏磨得光亮;在下河道及主干道的阶梯处,由于数百年的风雨侵蚀与人为踩踏,

图3—16 下河道石阶

---

① 楚楚:《沧桑之美》,《散文》1995年第10期。

石条边沿已呈圆弧状，中间明显凹陷。这些被人类反复踩踏的坚硬的石头，承载着土司城的历史记忆，仿佛在向世人诉说过往的历史与际遇。附着在石道、石阶、石护坡与护墙上的青苔，阶梯与石壁缝隙间攀附的生物与植物，更增添了司城的岁月沧桑。绿草茵茵，松柏苍翠，落叶遍地，高低起伏的司城道路，显得坚固而又有几分苍凉，洋溢着沧桑之美。

第四节 "桥上桥"的古朴简约之美

一 基本构造

土司城建于台状石基缓坡之上，城东有唐崖河，城南有贾家沟，城内无贯穿性河流，本无桥可言。但由于城址面积较大，西高东低，城内自然形成数条排水沟渠。城内道路经过沟渠，必须搭建"桥梁"，以连接两端道路，下过流水，上走行人车马，故司城有"桥"。城址不仅有桥，而且颇具地方特色。

在城址之中，共有3座土司时期的桥梁，最负盛名的是"桥上桥"。"桥上桥"因有上下两层桥面而得名（图3—17）。该桥位于城址北部，南北走向，横跨打过龙沟，将下街两段连接成一体。"桥上桥"保存完好，至今仍在使用。

据观察，"桥上桥"显然是分两次建成。下层为单孔石板桥，是简易的"沟上搭石"结构。据刘辉、康豫虎等实地测量，下街路面与第一层桥面有一米多的落差；桥下水沟由两块岩石之间的自然裂隙构成，非人工开凿，沟上沿宽约1米，沟上并列3块石板为桥面，石板表面凿有糙道；水沟两边基石上部边沿开凿"L"形承台，桥面石板两端直接搭在基岩承台之上，使桥面与基石面大致齐平；桥

图3—17 "桥上桥"

面石条长 1.54—1.86 米，厚 0.22 米，桥面宽 1.24—1.44 米；桥面距溪流高 0.98 米。① 从"下桥"建造的地形结构、基石上开凿承台、桥面"打有糙道"，以及下桥两端向路面的延伸形态看，下桥应该是在下街修建之前就已经存在。从"上桥"两边路基不难看出，在下层桥面到北侧的下街平面，大约有 6—7 米的距离。也就是说，在上桥修建之前，从北往南行至打过龙沟，需沿缓坡下行 6—7 米，才到达下层桥面，经沟上 3 块条石通过水沟，再经数米的缓坡或台阶踏步，上至路面。这种"搭石过沟"的"桥"形构造，在西南山区较为常见。此沟流水平时主要来自土司城西部北侧山体渗水（泉水），只是涓涓细流，底层沟宽仅 1 米左右，沟上之"桥"已能满足人们日常通行的需要。但是问题在于，当雨季来临或遇暴雨，沟中来水定会骤增，这就可能淹没沟中简易桥梁，加上雨水顺山势而下，流速极快，必然中断两侧往来。

随着土司城的扩建和功能的提升，对道路的形制与通行要求也随之提高。在修建下街的过程中，为解决道路的平直与雨季通行问题，就自然形成了在"下桥"之上，加建"上桥"的设计与建造方案。据观察，"上桥"为四墩三孔石板桥。"桥面全长 6.56 米，宽 1.82 米，厚 0.32 米，距桥基（基岩）高 0.82—1.36 米。桥面石板为加工规整的青灰色长方形砂岩，共计 10 块，南孔桥面 4 块并列，另两孔 3 块并列"。② "上桥"的 4 个桥墩立于下层石基之上由加工规整的长方形巨石垒砌而成，石基经过打磨，桥墩与石基吻合良好。南北边墩外侧，在下层石基路面上，用石块砌成与桥墩等宽的堡坎（挡土墙），堡坎顺沟坡与路面衔接。从迎水面观察，两侧堡坎石壁之前均有巨型岩石相掩，堡坎石块规整，砌垒严实。"上桥"的桥面与桥墩使用榫卯结构固定，桥墩的两个侧面比桥面宽约 0.3 米，建造时可能在上面安置有石柱或护栏板。"桥上桥"成功解决了道路平直与雨季道路中断的问题，路桥一体有效提升了司城道路的通行功能。

---

① 湖北省文物考古研究所等：《湖北咸丰唐崖土司城址调查简报》，《江汉考古》2014 年第 1 期。

② 同上。

二 艺术特点

中国桥梁建设，具有悠久的历史和卓越的成就。虽然从今人的角度看，"桥上桥"实在过于简陋，但从历史与艺术审美的视角，该桥有两点特别值得注意。

一是形制特殊。中国古代的桥梁无数，大小不一，形制多样，但能称得上"桥上桥"的为数不多。国内现存最为著名的古代桥上桥，是陕西省渭南市华县赤水镇西赤水河上的"桥上桥"。该桥东西走向，桥长大约70米，宽度约5米；下桥有8孔，上桥有9孔；大桥由加工规整的灰白色花岗岩石条构成。由于桥上桥的独特结构，旅游观光者接踵而至，桥上桥也被列为省级保护文物。该桥在古代应属大型桥梁，其建造过程也是先有下层桥梁，后因泥沙淤积堵塞桥孔，水淹桥梁，影响交通，而在其上建造上桥。这与唐崖土司城的"桥上桥"有相似之处。"桥上桥"的建筑形制，既由特殊的自然地理条件所决定，也与司城扩建的历史事实相关联，是司城发展颇具特色的建筑艺术遗存，也是独特的生存理性与生存智慧的结晶。

二是符合审美要求。当年，土司城在建造上桥的过程中，没有拆除下桥。实际上，要拆除下桥非常容易，只需将架在底沟之上的3块条石挪开即可。那么，为什么会选择保留下桥呢？据笔者观察，之所以保留下层桥面，一方面是上桥建设的需要。因为，在当时没有施工机械的条件下，上桥桥墩的巨形方石、桥面条石等，都需人力抬升挪移。在狭窄的施工场地，下桥的桥面可作为重要的人力支点，提供施工的便利。另一方面，就是出于审美考虑。保留下层桥面，并不影响桥下过水，而且可以使上桥整体呈平行四边形构造，给人以稳固的质感（图3—18）。虽然与其他著名的古代石桥相比，"桥上桥"显

图3—18 "桥上桥"泄水面

得简陋，但无论是从迎水面还是从泄水面看，保留下桥的桥面都能产生一种特殊的视觉感受，这就是"桥上桥"的整体感、稳固感、和谐感。正因为其特殊的建筑设计与建造工艺，使其历经数百年的风雨侵蚀，无数次的急流冲刷，难以计数的人踏、马踩、车碾，仍保持其当年的风采。可以说，"桥上桥"巧妙地实现了桥的功能与审美的统一，其在土司城建筑艺术遗存中无疑占有特殊的地位。

第四章

凿刻神功：城址石雕艺术之美

我国石雕艺术具有悠久的历史与丰富的传承。从古代的宫廷建筑，到民间的生活场域，石雕艺术品可谓形制多样，技法精湛，寄寓深刻。在唐崖土司城址，石雕艺术占有重要的地位。由于石质建筑物特有的坚固与耐腐蚀特性，城址遗存几乎都是石质物件。城址"石雕艺术品不仅数量多、形制丰富，而且雕工精美，品质上乘，达到较高的艺术水准，成为承载与表现土司历史文化的重要载体"。①

第一节　石人石马

一　精神寄寓

土司城址的"罩马亭"内，立有两对石人石马（图4—1、图4—2）。石人石马不仅体形较大，而且雕工精美，堪称城址石雕艺术的代表作。据同治《咸丰县志》记载："石人石马在唐崖司桓侯庙内……相传明时土司镌。"②"桓侯庙"又称"张王庙"，是当

图4—1　"石人石马"（一）

---

① 雷宇：《关于唐崖土司城址石雕艺术遗存命名释义的几个问题》，《三峡论坛》2019年第1期。

② （清）张光杰等：《咸丰县志》卷二（疆域志），（清）同治四年刻本。

年土司城的重要建筑。"桓侯庙"位于土司城东门外一突出的石质台地上,紧邻唐崖河。史上"桓侯庙"曾几次修葺,直到"文化大革命"时被毁,仅存庙址遗迹与石人石马。1983年,为保护石人石马免受风雨侵蚀,地方政府在遗址上建"罩马亭"。

图4—2 "石人石马"(二)

在石马的缰绳上有阴刻铭文。左侧马缰刻字为"万历辛亥岁季夏月四日良旦印官覃夫人田氏修立",右侧马缰上刻"万历辛亥岁季夏月二十四日良旦峒主覃杰同男覃文仲修立"。万历辛亥岁为公元1611年,即万历三十九年。从修立时间与主修人士看,石人石马立于"荆南雄镇"牌坊之先,为土司城扩建前雕刻完成。李梅田、方勤所著《唐崖土司城张王庙石刻考述》认为,左侧石马所刻"田氏夫人"并非十二世土司覃鼎之妻,而是印官覃文瑞的夫人,即覃鼎之母。①

石人石马是古代石雕艺术的重要物象,在许多历史遗迹中都有保存。汉代霍去病墓石雕群中著名的"马踏匈奴"石雕,宋陵、唐陵石雕中有仗马与控马官(在仪仗中使用的军马和控马者)等,是古代石人石马雕塑的代表作。土司城址的石人石马,体形较大,造型与雕塑难度不小。唐崖土司为什么要耗费巨大的人力、物力与财力修立石人石马?笔者以为,理由可能有两点。

一是以马显威。在古代,马既是重要的交通工具,又是冷兵器时代的征战宝器。因此,马与征战和武功结下不解之缘,为人们所崇敬。从唐崖土司所处政治军事环境看,既面临朝廷卫所的军事压力,也要应对周边土司的侵扰和土民的反抗。"桓侯庙"作为土司城的武庙,地处唐崖城东北角,依崖而建,此处既是土司城水路交通的必经之地,也是进出土司城的道口和土司城防御的重点。在此修立石人石马雕像,显然有张扬土司威权,凸显土司征战功业的价值追求。《覃氏族谱》和当地民间传

---

① 参见李梅田、方勤《唐崖土司城张王庙石刻考述》,《三峡论坛》2013年第5期。

说皆称,此石人石马为纪念土司战功而立,因此与"荆南雄镇"牌坊一样,亦具有纪念碑性质。至今当地仍有石马"神威"退敌的传说,显然与此寓意有关。

二是精神寄寓。善解人意,负重前行,无怨无悔地为主人付出一切,甚至生命,是马的天性,故有"龙马精神"之说。在古代,马是忠诚、感恩等道德伦理的重要载体。由此可以推测,土司对马的景仰与崇拜,实质是对勇猛、忠诚、感恩等精神追求的体现,寄寓了丰富的道德情感。其中,可能还有"识马"的寓意。古代思想家韩愈在《马说》一文中,提出"千里马常有,伯乐不常有"的高论。如果从"识马"的角度,审视此石马雕刻,则可能寓意土司希望受到朝廷赏识,愿意接受朝廷驱使的精神诉求,隐含了土司对王朝的心理认同。

二 艺术特色

从艺术审美的角度看,城址石人石马有三个显著特点:

1. 形制奇伟。其奇特之处主要有三点:

一是石人石马体形较大。石马为公母二马,以本地巨大砂石雕琢而成,马体肥壮,其原形可能是本地马种。两匹石马左右并立,左边为公马,右边为母马,两马间距约4.8米。公马头高2.38米,背宽0.7米,体长2.8米;母马头高2.08米,背宽0.7米,长2.8米。[①] 从基本尺度看,石马的体格不小。虽然在南朝陵墓石雕中有体量更大的石狮、石麒麟等,但如此大尺度的石马在现存古代石雕中并不多见。特别是在地处深山、运输困难、雕刻工具落后的条件下,雕刻如此巨大的石质物件,在其上进行设计、放样与创作,是一件极富挑战性的艺术创作活动。

二是战马与武士相配。两匹石马前侧各有石人一尊,石人武士装束(图4—3)。左边的武士身高1.9米,右边的武士头部已毁,残身高1.6米。武士披盔甲,戴兜鍪,佩剑鞘,左手拿伞,右手持缰,侍立于马旁。石人造形奇伟,栩栩如生。石人上身向前微躬,专注恭谨之态毕现。从神态及所持道具看,可能塑造的是土司出行仪仗中的武士形象,这与现

---

① 参见咸丰县政协文史资料委员会、唐崖土司城遗址管理处编《唐崖土司城址》,湖北人民出版社2015年版,第95页。

存的许多古代石人石马分离式雕刻不同。

三是石马神态生动。我国古代的石马雕塑，立于陵园神道者居多，为镇墓兽石雕。如西汉霍去病墓石雕"马踏匈奴"和宋陵、唐陵石雕中的仗马，是我国古代石马雕塑的代表之作。但作为陵园或陵园神道的石人石马，其形态一般为低首收腹，呈哀戚肃穆之状。而土司城的两匹石马前蹄内曲抬起，踩踏祥云，祥云与前肢间镂空，石马呈跃起嘶鸣与奔腾之状。祥云在前蹄之后翘起并与马腹相连，形成马在云中的造型，同时构成对整件雕塑的腹部支撑。这与"马踏匈奴"等雕塑中马腹之下不加镂空以整石与基座相连不同，强化了马的动势，其生动性显然超过后者。土司城石马虽然在题材与意蕴上不及"马踏匈奴"，但从艺术审美的角度看，该雕塑风格质朴自然，气魄沉雄博大，艺术价值并不输于后者。

图 4—3 石人

2. 神形兼具。土司城石人石马雕刻，运用了虚实结合的手法，既注重形似，又重视神似。两匹骏马头部高昂，前腿内曲提升，双蹄踏祥云，首尾呈约 30 度倾斜，后腿着地微蹲，呈明显腾跃状，"势若腾骧"（图 4—4）。石雕艺人运用高浮雕的技法，使石马双眼圆睁，眼球凸出；两只马耳（比真马略小）向前紧绷竖起，一副紧张专注、聆听主人命令、警惕来犯之敌的神态；马鼻张开，呈向上拉伸状，使人感受到石马奋力向前时的血脉贲张，从鼻腔喷出的强烈气息；石马虽然头戴辔头，口含嚼子，但张口露牙，呈嘶鸣状；眼耳间额头鬃毛向后飘起，显示出战马飞奔时，气流涌动的态势。作品将马的勇猛向前，渴望厮杀，报效主人的神态，表现得淋漓尽致。从石马造型看，作品重点表现马的头部。头部尺度比例与真马相近，但略显夸张。马的颈胸硕大，腰部和马尾稍短，与实物比例不符；马腿粗短圆直，与现实生活中的马匹相去甚远；马尾粗实，呈 S 状立地；马头至马尾大起大落，显出不凡气势。

石人为马弁之相，头戴兜鍪，身披铠甲，脚蹬兵靴，头大鼻宽，双目圆睁，眼角向上挑起，直视马首；左肩紧绷刀鞘带，刀鞘垂于腰间，右手持缰，左手握伞，前倾待立马前。石人表现出忠诚憨厚、彬彬有礼、威武自信、恪尽职守的神态。石人的五官造型、石马凸出的眼珠、粗实的马尾等，都体现出石雕造型夸张、虚构的手法。而马鞍、缰绳、辔头、嚼子、伞具等，又表现出明显的写实风格。从整件作品看，匠师并未将着力点放在石人石马的写实上，而是更加注重

图 4—4　马踏祥云

追求神似，注意表现超乎实体的精神，如战马一往无前、勇于拼杀的气势，武士体态威武、忠于职守的神态。石人石马的创作，较好地处理了虚与实、形与神的关系，做到了二者的有机结合。

3. 雕饰精美。在雕刻工艺上，石人石马综合运用了圆雕、高浮雕、浅浮雕、透雕、线刻等多种技法。匠师筹划马的图形于刀斧之先，在关键处施以斧凿，以圆雕塑形，采用钎、斧、锉、凿等工具将巨大的石料依形造势。然后，再以高浮雕、浅浮雕，辅之以线刻，精心打磨，形成细部，以精湛的技法雕刻出骏马的形象。武士的面部五官、盔甲、剑鞘、伞具，石马的眼、口、耳、鼻、马鬃、马鞍等造型，都是综合运用不同雕刻技法的结果。如马鬃采用了高浮雕、线刻的手法，鬃毛用细密的成组线条进行表达，并通过疏密、虚实的对比，以强化雕刻效果，使马鬃自然飘逸。石马的缰绳与绳结的雕刻，以高浮雕和线刻手法，将缰绳的编织细纹表现得清晰生动，虽经数百年的风雨侵蚀，今天看来仍如真正的麻绳一般（图 4—5）。马身亦采用高浮雕与线刻的手法，雕饰鞍、镫、缰绳、辔、衔等，使之形同实物，栩栩如生。在人物服饰、马辔、马鞍垫花纹雕刻方面，匠心独具，刀工细腻圆润。

马背之上的马鞍造型奇特，雕饰繁复精美，颇具代表性（图4—6）。整个马鞍由四层雕饰构成。最底层为紧贴马背的鞍垫，从马腹两侧垂下。马鞍垫以格状纹样为底，厚度约2.5厘米，马鞍垫下部留约15厘米宽度，线刻成须坠，给人以厚实柔软质感。在

图4—5　石马"缰绳"局部

底层鞍垫上，以浅浮雕技法，形成水滴状第二层鞍垫，鞍垫上浅浮雕和线刻麒麟雕饰，麒麟四脚跳起，侧头摆尾，形同小马驹，活泼可爱。第三层是在第二层"鞍垫"之上，浮雕皮带挂扣的马镫，马镫内空铲平，外框凸起，上方雕有皮带套孔，大小形态几可乱真。第四层也就是马鞍的最上层，由鞍架及边饰构成。鞍架前部凸起，中间按马背的弧形与人体胯部尺度，打磨光滑圆润，中间略低，后部略微翘起。在鞍架侧部，刻有椭圆形卷草花纹。马鞍垫的边缘，刻3道边线，显坐垫的质地与厚度。整个马鞍雕饰，构思精巧，雕刻手法纯熟，主体图形剔地浅浮雕，打磨精细，各部件搭配合理，显示出高超的雕刻技艺。

图4—6　"马鞍坐垫"局部

城址石人石马的雕塑造型，既有汉代石雕的浑朴强劲，又有南北朝雕刻的精巧细腻。从石人石马的雕刻造型，可见雕刻匠师有足够的生活基础和艺术灵感、缜密的构思与娴熟的技巧，达到粗犷而不粗糙，细致而

不烦琐，简练而不简陋，抒情而又朴实，简约中求丰富，统一中求变化。《咸丰县志》评价土司城石人石马雕刻"石工精巧，为近时所难得"。①此言不虚。

第二节 石狮

一 "民狮"形象

在"荆南雄镇"牌坊前侧，原来立有两只石狮，其中一只已不知所踪，现尚存右边一只独守于此（图4—7）。在有关土司城址的介绍和相关研究中，对这只石狮关注不够。《湖北咸丰唐崖土司城址调查简报》《唐崖土司城址调查报告》等均未作介绍，《唐崖土司城址》也仅提及"石狮一对（现残存一个）"。实际上，"无论从文化学意义上，还是从艺术审美的角度，城址石狮都不应被人们所忽视或冷落。石狮是我国石雕艺术的重要物象，历来受到世人的重视。如果'唐崖土司城址'这座石头之城缺少石狮的形象，那将是巨大的缺憾"。②

我国古代并无野生狮子，狮子为外来之兽。据史料记载，狮子进入我国源自两条路径。一是自汉代张骞出使西域以后，狮子作为贡品相继传入我国。另一条是公元前后，随佛教文化从印度传入。伴随佛教在我国的盛传，以佛说法比

图4—7 城址"石狮"

---

① 引自邓辉、黄永昌《唐崖土司城址调查报告——兼论唐崖土司覃氏的历史问题》，《三峡论坛》2013年第5期。
② 雷宇：《关于唐崖土司城址石雕艺术遗存命名释义的几个问题》，《三峡论坛》2019年第1期。

附于狮子，石狮的形象得以普及推广。由于狮子体形硕大，神态威猛，加之有"护法兽"名声，所以官府和民间逐渐形成了具有东方神韵的石狮形象，并通过石雕艺术创造活动，赋予石狮丰富的灵性和寓意，使之成为避凶纳吉的"瑞兽"。

在长期的封建专制社会，龙是王权的形象化身，而狮子则成为官府和不同阶层民众喜爱的"神兽"。石狮子作为城门、宫门、宅门、墓门等的"把门将军"，成为古代石雕艺术的典型物象。从艺术心理来审视，石狮之所以受到历朝历代官府衙门与民间人士的青睐，是因为他们认为狮子能抵御妖魔鬼怪，希望这种祥瑞之兽能驱邪纳吉。在皇宫、衙署等地方，石狮还有威权、威慑、等级、尊贵等象征意义，具有尊严与威势不可侵犯的特殊内涵。

土司城址的石狮，之所以未受应有的重视，可能与其形制较小，雕饰较为简单、粗糙，造型不够威猛有关。实际上，其造型有着特殊的意蕴，城址的石狮属于典型的具有南方地域特色的"民狮"。

在长期的历史演进中，受传统文化与民俗的影响，我国石狮造型形成了"南狮"与"北狮"、"官狮"与"民狮"的区别。"北狮"粗犷威猛，"南狮"玲珑秀美。"官狮"（图4—8）肌肉发达、昂首蹲立、卷鬓利爪、高大威严、强壮凶悍、目视前方、蓄势待发、气势雄伟，"官狮"一般立于宫廷、衙门、官府、达官陵寝等处，以显威展四方之意，彰显官府、显贵的地位与权势，起镇宅和显示主人地位、威望的作用。而"民狮"（图4—9）体态娇小、装饰华美、多姿多彩、温驯可爱，将威武的守护神变成了身披彩带、足踩绣球、姿态可人、笑口常开的"迎宾郎"，"民狮"一般立于江南私家园林，作为富家建筑装饰，也有"民狮"立于村头，或与牌坊等相伴，在民间祠堂、墓园也有遗存。从塑形与雕饰技法看，"官狮"体形较大，受等级形态规制，造型中规中矩；"民狮"体态一般较小，造型自由度大，装饰手法多样。

第四章　凿刻神功：城址石雕艺术之美　／　77

图 4—8　"官狮"

图片来源：《美术》2006 年第 10 期。

图 4—9　"民狮"

图片来源：《美术》2006 年第 10 期。

二　雕饰特点

城址的石狮体形较小，体态单薄，造型随意，显然属于"南狮"与"民狮"之列。虽然，城址"孤狮"的形制，不能与"官狮"的威武规范相比，也难与江南众多的灵秀"民狮"媲美，但从塑形取意看，仍有其独到之处。该石狮净高 1.04 米，含底座高 1.14 米，胸围 1.40 米，头围最大处 1.30 米。石狮无传统石狮特有的须弥座，后肢与基石相连，直接立于地面；后肢蹲立，背部弯曲，身躯向前呈约 70 度直立。石狮两前肢缺失，前肢及下颚部有明显的残缺痕迹，至于是雕刻时形成残缺，还是被后人毁损已不可考。但笔者以为，作为土司城的重要石雕，雕刻时形成残缺的可能性极小，社会变迁过程中遭人为毁损的可能性较大。从残存迹象可以看出，其与"官狮"后肢蹲坐，前肢呈三角形支撑，脚踩绣球或抚幼狮明显不同。此石狮头部与身躯比例不够协调，头大躯小，头部雕饰较为丰富，躯体雕饰较为简单。雕刻手法有圆雕、高浮雕、浅浮雕、线刻等。石狮双目圆睁，眼球突出，鼻形肥厚宽大，张嘴吐舌，额头颈部鬃毛盘结卷曲，头部凝视右前方，呈注视来者状。天然白色石斑，形成石狮眼球圆形斑点，收"刻狮点睛"之效。石狮的狮身几乎没有纹饰。石狮似有未雕饰完毕、细部雕刻与打磨不够精细的缺憾，但其既有狮子威猛的表象，又类似于雅致玩偶，似猫似虎，憨态可掬，让人产生丰富联想，忍俊不禁，体现了南方"民狮"的特点。

三　象征意义

石狮立于土司城标志性建筑"荆南雄镇"牌坊前，有其特殊的象征意义。第一，威武震慑。如前所述，"荆南雄镇"牌坊是土司城纪念碑式标志性建筑，是土官、土民进出土司城，或到衙署公干的门户。在牌坊两侧立狮，与中原王朝和地方衙署在大门立狮的寓意相同，就是彰显官府的权威，增加过往行人的敬畏之感。第二，驱邪纳吉。在中国传统文化中，狮子具有神兽的美誉，是避凶纳吉的祥瑞之兽。土司在与王朝和中原官府、民间的长期交流中，接受了这一文化物象，以期纳天地自然之灵气，祈盼保一方之平安。从土司城核心区的建筑分布可以看出，"荆南雄镇"牌坊是衙署区最前端的建筑物，牌坊本身庄严秀美，但以四根方形石柱为主支撑结构，虽有四对夹杆石相伴，但从结构审美的角度看，仍略显单薄与单调。在牌坊前配置双狮，可增加视觉层次，形成与主体建筑的呼应之势，起到烘托环境气氛、彰显王者气象的作用。

第三节　"荆南雄镇"牌坊装饰石雕

"荆南雄镇"牌坊，既是土司城的标志性建筑，也是土司城石雕艺术的重要载体。该牌坊除了在正反面中间上、下额枋嵌板上分别阳刻有"荆南雄镇""楚蜀屏翰"的牌坊题刻之外，还在正反面上、下额枋及侧楼嵌板上，分别雕刻了多幅寓意深刻的土司故事、民间戏文人物、吉祥瑞兽图案等，达到了较高的雕刻艺术水平。

一　"奉调出征"

"荆南雄镇"牌坊正面中间上额枋的石刻图案（图4—10），现有读物解读或命名为"土王出巡"。① 笔者以为，从"荆南雄镇"牌坊修建的缘起，以及两侧题记文字看，将其解读命名为"奉调出征"较为合适。该幅石刻展现了土司奉调出征的壮观场面。图中"武士"（控马官）引缰在前，"土兵"肩扛兵器随后，马背上的"土王""土官"拱手作告别状。图案表现土司出征时的威严与气势，而非一般的土司出巡。将其解读命名为土司奉朝廷调遣出征，更契合"荆南雄镇""楚蜀屏翰"的主题寓意，而且与牌坊背面的"土王出巡"雕刻形成呼应，并与之相区别。

图4—10 "奉调出征"

二 "除妖镇反"

"荆南雄镇"牌坊正面中间下额枋的石刻构图奇特（图4—11），学界有不同的解读与命名，有的称之为"鲤鱼跳龙门"，有的称之为"哪吒闹海"②。

该石雕图案构图，在两侧祥云之间，左右雕刻立式"龙门"；中间一条"鲤鱼"头朝左下，首尾呈约45度角跃出水面；一人手持"混天绫"，脚踩"鱼头"，呈现对"跃门之鲤"的打压之势。此图案寓意十分复杂。在汉文化传统中，"鱼跃龙门"是典型的吉祥题材，因此有人将此石雕解释为

图4—11 "除妖镇反"

---

① 咸丰县政协文史资料委员会、唐崖土司城遗址管理处编：《唐崖土司城址》，湖北人民出版社2015年版，第93页；王祖龙、陈露、肖竹：《仿象与象征：唐崖土司城遗迹的文化解读》，《三峡论坛》2014年第4期。

② 咸丰县政协文史资料委员会、唐崖土司城遗址管理处编：《唐崖土司城址》，湖北人民出版社2015年版，第93页；陈飞：《唐崖土司荆南雄镇坊价值探析》，《三峡论坛》2013年第6期。

"寓意土司作为土皇帝想成为真皇帝的精神追求"。但作此种解读,那手持"混天绫"的"哪吒"脚踩"鱼头"、打压"跃门之鲤",又觉得"有些令人费解"。① 陈飞先生在《唐崖土司荆南雄镇坊价值探析》一文中,曾将该石雕解读为"在牌坊上雕出'鱼跃龙门'和'哪吒闹海'联合图案,亦应有警告唐崖土司不得肆意作乱之意"。②

对于此雕饰的难解之处,笔者曾向陈飞先生请教,先生坦然明示,原来的解读有误。此雕饰的摹本是我国传统装饰艺术图案中的"魁星点斗"(图4—12),取的是"魁星点斗、独占鳌头"的祥瑞寓意。以本人愚见,我们不能完全以汉文化的知识来解读此图案,应将其置于修建牌坊的历史大背景之下来考察。该石雕图形仿"魁星点斗",有纪念战功与朝廷嘉奖、祈求步步高升的祥瑞之意,但其更深的精神寓意,应该是表现唐崖土司奉朝廷征调,参与平定"奢安之乱"的历史功绩。跃出水面的"鲤鱼"或"鳌头",寓指不服皇帝管束,企图突破"龙"门,自当皇帝的"奢安之乱"的主角。事实上,当年造反的奢崇明,不仅攻城略地,而且建国号"大梁",叛明自立,割据西南。而手持"混天绫"、脚踩"鳌头"的"魁星"("哪吒"),正是谕旨奉调出征参与"平叛""镇反"的唐崖土司形象。这样解读,与"荆南雄镇"的题刻相符,与上方的"奉调出征"形成呼应之势,亦在情理之中。这一石雕图案,体现了唐崖土司修建牌坊的精神追求,以及土、汉传统艺术文化的有机结合。同理,由于牌坊为褒扬唐崖土司战功所建,且由土司田氏夫人监造,将其解释为对土司的警告,显然也不合情理。基于此种认识,笔者认为,将此石雕图案解读命名为"除妖镇反"比较合适。

图4—12 "魁星点斗"
图片来源:百度百科。

---

① 咸丰县政协文史资料委员会、唐崖土司城遗址管理处编:《唐崖土司城址》,湖北人民出版社2015年版,第93页。
② 陈飞:《唐崖土司荆南雄镇坊价值探析》,《三峡论坛》2013年第6期。

三 "尊祖敬宗"

在牌坊背面，"楚蜀屏翰"题刻上额枋的雕刻图案（图4—13），现有文献少有解读。《荆南雄镇——镜画唐崖土司城》将之命名为"天官赐福"。①

该石雕图案中间，两根立柱托举一根两头略微上翘的横梁，构成神龛式门形结构；内置波形帷幔覆盖的"贡台"，上立一长方形碑状物（牌位），碑上似有文字或图案，但现已无法辨识；图中左右各分立两名脚踩祥云的人物，左边二人身穿明代朝服，头戴官帽，靠近神龛之人两手托举卷轴于胸前，呈敬献状，靠外之人左臂下垂，右臂前伸，手指前方，呈司仪状；右边二人分别手托卷轴和祭品，呈奉献状。从神龛、牌位、祥云、卷轴、祭品等元素，以及图案处于牌坊"楚蜀屏翰"题刻上方的重要位置，可以推断，此石刻图案反映的是唐崖土司在立下战功受到朝廷嘉奖的背景下，对祖宗先人的追思与祭奠，有称颂先人功德的意蕴。该石刻体现的是土司敬宗追远、光宗耀祖的精神追求与道德理念。基于这一解读，笔者以为将此石刻图案命名为"尊祖敬宗"比较合适。"尊祖敬宗"语出中国传统文化重要典籍《礼记》②，以之命名，契合土司受儒家文化影响的史实。

图4—13 "尊祖敬宗"

四 "土王出巡"

"楚蜀屏翰"题刻之下横枋石雕图案，反映的是"土王出巡"场面（图4—14）。其与牌坊正面"奉调出征"最大的不同在于，图形中数名

---

① 何继明主编：《荆南雄镇——镜画唐崖土司城》，中国民族摄影艺术出版社2016年版，第70页。

② 参见（元）陈澔注，金晓东校点《礼记》，上海古籍出版社2016年版，第373页。

仆人高擎"蒲扇"或遮阳伞状物，拥簇"土王"鞍前马后，而"土王"则拢袖拱手作行礼状，尽显文雅闲适之态。该石刻图案体现的是土司治下祥和的社会景象。这上、下横枋上的两幅石雕图形与"楚蜀屏翰"题刻中的"屏翰"相匹配，赞

图4—14 "土王出巡"

誉唐崖土司有文德与治才，系国家"重臣"。这两幅石雕作品也与牌坊阳面的"出征"与"镇反"彰显武功相对应，体现了唐崖土司的文德与治功。牌坊主楼正反两面的文字题刻与装饰图案，形成功能互补，全面展现唐崖土司的精神追求与文治武功，以艺术的形式凸显了牌坊的符号价值。

五 "麒麟奔天"

在牌坊两边侧楼的中间，分别嵌有一幅石雕麒麟的装饰看板（图4—15）。麒麟是中国古代汉族神话传说中的祥兽，主太平、长寿。麒麟集龙头、狮眼、虎背、熊腰、马蹄、鹿角、蛇鳞、牛尾等于一身，乃

图4—15 "麒麟奔天"

吉祥之宝。古代麒麟常常作为公堂上的装饰，以振官威。麒麟亦是权贵的象征。古人认为，麒麟出没处，必有祥瑞。有时麒麟也比喻德才兼备、才能杰出、前程远大的人物。"荆南雄镇"牌坊上的石雕麒麟，显然有颂扬唐崖土司德才、彰显土司威权、辟邪纳福的吉祥寓意。

值得注意的是，从雕刻艺术来看，"麒麟奔天"与牌坊上的其他石雕不同，它运用了透雕技法。麒麟的镂空造型，使牌坊正面和背面都能看到同一幅图形，有很强的立体感。该石雕还综合使用了圆雕、浅浮雕、线刻等雕刻手法。麒麟造像体态壮硕，后肢曲蹲，前肢直立，呈跃起状；麟角向后回勾，背部鬃毛竖立，麟片夸张层叠，尾巴呈火焰状翘起；头

部双眼凸出，胡须下垂，张嘴露牙，呈嘶鸣状，一副生动威猛的样态。

六 "渔、樵、耕、读"

在"荆南雄镇"牌坊正面两个侧楼的上、下横枋上，分别刻有"渔""樵""耕""读"四幅石雕图案（图4—16至图4—19），每边两幅，形成左右对称。

图4—16 "渔"

图4—17 "樵"

图4—18 "耕"

图4—19 "读"

在古代农耕社会，"渔、樵、耕、读"是民间的四项主业和民众的基本生活方式。在中国传统艺术文化中，"渔、樵、耕、读"是绘画、雕塑、建筑等装饰艺术的重要母题，广泛运用于住宅、书院、戏台、宗祠、牌坊等建筑的装饰。古人之所以喜爱"渔、樵、耕、读"，既是因为其体现了对自给自足田园生活的向往，同时蕴含了对淡泊人生境界的追求。透过田园诗般的生活造型，该图案还隐含着古代士人内心深处对入朝为官、得到统治者赏识的一种心理寄托或向往。

"荆南雄镇"牌坊上的"渔、樵、耕、读"石雕，应该说包含了两层寓意。一方面，它们体现了唐崖土司对田园诗生活的向往，并在一定意义上表现出对自己所处生存状态的满足；另一方面，它们又隐含了土司希望得到朝廷赏识、有更好发展的精神寄寓。它代表了唐崖土司的一种价值取向与生活情趣，甚至是一种特别的审美意识。

这四幅石雕图形，运用了深浮雕、浅浮雕、线刻、基底平起等雕刻技法。宏观构图定位准确，细部雕刻精致细腻。如在"樵"的石雕中（图4—17），樵夫肩挑两捆薪柴，大步行走在下山道上。"樵夫"双袖高挽，裤管上卷，腰带紧束，虽身负重荷，但仍大步流星，显现出旺盛的生命力，一种满载而归的喜悦洋溢画外。两捆薪柴，条理清晰，捆扎牢固，挑柴尖担刻画惟妙惟肖。此幅石雕既注重环境的营造，又重视细部的刻画；既重视形的刻画，又重视情的表达，可谓神形兼备，雕刻细致入微，达到很高的艺术水准。

再如在"耕"的石雕中（图4—18），农夫头戴斗笠，身披蓑衣，右手扶犁，左手引缰扬鞭；耕牛轭绳紧绷，低头蹬腿，奋力向前；随农夫与耕牛的前行，田泥翻腾起伏。整个画面之中，农夫、耕牛、犁具、田泥与水，交融一体，表现生动细腻，有很强的写实性。

在"荆南雄镇"牌坊背面的侧楼横枋之上，还分别有"断桥送子""槐荫送子""乘龙""驭凤"等四幅石雕装饰。这些雕刻图案表达了唐崖土司希望子孙繁衍、飞黄腾达的精神寄寓，与牌坊正面的"渔、樵、耕、读"以及两面都能见到的"麒麟奔天"石雕一起，构成了"荆南雄镇"牌坊完整的精神内涵。从总体上审视，这些装饰石雕场景布置合理，人物表情生动丰富，立体呈现了不同题材的构成要素，图案布局专业，雕刻手法精到纯熟，达到了较高的雕刻艺术水准。从内容与构图看，这些石雕装饰与汉族地区同类雕刻具有高度的相似性，体现了中原艺术文化对唐崖土司城址艺术的影响。

七　石鸱吻

在"荆南雄镇"牌坊雕饰中，中楼与侧楼顶脊的石雕鸱吻（图4—20）具有重要的艺术审美价值。在中国古代建筑文化中，正脊两端的鸱吻具有镇火、凸显威权的象征意义和稳固脊梁、封固瓦垄、黏合殿顶两坡、防止雨水渗入的结构性功能。"荆南雄镇"牌坊顶楼正脊由方石与龙形鸱吻构成。两头鸱吻翘首卷尾，张口怒目，呈仰天长啸状，栩栩如生，气势非凡。两边侧楼的正脊使用向上翘起之波涛翻滚水形鸱吻装饰。鸱吻三层卷曲波纹之间，运用透雕技法，凸显波涛气势，有效改善视觉影像。边楼的水形鸱吻与顶楼的龙形鸱吻形成下有波涛、上有龙腾的呼应烘托之势。"荆南雄镇"牌坊脊上鸱吻石雕,运用了圆雕、透雕、浮雕等雕刻技法,把建筑的实体功能与艺术造型之美巧妙地结合起来,达到了建筑功能与雕刻艺术的和谐统一。

图4—20 石鸱吻

八 象牙雀替

除上述石雕作品外,牌坊中门上方还有一对特殊的石雕象牙雀替装饰件(图4—21)。

图4—21 象牙雀替

雀替又称托木,是中国古建筑的特色构件之一,指置于梁枋下与立柱相交的短木。其功能是承托梁枋两头,减少梁枋跨度和梁与柱相接处的向下剪力,防止立柱与横梁垂直相交的倾斜变形。从艺术审美看,雀替可有效减少立柱与横梁直角相交的生硬,形成视觉过渡,增加装饰美感。雀替的制作材料由建筑的建材所决定,木建筑上用木雀替,石建筑上用石雀替,其造型也因建筑的类型或审美需要而定,形制多样。

"荆南雄镇"牌坊上为什么采用象牙雀替,据说与主持牌坊修建的田氏夫人到峨眉山拜佛相关。在佛教里,象是佛陀的坐骑,佛法用香象比喻佛法神力,象是仁者、贤明的标志。普贤菩萨的坐骑就是六牙白象。峨眉山是佛教名山,有洗象池、普贤骑象传说等等。田氏夫人峨眉山礼佛后,不仅更加笃行佛法,而且将象牙作为标志性建筑"荆南雄镇"牌坊的雀替,以明其志。此外,象牙名贵,在古代就是身份地位的象征;大象力大无比,负重力极强等,都可能是唐崖土司在修建牌坊时,选择象牙雀替的原因。

牌坊的象牙雀替，以象的头部为表达主体，重点在象鼻与象牙上。采用圆雕、透雕、浮雕、线刻等手法，将雀替雕刻成一件难得的艺术品。象鼻前伸翘起，与象头一起构成对横枋的支撑，象牙从象鼻中部镂空处向上凸出，与横枋相连。画面构图精巧生动，刀法细腻圆润，象的大耳朵、小眼睛、微张口，以及象鼻的皱褶与颈部的肉囊，将整个象头刻画得惟妙惟肖，生动有趣。象牙雀替左右对称，为"荆南雄镇"牌坊增色不少。

总之，"荆南雄镇"牌坊上的装饰石雕图案，题材丰富，寓意深刻，"虚"的开间与透雕等技法的运用，体现了建造者的艺术审美情趣与精湛的雕刻技艺。独特的部件组合与精美的石刻装饰，完美展现了牌坊的审美价值，使整个牌坊呈现出和谐之美、剪影之美。

第四节 "土司王坟"祭台围栏石雕

栏杆是中国传统建筑中常见的组成部分，广泛运用于走廊、桥边、园囿、台榭等处。栏杆上雕刻的图案、物件等，对环境起着重要的点缀与装饰作用。

图4—22 "土司王坟"祭台围栏

在唐崖土司城址，"土司王坟"祭台的一组栏杆石雕独具特色（图4—22），达到很高的艺术水准。与牌坊前石狮雕刻的简单粗放不同，"土司王坟"墓前围栏望柱上的石雕和栏板上的花草图形，雕工细腻，工艺精湛，其巧妙的构思、精细的雕工、生动有趣的形象，体现了传统建筑石雕的艺术魅力。

一 栏板石雕

"土司王坟"墓前的围栏由基座、地栿石、望柱、栏板、面枋等构成，属典型的栏板式栏杆。该围栏为八柱六跨，每两柱间面枋下镶嵌一块长方形的石质装饰栏板，上面并排雕刻两幅长方形花卉图案（图4—23）。栏板图案中心为盛开的荷花，四周环绕类似葡萄串的果实及叶蔓。该石雕运用浮雕与线刻技法，多"压地隐起"和"减地平钑"，形成深浅不同的图形纹样。虽然雕饰纹样起伏不大，但雕刻纹理细腻，整体美观典雅。荷花花瓣与植物叶蔓四周剔地较深，使图案呈现较强的立体效果。整个图案设计精美，雕刻技法细腻纯熟，凸显了围栏纪念逝者、祈盼多子多孙的主题特色。每幅图案套长方形边框和内框，内框下陷，图案内芯凸起，呈长命锁状，形成强烈的装裱立体视觉效果。

图4—23 祭台围栏栏板石刻

栏板设一层基座和一层地栿石。在地栿石上刻有祥云图案，下层基座和栏板上部面枋均刻有长方形套椭圆形的框形几何纹样，栏板上精致的花草图案与地栿石上的祥云衬托，以及面枋与基座框形纹样上下相配，显出栏板构图的和谐之美。

二 望柱头石雕

八根望柱是"王坟"栏杆雕饰的重点。望柱由正方形柱身与动植物雕饰柱头构成。柱身雕饰较为简单，在正反面以线刻手法雕刻"︿"形纹路，由下向上有序排列，寓指逝者升天，亦形成对拜谒者视觉上的引导。"望柱头"由斗形基座和不同的动植物柱头造型构成。八根望柱头石雕分为三组。正面中间四柱为"狮子戏球"（图4—24），另两柱（左右边柱）为莲花瓣纹衬托的"仙桃"，当地人称作"金银山"（图4—25）；侧面与照壁相连的两柱"似象似猴"（图4—26、图4—27）。这三组石雕，造型生动有趣，雕刻工艺精湛，从艺术审美的角度看，有以下三个特点：

图4—24 "狮子戏球" 　　　　图4—25 "金银山"

第一，高度抽象。"狮子戏球"石雕似"狮"似"蛙"，从正面看，除两爪捧球与"狮子戏球"有相似之处外，看不出明显的狮子特性，倒有几分蹲"蛙"的模样。"似象似猴"从正面看（图4—26），似有长鼻子、扇形耳朵，好像是大象；但从背面看（图4—27），又似猴子背负重

图4—26 "猴"雕正面 　　　　图4—27 "猴"雕背面

物，形象模糊。"金银山"下为波浪纹底座，基部为双层莲花瓣，头部既像"桃"又似"莓"。这组石生像源自自然，又超越自然，很难在现实生活中找到对应物，给人提供了联想与思维拓展的空间，具有艺术抽象美的特性。

第二，造型有趣。"狮子戏球"石雕，"狮子"后肢蹲坐，前肢扶球，五爪清晰，头部仰起，面部呈半圆平面状；嘴巴扁凹，与面部等宽，胡须整齐并线刻成卷曲状，面颊两侧四缕长须呈弧形下垂；鼻子为阴刻造型，双眼由两圆洞构成，平视前方，没有更多的雕饰；面部与球体之间雕空，形成颈部与胸部内陷，表情稚拙，憨态可掬。"似象似猴"利用原石的形状，稍施斧凿，塑造出"大象"的面额、耳、鼻等模糊的大象特征，从远处看似大象低首缓行、步履蹒跚；从背面看，则看不出任何大象的痕迹，倒像一只"石猴"背负沉重的礼包向墓主敬献。"金银山"石雕，明显参照了传统望柱雕塑中的"火炬头"造型，但以武陵山地区多见的桃或莓为素材进行了创作创造，双层莲花瓣中的"寿桃"或"草莓"形象栩栩如生。

第三，技法纯熟。望柱头石雕采用圆雕技法塑形，综合运用深浮雕、浅浮雕、线刻等手法，使物象达到较高的艺术水平。石雕像注重细部雕饰，这一点我们可以从"狮子戏球"石雕对胡须与爪子的处理看出。"金银山"雕刻纹理细腻，造型美观典雅。在斗形基座之上，借鉴传统须弥座束腰雕饰的手法，以圆雕线刻波纹底托，形成对"桃"形柱头的烘托；在"桃"形柱头之上，匠人又以多层线刻与凿雕的手法，雕刻出宽幅双层莲花花瓣与"莓"凸凹不平的表皮，物象表现和谐生动，显示出石雕工匠高雅的审美情趣与高超的雕刻技艺。王坟栏杆石生像造型生动有趣，刀法细腻流畅，可谓精雕细刻，有效增加了这组石雕的艺术欣赏度，王坟栏杆石雕可以说是唐崖土司城址的艺术精品[1]。

---

[1] 参见满益德、凌云《唐崖土司王城建筑石刻的造"形"与造"势"》，《湖北民族学院学报》（哲学社会科学版）2009年第4期。

第五节 "鹤寿无量"石雕

一 是"鹤"不是"凤"

在咸丰县民族博物馆，存有一件唐崖土司城址出土的石雕残件——"凤形石雕"（图4—28）。对这一石雕艺术遗存，现有城址宣传或研究尚未给予应有的重视。咸丰县政协文史资料委员会、唐崖土司城遗址管理处编的《唐崖土司城址》，只刊登了此石雕的彩页，题注为"凤形石雕"，未作任何说明①。何继明先生主编的《荆南雄镇——镜画唐崖土司城》，也刊载了石雕彩照，题注为"明代'金凤献瑞'石刻"，并简单介绍"这件'金凤'石雕出土时头已经损坏，但从其羽翅的细节依然可以看出整件石刻的精美绝伦"。② 其他著述包括几份考古发掘报告对此石雕艺术品都没有提及，原因不得而知。笔者以为，从艺术审美的角度看，该石雕属于城址石雕艺术中的精品，值得重视。

笔者初见此石雕时，就被其精美的造型和精致的雕刻艺术所震撼。因有关资料对其未作详细说明，原以为此物件非唐崖土司城址的遗存。经向陈飞先生和博物馆、城址管理处咨询，得到的回答是该石雕是城址

图4—28 "鹤寿无量"

---

① 咸丰县政协文史资料委员会、唐崖土司城遗址管理处编：《唐崖土司城址》，湖北人民出版社2015年版，第117页。
② 何继明主编：《荆南雄镇——镜画唐崖土司城》，中国民族摄影艺术出版社2016年版，第117页。

衙署区的出土件，属于典型的城址艺术遗存。具体来说，是2013年11月，城址第一次考古发掘时，在衙署区后宅，即土司生活区域发现的。出土时鸟身完整，但鸟头不知所踪。

此石雕件的功能与作用是什么，尚无定论。笔者以为，应该有两种可能。一种可能与宗教活动相关，是土司或家眷礼佛的配饰，也就是立于香炉之旁的器物。另一种可能，就是一件为土司祝寿而雕刻敬献的寿礼，被置于厅堂或贡桌之上。从其造型看，后一种可能性较大。在没有更多考古发现的情况下，这些都只能是揣测与推断。对于艺术研究而言，笔者更关注的是此件石雕的特殊造型与雕刻艺术及其审美价值。

据观测，该石雕由石质基座和鸟身两部分组成，鸟身通高1.16米。从鸟的站立形态看，其残缺的头部应该是呈约45度角向上扬起。如果加上其断缺的长颈和鸟头，总体高度可能超过1.40米。从"石鸟"的体态与形制看，应该是属于鹤的类型，而不是传说中的"凤"。仙鹤是传统文化中的吉祥鸟，因其体态优雅、颜色分明，在传统文化中具有圣洁、清雅、吉祥、长寿、福佑安康等象征意义，被称为"一品鸟"。现在的"金凤献瑞"命名，虽然不错，但从名实相符的角度考虑，笔者建议将该石雕命名为"鹤寿无量"。

二 "鹤"形石雕艺术之美

从造型上看，该石雕准确掌握了仙鹤各部位的比例尺度，健壮有力的两腿和利爪、圆硕丰满的身躯、华丽的羽毛、有力的双翅、残缺的颈部，形成一种残缺的和谐。仙鹤造型生动优美，仙鹤右肢抬起前伸，利爪紧抓凸起的岩石；左腿根部肌肉丰满，直立于基岩之上，三片利爪强劲有力，给人踏石留印的视觉印象。仙鹤身上的底层羽毛柔软顺滑，尾部羽毛的羽轴及两侧斜生的羽枝纹路清晰，羽绒绵柔自然，尾羽末端呈半圆形，边缘微微翘起，有孔雀尾羽的神韵。

仙鹤的双翅是该石雕最为成功的部位。翅膀羽毛由四部分构成，第一部分是靠近颈部的三层羽绒；第二部分是羽绒之下生出的数片幼羽，幼羽较短，呈叶片状；第三层是幼羽之下生出的辅羽，羽毛扁长，约占羽翼的三分之二；第四层为与辅羽之下的主羽，羽质坚硬有力，在鸟尾收缩并拢。羽翼的四层羽毛层叠错落，使整个羽翼丰满有力，自然华丽。

从雕刻工艺看，该石雕运用了圆雕、透雕、深浮雕、浅浮雕、线刻等手法，整体造型优雅，细部表现生动。以仙鹤的下肢为例，直径大约只有4厘米，作为石质材料，要在如此细长的石头上雕刻创作，难度可想而知。仙鹤的下肢不仅被打磨得圆滑匀称，而且刻出了腿部的肌肉、绒毛，刻出了腿之下部表皮的横向密纹与爪的锋利。在没有现代雕刻工具、没有现代的化学黏合剂的条件下，能创作出如此精美的作品，实属难能可贵！整件石雕，可以说真正是精心谋划、精雕细刻。《荆南雄镇——镜画唐崖土司城》的编者认为，整件石刻"精美绝伦"。笔者认为，这个评价很高，但符合实际，准确到位！仙鹤的头部残缺，在一些人看来可能是一种遗憾，但笔者以为，仙鹤的断头形成了特殊的残缺之美，就如世界著名的古希腊石雕断臂维纳斯一样。它能给人一种沧桑之美、残缺之美，以及历史的厚重感，使人产生丰富的联想和深刻的思考。

第 五 章

唯美韵律:城址纹样艺术之美

纹样又称图案、纹饰,是"器物上的装饰花纹的总称"。[①] 在中国传统艺术文化中,纹样是极富民族特色的重要艺术元素,不仅花样繁多,而且寓意深刻,富于变化,被广泛运用于各类建筑装饰、服装装饰、生活器物装饰、书画艺术装饰等。在唐崖土司城址的各类建筑与器具遗存上,附着有丰富多彩的装饰纹样,这些装饰纹样构成城址艺术的重要组成部分。

第一节 城址装饰纹样的种类与艺术形制

纹样图案的主要功能是对装饰对象的美饰,其重要特征之一,是与附着物密切关联。离开了装饰对象,纹样图案的价值与意义难以权衡。传统的装饰纹样,除附着于各类建筑物、生活器具与法器之上外,还大量存在于各类纺织物与服装之上。由于时代变迁,土司城址的主要建筑与生活器具等多遭毁损,织物与服饰未能保存下来,现存装饰纹样图形,主要附着于各类建筑遗存与出土的生活器具残片之上。根据收集到的城址装饰纹样图形,可以分为五类:缠枝纹、宝相花纹、水纹、云纹、几何纹。

一 缠枝纹

植物装饰纹样是我国传统装饰纹样的重要种类,具有悠久的历史和

[①] 辞海编辑委员会编:《辞海(缩印本)》,上海辞书出版社1980年版,第1157页。

丰富的内容。在植物纹样中，一般是以植物的枝蔓、叶片、果实、花卉等为表达元素，对装饰物进行美化与寄寓。与我国传统装饰艺术纹样相一致，在土司城址的艺术遗存中，植物纹样居多，而缠枝纹是植物装饰纹样的典型代表。

在中国传统纹样中，缠枝纹又称缠枝卷叶、缠枝花卉、蔓草、卷草、唐草等。缠枝纹以一条连续的"S"形曲线为主干，配以茎、蔓、叶、花、实，构成向两侧作适合性扩展的连续性波形。在一些缠枝纹样中，还有独具特色的禽兽动物、佛化人物穿插在缠绕的植物藤蔓中。"S"形的植物藤蔓是该纹样的主要特征。

现存于城址"罩马亭"的两匹石马，马背上的马鞍雕饰中有一幅设计精美、雕工精细的缠枝纹图形（图5—1）。该纹样图形以牡丹的藤蔓、枝叶、花卉为基本的表达元素。"S"形的藤蔓充满生长活力，叶片肥壮稠密，藤蕊呈现分蘖旺盛与向前延展的姿态；盛开的牡丹体形饱满，花瓣层次分明，脉络清晰，花蕊尽显芳华；饱满的花蕾由细叶簇拥，含苞待放。该装饰纹样运用了我国传统的缠枝纹的表达技法，构图圆润丰满，表达细腻真切，给人繁花似锦、富贵高雅的视觉享受。

图5—1　"马鞍坐垫"缠枝纹

图5—2是城址考古发掘出土的一块圆形柱础残片。该柱础分上下两层，下层周边装饰纹样是典型的缠枝纹样（或称忍冬纹）。该纹样亦以"S"形藤蔓波形向右侧连续展开。藤蔓波状起伏，舒展有力；藤上叶片肥厚，向后自然弯曲，与藤条形成"C"形卷曲状。纹样尖端叶片与藤条之间芽苞初现，孕育勃勃生机。该纹样虽然线条简单，修

图5—2　石柱础缠枝纹

饰简洁，但表现出植物旺盛的生命力。由于柱础立于地面，基座上的缠枝纹样更显得接地气，其对立柱乃至其上的建筑起到了重要的装饰作用，效果极佳。

图5—3是城址考古发掘出土的石质盛水容器之一。该容器虽破损严重，但经拼接复原，其侧部精美的装饰纹样图案仍令人赞叹。该图案是经变异的缠枝花纹。纹样由"C"形花枝、盛开的牡丹与吉祥凤鸟组成。图案中，"凤鸟"引颈高歌，凤尾如孔雀开屏，花卉植物与吉祥动物交相辉映，展现出大富大贵、大吉大利的生活景象。作为日常生活用具的盛水容器，附着如此繁复精美的纹样雕饰，可见当年土司城内对精致生活的追求，以及器物主人时尚的审美情趣。

图5—3　石质盛水容器缠枝纹

二　宝相花纹

宝相是佛教徒对佛像的尊称。宝相花的原形之一为佛教的圣花——莲花。宝相花具有浓厚的宗教意蕴。《辞海》对宝相花纹样的解释是："宝相花是中国传统装饰纹样中的一种，它是将某些自然形态的花朵（主要是荷花），进行艺术加工处理之后，从而变成的一种具有装饰效果的花卉图案。"[①] 宝相花纹样是佛教美术中具有想象性特点的花卉纹样。根据艺术史考察，宝相花纹样从与佛教相关联的宗教活动中产生，随着社会的发展，该纹样被应用于各种非佛教的工艺美术作品中，逐渐走向世俗化。在我国传统纹样中，宝相花吸收了莲花纹、云气纹、石榴花纹等的造型特点，逐步成为一种具有抽象性、模式化的花卉纹样类型。莲花在佛教中常被比喻为美好圣洁的事物，佛教把莲花的自然属性与佛教的教义、规则、戒律等类比美化，莲花在佛教中被视为"净土"的代表。

土司城址艺术遗存中，宝相花装饰纹样形制丰富，雕刻精美，在

[①] 辞海编辑委员会编：《辞海·缩印本》，上海辞书出版社1980年版，第346、532页。

"土司王坟"等墓葬装饰中多见。

图5—4是"土司王坟"墓室顶部的一幅装饰纹样，属于典型的宝相花图案。该图案悬置于王坟中间墓室的顶部，由一块整石雕刻而成。图案为圆形莲花造型，中间由两圈密集的小型花片环护莲心，外层是6片盛开的花瓣，形成一个大的圆环。图案以米字格为构图框架，由内向外呈放射状展开。该图案整体造型圆润饱满，充满生机与活力。莲心构图精致，3个内环结构紧凑，雕工细腻，表现出很强的立体感。外层的6片花瓣花脉清晰，花冠丰满，活力旺盛。整个装饰纹样，构图简洁和谐，雕刻生动细腻，夸张与写实有机结合，展现出十足的佛性，体现了佛教"净土"、佛光照耀等精神寄寓。

图5—4 "王坟"墓室顶部宝相花纹

图5—5是"土司王坟"墓前祭台护栏栏板上的图形。该图形也是典型的宝相花纹样。纹样以莲花为中心，以肥厚性植物枝蔓叶片为辅衬，形成团花状图形。纹样中，莲花呈俯视平面状，略有变形。莲花花瓣密集绽放，莲心饱满；四周的植物枝蔓稠密，叶片细嫩舒展。整个纹样给人的印象是，植物尽享阳光雨露的温润，物态丰硕圆满。

图5—5 "王坟"栏板宝相花纹

该纹样构图精巧，主题突出，秩序井然，达到很高的艺术水准。

在城址的"双凤朝阳墓"墓门三根立柱上，分别刻有典型的宝相花纹装饰图形（图5—6）。三幅纹样构图结构基本一致，纹样细部略有差异。该纹样图形以须弥座上的宝瓶插花的方式，展现了一幅柔软花枝顽强向上生长、枝头托举宝相莲花的图案。纹样虽然构图较为简单，但层次清晰，结构缜密，寓意深刻。从基座、宝瓶到茎蔓叶片与花卉，层层递升。底层两叶片较长较宽，呈低垂状，呈枯萎之象，象征生命的衰亡，衬托出一种悲伤气氛；中间叶片舒展，盛花已过，花瓣凋坠，疲态初现，象征生命从生向死的过渡；顶端莲花含苞待放，代表生命的再生与活力。纹样将装饰设计的重点放在顶层莲花上，莲花体态丰满，占纹样幅面宽度的三分之二，几乎与宝瓶口同宽；两层花瓣包裹"莲心"，"莲心"呈桃状，富贵之状毕现。整个宝相花纹样，虚实结合，似云似烟，缥缈扶摇，较好地衬托了墓园的气氛，寄寓了对逝者的哀思与盼逝者进入佛国净土的祈愿。

图5—6　"双凤朝阳墓"门柱宝相花纹

"无名墓"墓门上的宝相花纹样，与"双凤朝阳墓"前的"宝瓶插花"的构图相似，只是其无须弥座和宝瓶基底。花株立于鳞状水波纹之上，花茎向上微曲，分蘖旺盛，枝叶扁长飘逸，中间花蕾饱满，顶层莲花盛开。该纹样图形虽然构图简单，但宗教意蕴明显，反映了土家族崇尚自然、追求和美的传统精神情怀。

图5—7是"土司王坟"前廊藻井横枋侧面的一幅宝相花纹样。该纹样雕刻在三角形锦铺上，三角形顶角朝下，呈自然下垂状。纹样图形中，宝相花意味明显。经过变异的莲花位于"锦铺"的中心，两层四花瓣呈绽开状，莲心饱满壮硕，并生出三叶苗芽。"锦铺"的三角由团花枝叶藤蔓构成，藤蔓回转，叶枝绵长，形成对莲花的环绕与修饰。由于该纹样置于王坟内廊，且悬于廊顶枋侧，至今仍能看到其斑斓之色。

图5—8是"土司王坟"前廊藻井顶部的另一幅宝相花图

图5—7　"王坟"前廊横枋宝相花纹

形。该图形呈圆形结构，为束状花卉枝叶拥簇变异后的莲花。莲花花心硕大，两层四叶花瓣绽放。图形下方边缘二朵"牡丹"盛开。图案中花卉枝叶自然舒展，茎叶脉络分明，表现出旺盛的生机。纹样以圆形构图象征圆满，牡丹纹饰象征富贵，以莲花盛开寄寓佛法护佑。该纹样图案悬于前廊藻井顶部，似一轮圆月，只能仰视。整幅纹样图形营造出对逝者的崇敬与虔诚的祈愿氛围，达到极佳的装饰效果。

图5—8 "王坟"前廊藻井宝相花纹

图5—9是"土司王坟"前廊藻井顶部梁枋下方的宝相花纹样图形。此幅纹样图形构图简洁，中心为莲心和小叶片花瓣，之外是八片大花瓣，花瓣向四周放射状开放，呈现八片叶轮状，具有较明显的法轮元素，属典型的宝相花图形。特别值得注意的是，在圆形莲花纹样图形两边，对称装饰忍冬花纹样。忍冬花纹样呈现蝶状构图，似两只蝴蝶翩翩于法轮周围，寄寓深刻，构图精美。

在土司城址装饰纹样中，宝相花纹样运用较多，且主要与墓葬装饰相关联，这体现了土司与建筑匠师对佛教文化艺术元素的特殊情感。

图5—9 "王坟"前廊顶部横枋宝相花纹

三 水纹

水是生命之源。在中国传统文化中，水不仅是一种与生命密切相关的物质，而且是一种饱含人文意蕴的哲学与审美对象。儒家以水比德，谓"人性之善也，犹水之就下也"[①]；道家以水喻道，谓"上善

[①] 宁镇疆注译：《孟子》，中州古籍出版社2007年版，第195页。

若水"①;佛家以水观佛,有"水喻菩萨十种善法"。从古至今,我国有无数的文学艺术作品以水为意象,比拟女性、时间、情感等等,无数文人墨客寄情山水,抒发情怀。在水的艺术纹样表现中,有充满吉祥寓意的纹样,如四海升平纹、福海寿山纹、落花流水纹、海水江崖纹等等。水纹的吉祥意象,包括财源亨通、康健长寿、子孙延绵等等。在这样的水性哲学思想影响下,我国艺术史留下了丰富多彩的水纹样。在历史上,水纹样得到广泛的运用,受到官府与民间的欢迎。

水纹样的基本构图要素,是以"S"形或"C"形曲线波纹为主,用"线"的轨迹表现"水"的运动规律,或以点为中心构造向四周扩散的螺旋同心圆,以表达水波的汹涌气势。在实际的纹样创作中,往往运用"单独适合纹样、二方连续、四方连续等纹样造型的手法去组织这些基本元素,使其具有流动曲线的韵律"②。在水纹样造型中,线的艺术运用表现最为精彩,它将富有柔和曲线之美的"水"形象表现得淋漓尽致。

在土司城址的建筑遗存与生活器具上,发现多处十分精致的水波纹样,具有很高的审美价值。

涡旋水纹。图5—10是城址"双凤朝阳墓"墓门横枋正面的石刻纹样图案,称为"鱼吐芳华"。这一图形将动物纹样与水波纹样结合起来,以"S"形和"C"形纹路为骨架,以横卧的"S"构形,在弯曲处向中心旋转,形成涡旋水波纹;在后端的反"C"形弯曲处向内旋转,形成涡旋水纹,与前端的涡旋水纹形成对称呼应。该纹样以柔性波纹线条,勾勒出浪花,在整个涡旋形水纹中,似花朵绽放,让人赏心悦目。正如吴山先生在《中国纹样全集》中所述,"旋纹的组合,流利生动,手法多样,结构巧妙,富有强烈动感。这种旋涡纹,当是黄河奔腾流水的一

图5—10 "双凤朝阳墓"横枋涡旋水纹

---

① 任继愈:《老子绎读》,北京图书馆出版社2006年版,第17页。
② 谢梅:《中国传统装饰纹样水纹研究》,太原理工大学,硕士学位论文,2015年。

种艺术表现,是把具象和抽象美妙结合的艺术反映"。[①] 该涡旋水纹与一般水波纹相比,更具动态特点,生动地体现了水波纹的"似动现象"。

鳞片水波纹。图 5—11 是司城"双凤朝阳墓"八字形侧壁嵌板上的石刻纹样图案。该图案底部是典型的鳞片水波纹。据有关学者考证,鳞片水波纹在宋元时期出现,在明清时期使用频率很高,多在海水江涯纹中作为平水纹的表达模式。鳞片水波纹常常作为陶瓷边饰。土司城址发现的鳞片状水纹,大多呈半圆或圆弧状,层层叠叠向外扩散,构成鳞片状弧形波,给人以一种海阔天空、波澜不惊的视觉感受。在鳞片水波纹的基础上,该图形对相关元素进行了再组织,形成对波纹之上的凤鸟、神树的衬托与修饰。在城址建筑遗存中,这种鳞片水波纹样还有数处,如衙署区月台陛板上的石雕纹样(图 5—12)、无名墓墓门石刻纹样等等。

图 5—11　"双凤朝阳墓"嵌板鳞片水波纹

图 5—12　衙署区月台陛板鳞片水波纹

图 5—13　"荆南雄镇"牌坊石鸱吻水浪形纹

水浪形纹。图 5—13 是司城"荆南雄镇"牌坊侧楼楼脊石鸱吻的水形纹样。该鸱吻纹样是典型的水浪形纹样,整体造型似风浪掀起的波涛。该纹样以 3 条向上翘起、逐层变高的反"C"形波浪排列,翘起

[①] 吴山编著:《中国纹样全集·新石器时代和商·西周·春秋卷》,山东美术出版社 2009 年版,第 62 页。

部分的末端回卷，呈卷曲涡旋状，形似翻起的浪头。该石雕图形以跌宕起伏的波曲线为基本构图骨架，在 3 条波涛纹样中间以镂空方式形成留白效应，有效渲染了水形纹样的波涛气势，形成立体剪影之美，使其极具视觉冲击性与震撼力。城址牌坊上的此水形纹样图案，符合吴山先生对水波纹的评价："波纹曲线组织优美流动，委婉多姿，动感极强……似波涛上跃动的水珠，富有流畅的艺术美。"①

四　云纹

云纹是中国具有深刻文化内涵与丰富象征意义的纹样类别，在我国装饰艺术史上占有重要的地位。云纹以自然天象意义上的云朵为创作来源，经艺术的创造，形成不同大小、不同形态、不同颜色、不同组合的云朵，寓意超脱尘世的仙界缥缈、人世的喜庆与吉祥、社会的幽静与险恶等等。云纹以朵状涡旋、勾、曲卷为构图元素，是一种深受我国人民喜爱，体现中华民族文化理念与审美情趣的装饰纹样。它的意境表现出道家空灵的美好理想和佛家的禅意，具有独特的艺术魅力。从一般的意义上讲，云纹较多用来装饰仙界与胜景，显吉祥幽远之意。在土司城址的建筑遗存上，有许多幅形制与寓意不同的云纹装饰图案。

图 5—14　"荆南雄镇"牌坊夹杆石云纹

图 5—14 是城址"荆南雄镇"牌坊夹杆石上的云纹图形。该纹样以云纹典型的内心为起点，向外旋涡状发散的方案构图，以向上二方连续方式，将上下 3 块云团连接一气，展现出云气升腾的壮观景象。与夹杆石底部宽、上部窄的结构相适应，下部的云团纹路较粗，上部较窄；下部的云形向内涡旋，上部的向外涡旋，形成一种水形涡旋状。牌坊四柱

---

① 吴山编著：《中国纹样全集·新石器时代和商·西周·春秋卷》，山东美术出版社 2009 年版，第 62 页。

八方夹杆石的云纹装饰，使牌坊犹如置身仙境，更显神圣与悠远意境，对牌坊形成有效的美化与烘托。

图5—15是司城"荆南雄镇"牌坊中楼正面下额枋石刻"除妖镇反"之上的云纹图案。该纹样图形构图十分简单，以一块流行云片连接两块朵状涡旋云团，分置于"魁星点斗"（现实中的"除妖镇反"）的两侧，营造出天界神圣的氛围，形成对主图的有效装饰。这类朵状云纹在城址的艺术遗存中还有多处，包括石马脚踏的云纹、"荆南雄镇"牌坊上的"尊祖敬宗"图案上文官脚踩的云纹、"乘龙驭凤"图案上的云纹图形等。这些云纹图形与常见的云纹不同，既有传统云纹的涡旋，又有凸凹不平、波浪线刻纹饰，使云纹造型生动，图形更具立体感，形成对中心图案的强烈呼应与烘托。

图5—15　"除妖镇反"云纹

图5—16是城址"双凤朝阳墓"墓门横枋上的石刻图案"双凤朝阳"中的云纹图样。在城址装饰纹样中，该纹样特色鲜明。十余个大小不一的螺形云纹层叠相依，由近及远，呈扩散状。三片连续纹样如云似火，自然飘逸。云纹贴近凤尾，给人"凤"从云出、云随"凤"走的视觉感受。

图5—16　"双凤朝阳墓"云纹

图5—17是取自覃杰墓壁板上的纹样拓片。虽然覃杰墓不在城址之内，但该纹样是土司墓葬中艺术纹样的一件精品，体现出当年城址纹样艺术的走向与价值追求。该纹样的独特之处，是其呈"火焰"状构图，多朵祥云自下而上，呈升腾之状；云纹造型不拘一格，既有团状云块，也有小片云朵，不同形状的云朵交叉错落，扶摇奔天。在云纹图形底部，一只"神鹿"与一匹"骏马"，奔腾在山之巅、水之涯，整个纹样图形，营造出一种逝者升天、成

佛成仙、逍遥快活的诗性意境。

图 5—18 是 "土司王坟" 墓前祭台围栏地栿石上的云纹装饰纹样。该纹样以两团相依的涡旋云纹组成单位纹样，再以 W 形飘带相连，形成横向二方连续，这种云纹装饰有效烘托了祭台围栏的庄严肃穆气氛。

图 5—19 是 "土司王坟" 墓室前廊横额枋上的云纹装饰图案。该纹样云朵特征鲜明，是典型的涡旋状云纹。纹样以左右相连的两块涡状云纹为基

图 5—17　覃杰墓云纹

本构图元素，左旋纹与右旋纹构成单位纹样，再形成二方连续，重复规律排列，横向带状构图。该纹样立体感强，显得富丽堂皇，对 "土司王坟" 前廊形成良好的装饰效果。此类云纹装饰纹样，在城址遗存中还有多处，如 "双凤朝阳" 墓前立柱宝瓶须弥座纹样等等。

图 5—18　"王坟" 围栏地栿石云纹　　图 5—19　"王坟" 前廊横额枋云纹

图 5—20 是城址考古发掘出土的石质盛水容器。如上所述，传统云纹一般出现在奇人胜景之上，石质容器侧面以云纹雕饰极为少见。此幅云纹图样既有传统云纹的基本元素，又运用对称构图方法，增加了花束式装饰，将左右云纹连为一体。将云纹置于生活器具之上，承载了土司的诗性生活寓意，而花束的装饰则体现了土家族先人热爱生活、崇尚自然的审美情趣。

图 5—20　石质盛水容器云纹

五　几何纹

几何纹样是我国传统的装饰纹样之一。几何纹样运用点、线、面组成具有审美价值的图形，"是将各种直线、曲线以及圆形、三角形、方形、菱形等构成规则或不规则的几何图形作为装饰的纹样"。① 几何纹样具有高度抽象、概括的特点，体现了一种简约形式美的内涵。几何纹样以其简约和抽象的方式，形成具有结构规律、定型化的图案，以简洁、单纯、丰富的构图来美化装饰对象。

几何形纹样变化自由，绘制简便，视觉效果好，有较强的规律性可循，具有独特的艺术魅力。不论其创作的灵感来源于现实世界还是想象世界，连续与反复是构成几何纹样结构的重要法则之一。在中国传统雕刻、建筑、漆器、金属制品、陶艺、服饰、绘画等艺术作品上，连续与反复的几何纹样随处可见。几何纹样一般采用二方连续或四方连续的构图方式，作为边饰或主题纹样出现。它所具有的随意性、中性化、无限制性等特点，使它能够达到结构上的对称与平衡，这是其他纹样所难以达到的。几何纹样的艺术魅力，主要体现在其结构美、张力美以及空间美等方面。由于几何纹样构图简洁、形态多样、美观大方，使其广受欢迎，在中外装饰艺术史上长盛不衰。几何纹样尽管一般不反映具体的事物，但由于其和谐美符合人类的审美特点，体现一种优雅格调，因此往往能达到特殊的装饰效果。

在土司城址的各类遗存中，有许多几何艺术纹样，形态包括圆形、半圆形、椭圆形、腰圆形、弧形、方形、三角形、菱形等连续纹或单体

---

① 李奕：《原始几何纹样的朴素之美》，《中外企业家》2009 年第 16 期。

纹，可谓形态多样、多姿多彩，给城址遗存增添了艺术魅力。

图5—21是城址"土司王坟"前殿顶部上下檐口石雕瓦当头的圆形几何装饰纹样。该纹样以大圆套小圆、小圆套圆心点的简约几何构图，按二方连的方式，分层一字排列。纹样图形将瓦当的实体结构与古铜钱的形体意蕴有机地结合起来，形成串珠式装饰图案，给

图5—21　"王坟"檐口瓦当头圆形几何纹样

"土司王坟"增添了难得的艺术元素。这种圆形串珠式几何纹样，在王坟墓前照壁的顶部檐口也有运用。

图5—22、图5—23是"土司王坟"前两侧八字形照壁上的圆形几何纹样。该纹样以两个同心圆为基本构图符号，具有简洁性与高度的抽象性。对此装饰图案，满益德、凌云在《唐崖土司王城建筑石刻的造"形"与造"势"》一文中有如下的解读："两块同心圆圈的浮雕，左边的版面光滑，像天空的太阳。右边的版面巧妙地利用了下半部起伏的波浪石纹，衬托圆圈，给人以'月'的联想"；"不难发现这种神秘古拙的符号，是人们从天、地、日、月的意象中提炼出来的形象，那种黄、墨契合相依的两个圆面，象征流转不息的昼夜交替和天地万物、宇宙生命"；"这种具有原始的阴阳八卦功能的卵形符号，能够成为土家人的'集体表象'世代承传，应归结于形象本体的象征性的精神价值"。[①] 笔者以为，该纹样可能受到中国传统祭祀文化的影响。《礼记》曰："郊之祭，大报天而主日，配以月……祭日于东，祭月于西，以别外内，以端其位。日出于东，月升于西，阴阳长短，终始相巡，以至天下之和。"[②] 显然，王坟照壁的圆形几何纹样的意蕴与此相契合。

[①] 满益德、凌云：《唐崖土司王城建筑石刻的造"形"与造"势"》，《湖北民族学院学报》（哲学社会科学版）2009年第4期。

[②] （元）陈澔注，金晓东校点：《礼记》，上海古籍出版社2016年版，第538页。

图 5—22 "王坟"照壁圆形
几何纹样（一）

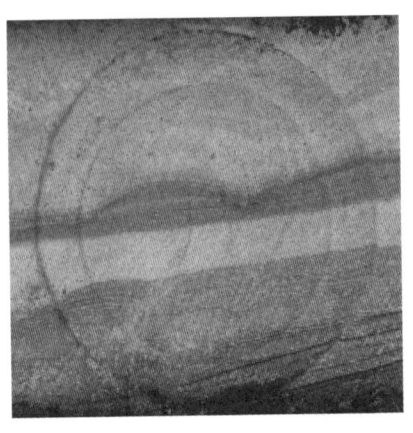

图 5—23 "王坟"照壁圆形
几何纹样（二）

图 5—24 是"土司王坟"墓室前廊横枋上的几何纹样装饰图形。该纹样图形以简单的长方形外框，腰圆形内胆，形成外方内腰圆的构图格局。纹样独立存在或以二方连续结构形式横条状分布。这种腰圆形几何纹样，在"土司王坟"墓室内、墓前围栏台基、其他建筑遗存上都有存在，是使用较多的一种几何装饰纹样图形。这种几何纹样没有明确的实物与意象依据，完全以抽象思维与视觉审美为旨趣，形成对装饰对象的有效修饰。

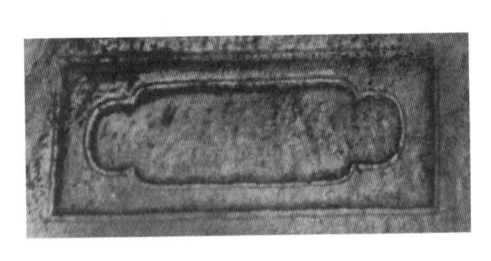

图 5—24 "王坟"前廊腰圆形几何纹样

图 5—25 是"双凤朝阳"墓前基石上的横卧式单体大括号几何纹样。图 5—26 是衙署月台南侧陡板石上的几何纹样图案。这两幅几何纹样都以圆弧形花括号构图，形成波浪起伏的花边图形。在图 5—26 中，两个横卧式花括号几何纹样之间，嵌入宝相花纹样；在花括号几何纹样之上，又以二方连续方式排列长方形套腰形几何纹样。该图形整体构图协调丰满，形成雕梁画栋与窗帘式装饰效应。从月台陡板石上的精美几何纹样图案，可见土司城的建造者对几何纹样情有独钟，以及谋篇布局的审美情趣与高超技能，展现出城址建筑的精致与华丽。

图5—25 "双凤朝阳墓"
大括号纹样

图5—26 筲署区月台陛板
几何纹样

图5—27是"土司王坟"主墓室内壁的几何装饰纹样图形。该图形除在基部运用长方形套腰形几何纹样之外，在顶部以菱形几何纹样装饰，中部则以长方形和正方形几何纹样进行装饰。上部的菱形纹样横宽竖窄，呈向两端拉伸的结构，给人以天空高远、宇宙无限的视觉感受；而中间的长方形与正方形几何纹样，则有窗棂与室内背景墙的意象。这几组几何纹样的构图，做到了"形"与"意"结合，以"意"取"象"，用简单的几何纹样营造出土王死后特殊的"生存"环境，表达出复杂的人文与哲学理念。

图5—28是"土司王坟"左侧墓室内壁的装饰图形。从中可以看出，其使用了诸多几何纹样图形，如神龛中牌位构图的立式、横卧式花括号纹样，两侧碑柱上的正方形、长方形，以及其中的满幅小型方格纹样等等。

图5—27 "王坟"墓室神龛
几何纹样（一）

图5—28 "王坟"墓室神龛
几何纹样（二）

第二节　城址装饰纹样构图的审美特征

在中外艺术史上，装饰纹样成千上万，数不胜数。具体到一件器物上，使用何种纹样，如何运用与变形纹样，既与匠人的技能与知识相关，也与区域或民族的文化与审美情趣相连。如上所述，纹样是附着于器物之上的图形。由于纹样一般具有抽象性，所以只有将其结构按一定的规律进行变形，形成装饰性图案，或者以特殊的装饰造型手法在具体器物上进行表达，才能产生具有审美价值的装饰图形。也就是说，只有将纹样具有的装饰性与实际的装饰技术结合起来，才能形成具有形式美感的装饰性纹样或图案。因此，纹样的装饰效果与纹样的构图技法密切相关。从这样的视角审视土司城址的装饰纹样图形，其构图技法有如下几个鲜明的特点。

一　对称

对称是客观物质世界存在的一种形式。审美心理学认为，对称与平衡产生秩序、稳定、安全的心理感受；相反，则产生混乱、不稳定、忧虑与不安的心理感受。对称是传统装饰纹样造型的基础，也是纹样构图的基本法则之一。对称与平衡既密切关联，又有不同的内涵。对称是同形同量的组合，体现秩序、排列的规律性。对称纹样以轴线为中心，两边图形在形状、大小、数量上等同，或以轴线为中心，按照二方连接的形式向两边延展。对称是标准的平衡样式。著名的思想家和美学家普列汉诺夫曾指出，对称的意义是"巨大的和不容置疑的"，欣赏对称的能力是自然赋予人类的，人类具有对称审美的本能[1]。

在土司城址，许多建筑与装饰纹样选择了对称构图法。从衙署区的中轴对称设计，到"荆南雄镇"牌坊的两边侧楼对称、"麒麟奔天"石雕纹样对称、象牙雀替对称等，可以说对称成为城址建筑的基本法则之一。就更具典型意义的传统纹样图形来说，"双凤朝阳墓"的装饰构图是对称

---

[1] [俄]普列汉诺夫：《普列汉诺夫美学论文集》第1卷，曹葆华译，人民出版社1983年版，第342页。

平衡的典型范式。图5—29是墓门上横枋上的"双凤朝阳"纹样图形。该纹样以"太阳"为中心,向左右两边展开,两边的"太阳光焰""凤鸟""云纹"分别形成对称。纹样将吉祥凤鸟与云纹结合,突出"太阳"的中心地位,造型生动,构图精美。细观之,该图左右云纹及"凤翅"也有细部差异,但由于构图注意了整体结构的对称平衡,使差异融于中轴对称的和谐之中。

图5—29 "双凤朝阳墓"之"双凤朝阳"纹样

图5—30是"双凤朝阳墓"下横枋上的"鱼吐芳华"纹样图形,该纹样构图也运用了对称的手法。图形以宗教寓意的"宝相花"为中心,两边的鱼纹与旋涡水形纹分别形成对称。图形中水从鱼嘴喷出,水波起伏,如花似锦。细观之,左右旋涡状水纹也有细微差异,但从纹样中心视角审视,这种差异并不构成对总体对称平衡的破坏,相反,构成整体纹样的差异之美。

图5—30 "双凤朝阳墓"之"鱼吐芳华"纹样

城址纹样的对称构图,在"土司王坟"墓前照壁的同心圆"太阳"与"月亮"的构图、祭台围栏基座上的云纹、石质盛水容器上的云纹等构图中都有体现。这种由动物纹、花草纹、自然云水纹、几何纹等构成的左右对称结构的表现手法,使得各种跃动的画面显现出秩序与稳定的表象。在几何纹样中,许多图形都可以归入对称的范畴。几何纹样所具有的随意性、中性化、无限制性等特点,使得它能够达到结构上的完全或基本对称,这是其他具象纹样所难达到的,它给人一种和谐有序的视觉感受与审美体验。

二 均衡

在实物建造与艺术创作中,与对称相关的重要纹样构图法则是均衡。均衡是通过对纹样的位置、大小、色彩、比例、动态等的经营调理,形成上下、左右形象各异，但量感相当与匀称的视觉效应。与之相反的装饰效果，是纹样元素布局失衡，主次颠倒，轻重失衡。均衡构图，以不同的纹样组合，或调整纹样形象的大小、主次、伸展运动的方向等，使重心周围的纹样稳中有变，达到动态的均衡。均衡可以打破对称造成的呆板，显示动与静的辩证关系。均衡是艺术装饰纹样中富于变化的范式，具有活泼性和不规则性的特点，相对来说运用的难度也较大。这种动态均衡的构图手法，在覃杰墓中的"神鹿"与"飞马"纹样（见图5—17）中表现得淋漓尽致。该纹样的视角中心在"飞马"与"神鹿"上。在纹样的构图布局中，创作者在动物纹样的上方，以多彩的火形云纹构建起神秘的神仙境域，在其下部则配置以山巅云海纹样，将"飞马""神鹿"置于其间。在整幅纹样中，天上的涡形云纹夸张飘逸，占了约一半的篇幅尺度，而"飞马""神鹿"在云雾之间奔腾，实现了动态的均衡。图形云蒸雾腾，充满变化，马飞鹿奔，动感十足，显得格外传神。在装饰图形中，"飞马"与"神鹿"的运动变化，使图形亦真亦幻，充满生机与活力。纹样图形较好地协调了"飞马""神鹿"与山巅、云朵的比例关系，使装饰纹样各元素达到动态的均衡，可以说虚构有节、夸张有度，达到了气氛渲染与精神寄寓的双重目的。

三 变化

变化是艺术的生命。城址纹样的构图与造型，既坚持了传统纹样的构图基本法则，又根据具体装饰对象的性质、所处环境随形而变，不拘一格。以城址的缠枝花纹为例，既坚持了缠枝花纹的"S"形骨架构图原则，又并非完全按照规律的二方连续排列，而是依装饰需要自由翻卷，灵活变化。城址遗存中大量的宝相花构图也是如此。一方面，坚持了宝相花以莲花为基本构图要素，但另一方面莲花的形态变动不居，丰富多彩。既有莲心饱满的写实性构图，也有极抽象的佛桃形莲花蕾造型；既有3层8片花瓣，也有2层4片花瓣。除莲花造型之外，还有类似牡丹、菊花的造型等等。在城址的装饰纹样中，除缠枝花、宝相花纹样之外，还有不少是动物纹样，如马、鹿、驴、鱼、鸟等。这些动物纹样的基本特点，是其所表现的运动形式生动多样，体现了瞬间状态下，动物的运动方向、重心和速度，造成纹样的不同动感。充满变化的构图方式，使纹样图形在形式上更加灵动多姿，更能烘托装饰氛围，表达情感抒发。

四 韵律

韵律是一个表征音乐、诗词、建筑等唯美特征的概念。如在建筑艺术中，不同建筑物的疏密分布、高低错落，群体建筑中个体建筑风格与整体风格的协调与建构，都有其独特的"节奏"与"韵律"。用到城址装饰纹样的评价上，韵律是指各种纹样所具有的节奏起伏的神韵、所体现的打动人心的造型特点。城址的传统纹样有不同的表现方式。在连续性装饰纹样中，以相同的样式组合排列，给人以均匀反复的美感。如植物纹中的花朵，花瓣以同一种形状依次展开，围绕花心做旋转运动。卷草纹以左右波动的形式反复运动，形成浪潮式装饰性纹样。几何纹样的这种连环反复、重复排列的特点更加明显。如上面介绍的衙署月台南侧陛板石上的几何纹样图案，在两个横卧式花括号几何纹样之间嵌入宝相花纹样，二方连续展开，重复排列；在花括号几何纹样之上，又以二方连续的方式，排列长方形套腰圆形几何纹样，造成一种帘式结构和雕栏式装饰效果。再如，"土司王坟"前殿顶部上下檐口石雕瓦当头的圆形几何装饰纹样（见图5—21），大圆套小圆的串珠式排列，都给人珠光闪烁的梦幻律动之感。正如著名的瑞士画家伊顿在他的《造型与形式构成——包豪斯的基础课程及其发展》一文中写道的："重复出现的特征，和谐的点、线、面、块、体、比例、纹理和色彩，节奏可以是类似音乐中有规律特征的节拍"，而节奏"具有使人心醉神迷的力量"。①

"气韵"是颇具中国民族特点的审美要义，是指"审美对象的内在生命力显现出来的具有韵律美的形态"②。在视觉设计与视觉艺术中，制造韵律节奏的形式多种多样。连续与重复，是纹样图案构成过程中形成韵律节奏的重要方法之一。"连续是变化之间的统一、联系；重复则是规律

---

① ［瑞士］约翰·伊顿：《造型与形式构成——包豪斯的基础课程及其发展》，曾雪梅、周至禹译，天津人民美术出版社1990年版，第90页。

② 韩林德：《境生象外——华夏审美与艺术特征考察》，生活·读书·新知三联书店1995年版，第43页。

地伸展连续,是将相同色彩、形体、大小的个体反复并置,产生有规律的节奏和秩序美感。重复的形式可以形成一种秩序和简单的节奏,这种有序的排列方式会使装饰对象与周围复杂多变的环境区分开来,从而引起人们的注意"[1]。连续与反复构成一种如音乐起伏的韵律,给人以视觉上的影响,使得被装饰的物象更容易被记忆、被识别,并且给画面营造出一种整体感。可以这样说,当年土司城的建造者也许不懂这些由现代人总结出的所谓艺术的原理,但却懂得这种审美的道理,具有这种审美的情趣,并在艺术实践中得到较好的贯彻。

五 虚实

在艺术设计领域,甚至可以说在整个艺术领域,虚与实是一对永恒的表达范畴。从最一般的意义上说,抽象表达是虚,具体表达是实。在城址艺术纹样的构图中,较好地做到了虚实结合。从构图元素运用来看,城址艺术纹样既有植物枝蔓、花卉、果实、云、水、动物等实物元素,又注重运用中国传统"以线造型"的手法,进行抽象性表达。城址众多的几何纹样,以线作为造型的基本要素,以抽象的形式表达装饰理念与审美情趣。宝相花纹样,将抽象的宗教元素与实体的自然元素结合,并对实体植物图形(主要是莲花)进行变异,表达唯美的视觉效果与宗教的人文寓意。"土司王坟"墓前照壁上的两个大圆套小圆的纹样图形,是抽象表达或"虚"化艺术语言的典型。从该纹样构图之中,人们可以做出多样化的解读,既可以说"同心圆"表征"太阳"与"月亮",又可以说象征"丈夫"与"妻子"、"男人"与"女人",还可以解读为"阴"和"阳",甚至可以产生与"生死"和"宇宙"相关的联想。

城址纹样的虚与实,还表现在构图的疏密上。"疏"具有"留白"的蕴含,是"虚"的表征;"密"是"实"的特性之一。城址纹样较好地处理了图形元素组合在空间位置上的聚散关系。如衙署月台南侧陛板石上的石刻几何纹样、"土司王坟"墓前围栏栏板上的宝相花图案,就做到了虚实结合、疏密有度,较好地实现了不同场域中纹样的装饰功能。纹

---

[1] 彭健:《荆楚植物图形纹样探析》,武汉理工大学,硕士学位论文,2010年。

样疏密的处理，密的地方有收缩，疏的地方有发散，使图形产生丰富的变化，增添了纹样装饰的魅力。

总之，土司城址的装饰纹样丰富多彩，既表现出重要的装饰功能，又有丰富的价值蕴含，在一定意义上承载着土司特有的心理希冀或信仰意识。从内容到形式，城址纹样多数含有社会与文化的内涵，直接或间接地表达了当时当地的自然环境、文化习俗、宗教信仰、审美趣味等，实现了纹样装饰图形的以形寓意，形意交融。正如建筑学家阿柏蒂在名著《建筑论》中所说："美即是各部分之谐合"，"美是一种协调，一种和声。各部会归于全体，依据数量关系与秩序，适如最圆满之自然律'和谐'所要求"。[①] 可以说，城址的装饰艺术纹样做到了这一点。

---

① 引自宗白华《美学散步》，上海人民出版社2005年版，第219页。

第六章

交流仿象：城址艺术源流探析

世界文明发展的历史证明，一种艺术文化的形成与发展，受到多种因素的制约与影响；文化的交流与涵化，是决定民族艺术走向的重要因素。唐崖土司城址的艺术物象与艺术元素丰富多彩，其艺术成就是在土家族与汉族的长期交往交流过程中取得的，是不同民族与区域之间，物质文化与精神文化交往交流交融的结果。城址艺术观念与艺术形制，与汉族艺术有着密切的关系，是对传统文化与汉族艺术的接受与仿象。

第一节 城址艺术对汉族传统艺术的仿象

唐崖土司城址艺术构成了世界文化遗产的重要组成部分，也为世界文化遗产增添了无限魅力。虽然，土司城址艺术具有若干地域与民族的特色，但从总体上看，城址艺术主要是一种"仿象"艺术。

一 文化认同与国家认同

艺术价值观念是指导艺术创作活动的总原则。"艺术是一种由人创作，表现人类精神追求的创造性活动。艺术除具有审美功能之外，还有更深层次的价值追求，艺术创作总会将人类的精神追求嵌入其中"[①]。通过对唐崖土司城址艺术物象的考察，不难看出，城址艺术具有明显的精神追求与价值指向，体现出对中国传统文化与王朝国家的认同。

[①] 雷宇：《交流与仿象：唐崖土司城址艺术探源》，《中南民族大学学报》（人文社会科学版）2017年第5期。

1. 对儒家观念的认同。儒家思想是汉唐至明清时期我国社会的主流文化与意识形态，对几千年中国社会的发展与精神塑造产生了巨大的影响，形成了一套系统的价值观念与行为规范。在唐崖土司城址的艺术遗存中，可以明显地看出其对儒家思想观念的接受与贯彻。

孝道是儒家核心价值观念之一。儒家认为，孝为立身、建功的基础，主张事亲、奉养父母、延续子嗣、恪守礼仪、尊上悯下。《孝经·开宗明义》篇中讲："夫孝，德之本也，教之所由生也。"①"孝"字的汉字构成，上为老、下为子，意思是子能承其亲，并能顺其意。"孝悌"指的是孝敬父母、尊重长辈、友爱兄弟及关爱幼者的伦理行为，体现出感恩、回报和"礼敬"。推及一切皆加"礼敬"，善待他人，就是行"仁"。此为古人修身、齐家、治国、平天下之基础。在土司城址艺术物象之中，孝的价值体现极为明显。城址的"土司王坟"建造豪华，装饰精美，设计讲究，充分体现了对先人的崇敬、追思之情。在覃鼎墓及田氏夫人墓，墓碑形制与汉族地区相同，并留下"孝男""孝子"的称谓。在"荆南雄镇"牌坊之上，有"尊祖敬宗"（语出《礼记》）的石刻，并置于牌坊的上端，充分体现了土司对祖宗的"礼敬"。这些显然是儒家孝文化的表现。

传统牌坊的主题，无论是功德还是节孝，都是儒家文化的典型题材。在城址艺术中，"荆南雄镇"牌坊上的"渔""樵""耕""读""断桥送子""槐荫送子""麒麟奔天""乘龙驭凤"等艺术雕刻，均取材于中原汉族地区的戏文故事与民间传说，体现了中原儒家传统文化的旨趣。

张王庙（又称桓侯庙）是土司城的重要建筑，虽然庙宇早已毁损，但遗迹尚存。该庙供奉的是三国时期的蜀国大将张飞，并以其姓氏命名庙宇。据有关传说，庙中同时还供奉有刘备、关羽的塑像。这种以蜀汉人物及其所表征的"仁、义、忠、勇"精神为祭拜对象，也从一个侧面反映出土司对汉地文化的接受，表现出以汉族传统文化为正统，崇尚儒家忠义神武等观念的思维逻辑。

2. 对王朝国家的认同。这一点在具有标志性意义的"荆南雄镇"牌坊上表现得最为明显。该牌坊由中央王朝所敕建，是唐崖土司与王朝关

---

① （清）皮锡瑞：《孝经郑注疏》，中华书局2016年版，第11—12页。

系的见证，它既体现了朝廷对唐崖土司的认可与赏识，也体现了土司对王朝的认同。"荆南雄镇"与"楚蜀屏翰"8个大字，明白无误地标明了土司为谁"雄镇"，为谁"屏翰"。这8个大字及整个"荆南雄镇"牌坊的艺术物象，用现代话语来解读，体现了艺术作品为谁服务的价值取向。而这种以牌坊艺术的形式来表征对王朝的认同，是中原汉族艺术的一大特点。在牌坊的题款中，有朝廷命官"钦差总督……朱燮元为"，亦证明了"荆南雄镇"牌坊对国家认同的象征意义。此外，牌坊上的"奉调出征""除妖镇反"等石雕装饰，彰显了土司服从朝廷征调，参与平定"奢安之乱"的史实与功绩，是对土司国家认同的艺术表达。从土司城的建筑形制上看，无论是"城中城"的构筑，还是衙署区的中轴对称设计，无不体现出唐崖土司对王朝"正统"的认同与倾慕。

二 建筑形制与艺术仿象

土司城的选址具有地域与民族的特色，但从土司城的整体布局来看，"'仿象'是全方位的，从理念到形制、从选址到布局、从结构到功能、从技艺到装饰，无不规模（似为"模仿"——引者注）中央王朝宫殿的范式和特色"①。

土司城主体功能区即衙署区的建筑设计与布局仿王朝皇城的建造格局，这一点不仅表现在其强化衙署区的中轴对称设计，而且形成了"城中城"、前殿后寝、等级森严的威权形制，体现了"皇权中心"和"筑城以卫君"的思想；至于其选址中遵循的堪舆思想，更是直接来源于皇家建筑理念与传统的汉式建筑规范。如前所述，土司城建造中体现的"势"与"形"的尺度原则，与汉式建造范式基本一致，是典型的汉族建筑艺术文化在土司城建设中的运用与仿象。

牌坊是典型的汉族文化物象，有着悠久的历史。作为土司城的标志性建筑，"荆南雄镇"牌坊的建造显然是相对晚近的事情。从形制到内涵，"荆南雄镇"牌坊无疑是对汉族地区牌坊的模仿与复制，只是其承载的主题与彰显的价值具有特殊的时空内容。在第三章中，笔者强调了该

---

① 王祖龙、肖竹：《仿象与象征：唐崖土司城遗迹的文化解读》，载湖北省文物局等编《唐崖土司学术研讨会论文集》，科学出版社2014年版，第124页。

牌坊建筑形制的独特之处，从审美的角度对其文化符号进行了解读，但实事求是地讲，该牌坊从外在的形制与装饰艺术的要素，到内在的精神追求，都可在汉族地区的牌坊中找到其原型。牌坊的装饰运用了大量的汉族文化题材与符号。正如王祖龙、肖竹在《仿象与象征：唐崖土司城遗迹的文化解读》一文中所揭示的，该牌坊"语汇和装饰无一不是汉文化图式的'仿象'。四柱三门、一斗三升、素面雕花、斗拱筒瓦、飞檐翘角是地道的汉式建筑语言……甚至连抱鼓石上的浅浮雕卷云纹，也与汉式并无二致"①。

墓葬是土司城址重要的建筑遗存，附着诸多艺术元素。城址墓葬的形制与装饰，有一定的区域与民族的特色，但总体来讲，也体现了对中原汉族地区墓葬形制的借鉴与仿象。如"土司王坟"的前殿后寝、重檐、筒瓦、龙脊、藻井、照壁、围栏、望柱、宝相花等建筑与装饰元素，显然是对汉族墓葬建筑理念与艺术元素的接受与应用。早在汉代，汉族地区就形成了为死者立墓碑的礼仪文化。在土司城址，覃鼎墓、田氏夫人墓等都立有墓碑。覃鼎夫人田氏的墓碑上，书"明显妣告封武略将军覃太夫人田氏之墓"，前记"孝男印官覃宗尧礼"，后题"皇明崇祯岁庚午季夏月吉旦立"。十二世土司覃鼎之墓，形制虽十分简单，但墓前亦立有墓碑，碑铭曰"庚午年季春吉旦立"、"武略将军覃公讳鼎之墓"、"孝子覃宗尧祀"。墓前立碑是汉族的传统墓葬礼仪，"显妣""公讳""孝子""孝男"等词汇，是典型的汉族墓碑称谓。覃鼎死于明天启七年（1627），而墓碑立于"明崇祯岁庚午"即崇祯三年（1630），其间相隔3年。从覃鼎墓立碑的时间看，也与汉地礼俗相符。

土司城址纪念碑式的牌坊、象征土司身份的衙署、家族墓葬、书院等建筑，吸收、仿用了主流文化与王朝宫廷样式，显示出土司由朝廷委任的特殊身份和地位。土司城的建筑风格，体现了该地区在传承民族文化多样性的基础上，对中央王朝建筑范式与汉族文化的选择性吸收，是民族交往交流过程中文化"涵化"的表现，反映了民族、区域间物质文化与精神文化的交融发展，也突出反映了土司城址系列遗产的历史文化价值。

---

① 王祖龙、肖竹：《仿象与象征：唐崖土司城遗迹的文化解读》，载湖北省文物局等编《唐崖土司学术研讨会论文集》，科学出版社2014年版，第126页。

三 营建法式与雕刻技法

建筑法式与艺术技法，是建筑与艺术创作的基本规范与手法，关乎建筑的形制品质和艺术品的质量高低，对艺术物象的审美具有重要影响。在土司城址的诸多建筑与艺术物象中，广泛运用了汉族地区官式建筑法式与雕刻技法。

什么是建筑法式？古罗马建筑师维特鲁威在其所著《建筑十书》中，将法式定义为"作品的细部要各自适合于尺度，作为一个整体则要设置适于均衡的比例"[①]。在中国古代汉语中，一切土木工程都叫"营造"。北宋建筑史家李诫，在宋崇宁二年（1103）著就《营造法式》。该书完备地记载了中国的古代建筑，是中国法典式的建筑手册，梁思成先生评价该书的记录"上可以溯秦汉，下可以视近代"[②]。它不仅规定了古代建筑设计的总原则，而且对建筑单体和构件的比例、尺寸提出具体要求，对建筑中的装饰与结构做出统一规范。该书对石作、砖作、小木作、彩画等都有详细的说明和图样，阐述了建筑艺术形象和雕刻装饰等加工工艺。如柱梁、斗栱等木构件，在规定它们的结构尺寸和构造方法的同时，也规定了它们的艺术加工方法，详细列举了圆、方、六棱、八棱等形体的径、周长和斜长的比例数字，以便施工时工匠们掌握。从《营造法式》的实践传承可以看出，至宋代，中国的汉族官式建筑已经有一套成熟的法式，并在官府与民间得到广泛运用。

在鄂西南民族地区，杆栏式吊脚楼建筑是土家族传统建筑特色，体现了土家族先民的建筑智慧。但十分明显的是，土司城的建筑，如衙署建筑群（门楼、大衙门、官言堂、内宅）、"荆南雄镇"牌坊等，并非干栏式吊脚楼建筑，而是仿皇家宫苑、官制范式。从土司城考古发掘出的衙署区巨大的建筑柱础，可以推测，衙署建造所用的是典型的"大木"；衙署遗址各主体建筑的尺度也证明，其建筑采用的绝非当地土家族的传统建筑法式，而是借用了汉族地区广为使用的汉式、官制建筑法式。这

[①] ［古罗马］维特鲁威：《建筑十书》，知识产权出版社2001年版，第13页。
[②] 柴静：《朱启钤、梁思成及中国古典建筑专著〈营造法式〉的故事》，《科技导报》2012年7月8日。

一点在现存的"荆南雄镇"牌坊的斗拱、飞檐、鸱吻、卯榫、雀替、抱鼓石、一中门两侧门对称建筑法式,可窥见一斑。至于衙署区各主要建筑的开间、高度、建筑之间的距离等比例尺度,笔者在第三章已做介绍,这里不再赘述。正如《唐崖土司城址》所述,土司城的规划与建设"是汉、土家等不同民族与文化、不同的生活方式与价值观交互影响与融合的过程,是多民族文化融合发展的结晶"①。

城址石雕艺术异彩纷呈,达到较高的艺术水准。无论是石人石马、王坟栏杆望柱头的雕刻造型,还是"荆南雄镇"牌坊上的装饰石刻,以及其他石雕人物构图与造像,毋庸置疑是对中原汉族地区传统石雕的仿象。如"荆南雄镇"牌坊上的"麒麟奔天""渔、樵、耕、读""断桥送子""槐荫送子""乘龙御凤"等雕刻,在江南的古戏台、古牌坊、名家庭园等多有遗存。不仅石雕题材与内容仿象汉族地区,而且石雕技法,包括圆雕、透雕、浅浮雕、高浮雕、线刻等法式,与汉族地区的石雕工艺亦如出一辙,是汉族地区石雕技艺在土司城建造中的运用。

四 纹样图形与装饰艺术

如前所述,在土司城址的艺术遗存中,有丰富的纹样图形。而这些纹样图形,无论是缠枝纹、宝相花纹、云纹、水纹,还是花样众多的几何纹样,大多数并非源自武陵山土家族地区,而是来源于中原汉族地区。这些纹样在汉族地区有悠久的历史,属于中国传统艺术的范畴。

以缠枝纹为例。春秋战国时期,缠枝纹样开始萌芽,出现在彩陶装饰中。缠枝纹样和蛇、龙、鸟、凤等图案穿插搭配,成为春秋战国时期装饰纹样的新风格。隋唐时期,缠枝纹与外来装饰文化融合,创造出中外闻名的"唐卷草"。宋、元两朝是缠枝纹样的兴盛期。宋代的缠枝纹,综合了唐代缠枝与卷草的特征,形成典雅、端庄、妍丽的理性纹样,风格多样,种类齐全,纹样构成臻于成熟。因此,可以说缠枝纹是我国古代汉族地区传统装饰最常见的纹样之一。

再如云纹。"云纹是中国装饰史上贯穿始终的装饰图像,是一个具有深

---

① 咸丰县政协文史资料委员会、唐崖土司城遗址管理处编:《唐崖土司城址》,湖北人民出版社2015年版,第163页。

刻文化内涵和丰富象征意义的图像，被广泛应用在我国古代建筑、雕刻、装饰、器具及各种工艺品上"①。早在春秋战国时期，楚国"O"形云纹、"C"形云纹、"S"形云纹、三角形云雷纹、勾连云雷纹等，已多见于器物装饰。② 秦汉时期，云纹得到统治阶级的青睐。汉武帝时，宫殿里的装饰普遍运用云纹图案。《马王堆汉墓帛画》上的云纹，头尾呈羽状，体现了对于成仙的美好愿望。"羽状云纹在汉代刺绣上最为多见，色彩艳丽，舒展自由……如意云纹，意为吉祥如意，广泛应用于建筑、服饰之中"③。

在土司城址的艺术遗存中，缠枝纹、云纹的种类较多、运用较广、成就较高，可以说是我国古代传统艺术纹样的成功实践，既证明了汉族艺术与少数民族文化艺术的交流互用，也证明了中原汉族艺术文化在土家族地区的传播与影响。

黑格尔曾说："艺术观念一般都起源于人们看待事物时所产生的新鲜感和惊异感。而艺术的发展进化过程就是不断摒弃感觉的无意识化，延续惊异感的过程。"④ 土司城址在艺术方面对汉族艺术的全面仿象，说明了土司与王朝的互动，以及少数民族地区与汉族地区在人员、生产技术、文化艺术等方面交往交流的影响。这种影响所获得的奇异感，促进了土司艺术与审美观念的改变，形成了对新、奇、美的追求，从而推动了汉族艺术观念与技法在土司城建设中的实践运用，成就了土司城址丰富多彩的文化艺术物象。

第二节 儒家文化与汉地艺术影响城址艺术的途径

从上面的分析可见，土司城址艺术从价值观念、内容形制、表现手法等方面均表现出对中原汉族艺术的借鉴与仿象。那么，人们不禁要问，在距今400多年前，地处武陵山腹地深山之中的唐崖土司城，何以能形成

---

① 刘鹏宇：《中国传统纹样之云纹浅析》，《科技风》2008年第10期。
② 张庆：《楚国纹样研究》，博士学位论文，苏州大学，2015年。
③ 李钢：《浅析中国传统吉祥纹样"云纹"之历史脉络》，《科学之友》2010年第13期。
④ ［德］黑格尔：《美学》第2卷，朱光潜译，商务印书馆1979年版，第22页。

这种对中原艺术的移植与借用？换一种提问的角度，也即当时中原汉族艺术何以能对唐崖土司城的建设及艺术产生如此巨大的影响？

从所处的地理区位来看，唐崖土司所属的古施州地区，地处鄂西南，位于西部高原区与东部丘陵平原区的过渡区域，属武陵山与两湖平原的缓冲地带。虽然山高壑深，但唐崖到两湖平原的荆州、宜昌、常德的距离均不过300余公里，距长沙、汉口也不过500余公里。在历史上，虽然由于交通不便，土司地区与中原地区的交往交流受到一定限制，但人员、物资、文化的交流从未间断。到元明之际，由于政治、经济、社会等多方面的原因，这种交流已相当广泛，并对鄂西少数民族地区的经济、社会、文化发展形成重要影响。

一 汉文化随人口迁移在土家族地区传播

据专家考证，元明之际，汉族人口大量流入土家族地区，流入的缘由与路径主要有以下几种。

一是佃种田土。鄂西土司地处湘、鄂、川、黔四省交界地带，历史上"荒业居多，而人民稀少"[1]。到元明时期，随着对外交流的增加，各土司看到了土地垦殖有利可图，故采取了种种优惠措施，吸引汉民到辖区从事农耕。而明中叶以后，汉族地区土地兼并日甚，不少农民失去土地成为流民。一些人口稠密地区的农民纷纷向人口稀少的土家族山区迁移。史料记载，各土司"凡有客民来者，以地安插之"[2]，到明末清初时辖区内已遍布汉民。"来自他邑者，披斩荆棘，兴作田园，驱蛇虫于沮，逐虎豹于山，而流寓者争赴焉"[3]。同治《建始县志》记载，该县康熙初年，"荆州、湖南、江西等处之民多迁居此地，维时……土旷人稀，随力垦辟"[4]。在王朝更迭、战乱频繁的年代，鄂西土司为了获取人口，甚至不惜冒险进入汉族地区掳掠汉民入峒，其中尤以容美、桑植、酉阳、唐崖、散毛等土司为甚。据《黔江县志》记载，康熙四十二年（1703），

---

[1] 张兴文等注释：《卯峒土司志校注》，民族出版社2001年版，第108页。
[2] 同上。
[3] （清）李焕春等：《长乐县志》卷十四（渔阳关沿革考），（清）光绪元年刻本。
[4] （清）袁景晖：《建始县志》卷三（户口志），（清）道光二十二年刻本。来源参见北京籍古轩图书数字技术有限公司发行《中国数字方志库》。

"唐崖土兵寇掠县境，至石塔铺，虏男女六十余人"①。为了吸引汉民到土司管辖地区佃种田土，各土司还采取了各种优待措施，取得了不错的效果。如容美土司，不仅先行支付汉民开垦田土所需费用，而且允许汉民对承佃的田土再次转租以赚取差价。

二是卫所屯军。为有效约束与控制众土司，明朝统治者在土司地区设置卫所，常年派兵屯守，这是汉民进入土家族地区的又一重要渠道。据田敏先生考证，明朝在土家族腹地先后设置了九溪、施州、永定等五卫，大田、黔江、思州、思南等九千户所。按明代兵制，每卫兵额5600人，每所1200人，故正常情况下，以上卫所屯军人数就有40000人左右。在某些特殊时期，人数还有可能增加，如据《万历湖广总志》载，大田军民千户所（唐崖土司处于其节制范围）官兵最多曾达到3127人。在屯守过程中，官兵需要轮换，且往往携带家眷，所以实际进入土家族地区的汉族人数远大于兵制所规定的数额。此项制度安排，导致不断有新的外来人口进入土司地区。其中一些卫所官兵及家眷，最终因为各种原因留在土司地区生活。这些定居者经数代经营，不乏成为土司地方的豪族大姓者②。

三是躲避战乱。元末，政治败坏、税赋沉重，加上天灾不断，阶级矛盾与社会矛盾激化，农民起义北南呼应，反元势力相互厮杀。连年战乱与灾荒，迫使人们纷纷寻觅避乱之所。正是在这样的社会背景之下，大批汉族人口迁入地广人稀、山深林茂的土家族地区。明末清初，社会乱象丛生。"李自成农民起义、清兵入关、吴三桂叛乱，使中国社会陷于长达数十年的战乱之中。为免受战火之灾，汉族地区广大农民及部分豪族携家进入土家族地区"③。据鹤峰县《田氏族谱》记载："当清代鼎革之初，流寇李自成、张献忠倡乱，而吴三桂复继之，海内分崩，惟容美一隅可称净土。于是，名流缙绅者，多避乱于此"，导致土家族地区"人文辏集，避地者咸以为归"④。

---

① （清）张九章等：《黔江县志》卷三（武备），（清）光绪二十年刻本。
② 参见莫代山《"蛮不出境、汉不入峒"考释——兼论明清土家族土司地区的人口流动》，《湖北民族学院学报》（哲学社会科学版）2016年第5期。
③ 段超：《元至清初汉族与土家族文化互动探析》，《民族研究》2004年第6期。
④ 段超：《土家族文化史》，民族出版社2000年版，第171页。

大量汉族人口的迁入，给土家族地区经济社会发展带来重大影响。一方面，汉民带来了先进的生产工具、耕作方式与种植技术，促进了土司辖区的农耕经济发展；另一方面，汉民带来了中原地区的儒家文化与生活方式，促进了汉文化的传播，对土司地方文化形成巨大的冲击与影响，增加了土司、土民对中国传统文化的认知与认同，加速了土家族地区的"儒化"过程。

二 朝贡与回赐：土司接受汉文化的制度性管道

进贡纳赋是规范王朝与土司关系的制度安排。对王朝统治者来说，它体现朝廷对土司地区的有效控制，意味着土司对朝廷的臣服；对各土司来说，通过朝贡与朝廷建立政治联系，获得合法性支持与治理威权。定期朝贡，是土司走出深山，接触了解王朝版图与礼治文化，开阔视野的重要途径。正因如此，朝廷与各土司对朝贡都极为重视。在明代，礼部曾规定土司进贡不超过百人，赴京者不超过20人。可是，因朝廷往往利用回赐的机会，赐给入贡者各种奢侈品及汉族地区出产的生产用具和生活必需品以示笼络，各土司见有利可图，故争先恐后增加入贡的人数和贡品，以换取更多的回赐。据史载，嘉靖七年（1528）仅容美宣抚司、龙潭安抚司朝贡的人数便增加到千人，使明廷感到难以应付，"引以为患"。结果是，明廷礼部不得不重申贡赐条例，限制进京人数。这种进贡与回赐，满足了中央王朝与各族土司的政治、经济需求，在客观上成为汉族地区先进生产技术和产品进入溪峒的一条重要渠道。正如田敏先生所指出的，"朝贡活动使各土司走出山外，接触到当时的先进发达地区，客观上有利于土司地区与汉族地区经济、文化联系的加强，对土司政权的进一步汉化和发展，也有相当的催化作用"[①]。

据田敏先生考证，自永乐元年（1403）至嘉靖四十五年（1566）的163年时间里，鄂西各土司赴京朝贡约358次，年均2.2次。其中，在宣德年间10年朝贡达82次，年均8.2次[②]。据《明实录》记载，唐崖土司在洪武七年（1374）、宣德三年（1428）、正统三年（1438）、景泰四年

[①] 田敏：《土家族土司兴亡史》，民族出版社2000年版，第117页。

[②] 同上书，第115页。

（1453）、天顺二年（1458）、成化三年（1467）、弘治二年（1489）等年份，至少10次向朝廷进贡。主要贡品有马匹和地方特产佳品等方物，同时获得明王朝给予的赏赐，包括金、银、宝钞、彩币、彩缎、衣物，以及饰品、鞍勒、兵器等①。通过朝贡，唐崖土司获得与明王朝中央政权接触的机会，亲见了国朝国土之广阔、中原之富庶、礼教之敦厚、皇城之繁盛、建筑之华美、皇上之威仪。这种近距离的视觉与情感的接触，不仅开阔了唐崖土司的视野，增强了其对王朝的心理认同，而且皇城的平面布局、建筑形制、雕刻装饰等艺术视觉印象，对唐崖土司城的建造无疑产生了直接的影响。

三　儒学教育的兴起与文化认同的推进

根据"齐政修教"的治理策略，封建王朝十分重视在土司地区推行儒学。统治者希望通过儒学教育，使土官土民及其子弟接受汉化，增强对"正统文化"的认同，加强朝廷对土司地方的统治。明洪武二十八年（1395），朱元璋下令"诸土司皆立县学"，并于施州卫兴起卫学。弘治十六年（1503），明孝宗朱祐樘下令："以后土官应袭子弟，悉令入学，渐染风化，以格顽冥。如不入学者，不准承袭。"②唐宋时期的"巴酉长子弟，量才授仕"，是中央王朝对蛮夷地区实行文化控制的软约束；而明王朝严令土司子弟接受汉化教育，是从文化上控制蛮夷地区的硬措施。为适应中央王朝的政令，维护自身世袭司权，施南诸土司积极兴办儒学教育。同治《来凤县志》称，"宣慰、宣抚等司，皆设儒学"。其中，卯洞土司兴学热情最高，举措最力，影响最大。永乐七年（1409），司主向喇喏因"勤政兴学，抚绥有道"，被明成祖"加授抚夷将军，御赐书一函"。③各土司为加强与朝廷的联系，强化对土民的控制，也都积极创造条件为土司子弟提供儒学教育。一些溪峒土司为了"世传印绶"，纷纷派子弟到宜昌、澄州、辰州或本卫就学。土司教育所需师资，除朝廷所设

---

①　咸丰县政协文史资料委员会、唐崖土司城遗址管理处编：《唐崖土司城址》，湖北人民出版社2015年版，第49—50页。
②　（清）张廷玉等：《明史》卷三百十，中华书局1974年版，第7997页。
③　转引自陈湘锋《文化兼容的优先领域——土家族古代学校教育史论》，《湖北民族学院学报》（哲学社会科学版）2002年第3期。

儒正、训导等外，均为土司从汉地延请而来。汉族儒士入土司地界讲学，扩大了土司土民接受汉化教育的机会，促使土司上层及其子弟、亲属逐渐汉化，儒家文化逐渐深入溪峒。由于教育的发展，土家族地区涌现出一批士人，如容美土司田氏数代都能阅读汉文经典，并能用汉文写作。汉族地区封建文化深入山区，通过土家上层的汉化，影响到当地的土民。在唐崖土司城，亦建有书院，书院位于衙署的右前侧，是唐崖土司覃氏子弟学习汉文化的主要场所，也是传播汉文化的重要场所①。由此可知儒学对唐崖土司的影响。

四 经济贸易发展促进文化涵化

明清之际，随着人流增加、经济发展，鄂西土司辖区的对外经贸活动明显增加。大量汉民的迁入，不仅促进了生产的发展，而且促进了对外经贸活动。据史料记载，明末清初，江、浙、闽、秦、鲁等地商人纷纷进入土司地区，繁荣了区域市场。茶叶、苎麻、马匹、桐油、丹砂、皮毛、黄连等特色产品销往外地。永顺的龙家寨、王村；龙山的里耶、洗车河；酉阳的龙潭、龚滩等地，成为货物集散与交换中心。在容美土司境内，"江、浙、秦、鲁人俱有，或以贸易至，或以技艺来"，"百货俱集，绅肆典铺，无不有之。"② 施州产茶叶在汉族地区市场上已获盛誉，进入辖区的"茶客往来无虚日"，百余种药材亦销往附近汉区。鄂西农业、手工业生产的扩大，各族人民交换的产品增多，民族地区集市与全国其他地方市场联系更紧，贸易日趋兴旺。到改土归流时，施南"商贾多江西、湖南之人，其土产之苎麻药材以及诸山货，概负闽粤各路，市花布绸缎"；"贾人列肆所卖汉口、常德、津沙二市之物不一，广货、川货四时皆有，京货、陕货亦以时至。"③ 土家族地区盛产金丝楠木，而明朝廷对此需求很大，因此常年组织来自沅、辰一带的木工进入土司地区开采。汉民进入土司地区采伐皇木，虽然一定程度上导致了楠木资源的

---

① 咸丰县政协文史资料委员会、唐崖土司城遗址管理处编：《唐崖土司城址》，湖北人民出版社2015年版，第68页。
② 《容美纪游》整理小组：《容美纪游注释》，天津古籍出版社1991年版，第47、39页。
③ 参见刘孝瑜《古代鄂西土家族与汉族的关系述略》，《中南民族学院学报》（哲学社会科学版）1982年第1期。

枯竭，但另一方面也带动了人流、物流、资金流，促进了财富的聚集和地方的繁盛。

这一时期，鄂西交通情况也有所改善。为适应贸易发展与治理需要，明王朝曾在鄂西地区设立铺递与水驿。据同治《建始县志》卷二载，明代在当地设"上坝、莱头二铺"。同治《巴东县志》卷三载，"明初设巴山水驿，在县右一里，原额站船十只，每只水夫十名"。① 交通的改善，无疑有利于沟通鄂西民族地区与汉族地区的联系，促进经济贸易的发展与文化的交流。

在近年的唐崖土司城址的考古发掘中，出土了大批瓷器碎片和一些金银饰品。据专家考证，其中大多数瓷器和饰品都是从汉族地区输入，许多瓷器产自景德镇。这从一个侧面说明，当年土司地方与内地物质交流的状况，也证明了经贸交流对唐崖土司的物质生活与精神生活的影响。

正是在这种背景下，土家族地区大小土司大兴土木，进行署治建设。现存的土司衙署建筑遗迹大多是这一时期流传下来。土司衙署多模仿朝廷所用的宫殿式建筑，以彰显自己的权威。如容美土司的"宣慰司署，司堂石坡五级，柱蟠金鳌，橼栋宏丽，君所以出治者，堂后则楼上，多曲房深院"。② 末代土司田旻如的《保善楼》记载："其规模宏大，转弯抹角，百孔千窗，真令人不得其门而入者。"在湘西永顺老土司城建筑遗址中，现存的祖师殿为明代重建，宫殿式建筑，斗拱为一斗二升和一斗三升，梁、枋等均有木刻。后面的玉皇阁，以穿斗式建造，斗拱略做卷杀，撑木雕成卷云状，整个建筑不用一颗铁钉。③ 土司治所，"居民栉比，尽石林山脚，皆阛阓也"④，反映出土、汉经济交流日益兴旺的景象。唐崖土司城三街十八巷三十六院的形成，其规模与形制显然与此社会背景有关。

---

① 吴永章：《湖北民族史》，华中理工大学出版社1990年版，第168页。
② 《容美纪游》整理小组：《容美纪游注释》，天津古籍出版社1991年版，第37页。
③ 参见覃莉《土家族区域木雕艺术发展史》，《三峡大学学报》（人文社会科学版）2011年第1期。
④ 《容美纪游》整理小组：《容美纪游注释》，天津古籍出版社1991年版，第30页。

五　汉族匠师流入与艺术事象扩展

元、明、清三朝大规模移民和经济贸易的活跃，使汉族地区的各类匠师和手工业者进入土家族地区，推动了土司地区的手工业和民间艺术的发展。据史志记载，来凤等地原来"其工匠皆自外来，近来亦有习工匠作者"①。一批汉族手工业者入山，带徒授艺，帮助土家族手工业者的成长。《施南府志·风俗志》记载，"百工，多系本地居民，亦有外来者。……有精于艺者，或居肆置物以货"。《龙山县志·风俗志》亦有"工多自外来，近邑人亦知操司"的记载。集镇的繁荣、财富的积累、技术的成熟，带来了建筑格局的变化。大批工匠的进入、手工业技术与艺术的发展，为土司治所的营建提供了技艺的支持。唐崖土司城附近的尖山石雕，可能也主要形成于这一时期。据介绍，尖山石雕主要分布在唐崖土司城址周边的尖山乡境内，其用材、雕刻内容、工艺手法与唐崖土司城一脉相承②。

离唐崖土司不算太远的散毛土司是当年施南较大的土司之一，其境内的仙佛寺是我国开凿年代较久远的石窟寺之一，也是本区域现存最早的宗教建筑。其开凿年代有不同的说法。据同治《来凤县志》记载，仙佛寺凿于东晋咸康元年（335），距今已有1600多年的历史。据阮璞先生考证，该寺建于五代咸康元年（925）。而满益德先生考证认为，仙佛寺的最早开凿年代应在初唐和盛唐之间。不论是前者还是后者，可以肯定的是，仙佛寺开凿在唐崖土司城建造之前。仙佛寺石窟不仅是长江中游、两湖地区唯一的唐代摩崖造像，也是这一地区现存规模最大的摩崖造像。在全长约200米的峭崖中间，凹进的石壁上有北龛、中龛、南龛数个较大佛龛，大小31尊造像。仙佛寺石窟摩崖造像，达到了较高的艺术水平，是土家族地区与汉族地区文化交流的重要物证，它说明早在唐崖土司城建设之前，汉族地区的佛教造像艺术已经深入土司地区。据此我们可以

---

① 刘孝瑜：《古代鄂西土家族与汉族的关系述略》，《中南民族学院学报》（哲学社会科学版）1982年第1期。

② 咸丰县政协文史资料委员会、唐崖土司城遗址管理处编：《唐崖土司城址》，湖北人民出版社2015年版，第150—151页。

推断，在唐崖土司城建造过程中，肯定有大批来自汉族地区的能工巧匠和艺术匠师参加。

土家族区域历来"巫风颇盛"。明清时期，宗教艺术在土司辖区得到较快发展。由于汉民的传播，佛教在土家族地区发展迅速。据统计，容美土司所建之佛教寺庙有23座，利川境内有土司时期所建"杂祀诸佛者"46座，酉阳土司境内有24座，秀山境内有23座，永顺土司辖内有64座；川主信仰、禹王信仰、一些带有地域移民性质的信仰在土司区域迅速传播。此外，其他民间艺术也得到很大发展，南剧、花灯、三棒鼓、打溜子、薅草锣鼓、目连戏、傩戏等一大批戏剧曲艺表演方式，也是在土司时期由汉文化与土家族文化融合中产生。① 土司辖区的绘画雕刻（木雕、石雕）也颇有特色，达到较高的艺术水准。民间艺术的发展，对唐崖土司城址的建筑及艺术物象的形成，产生了极为重要的影响。

六　奉调出征与田氏夫人入川

与定期朝贡一样，奉朝廷征调出征，既是土司的义务，也是土司走出深山、了解与接受汉文化的重要途径。据史料记载，唐崖土司曾数次奉朝廷征调，走出深山。如明洪武四年（1371）覃值什用奉旨随左将军廖永忠平蜀；正德三年（1508）覃文铭奉调征四川江津曹甫；万历二十八年（1600）奉调参与平定播州土司叛乱；天启元年（1621）覃鼎奉调率兵征讨樊龙、樊虎；天启三年（1623）奉调征讨奢崇明，参与平定"奢安之乱"；天启七年（1627）奉调征剿流寇，防守荆州，等等。尤其是十二世土司覃鼎奉调参与平定"奢安之乱"，深入西蜀，立下赫赫战功，受到朝廷嘉奖。这些奉调出征，对于唐崖土司来说，一方面增强了对王朝的认同，密切了同朝廷的关系，获得物质与精神的奖赏和合法性支撑；另一方面，通过征战，与王朝军队协同运作，增进了对汉族地区的制度文化与物质文化的了解，受到汉文化的熏染。奉调出征，对于土司观念与土民习俗的改变，都产生了积极的影响。唐崖土司城的大规模

---

① 参见莫代山《"蛮不出境、汉不入峒"考释——兼论明清土家族土司地区的人口流动》，《湖北民族学院学报》（哲学社会科学版）2016年第5期。

营建,正是发生在奉调出征归来之时,在土司城建设中,融入汉族地区的艺术元素,亦在情理之中。

值得注意的是,唐崖《覃氏族谱》记载,唐崖土司城的大规模扩建,包括"荆南雄镇"牌坊等主体建筑的建造,是由覃鼎夫人田氏与峒主覃杰共同主持。覃鼎夫人田氏自峨眉山回司后,"引嘱峒主覃杰,会同创造大寺堂、张王庙……创造寺观、牌楼、街道"。① 田氏是一位思想开明、善于学习、精明能干、管理能力很强的女性。在主持土司城扩建之前,田氏曾率众远赴四川峨眉山朝圣,历时数月。她不仅专门派人在成都等地学习汉人养猪、养蚕、种桑、刺绣等技术,回来传授给当地的土民百姓,而且注意考察沿途汉族地区的风土人情、生计物象。峨眉山的佛教建筑、宗教艺术等,对田氏夫人产生了重要影响。据专家分析,唐崖土司城"荆南雄镇"牌坊上的象牙雀替,就与田氏考察峨眉山佛教建筑有关。显然,这次外出考察所获得的新知识,对土司城的扩建及其艺术形制有影响。②

综上所述,元明时期的人口迁移、与汉族地区交往交流的增加、儒家文化在土司地区的传播等,促进了当地经济发展、观念改变、风气变化。据同治《恩施县志》卷七载,到明朝后期,恩施地方"官师之所群集,环城内外仍是汉官威仪","士绅文学子弟彬彬";清初,为拓荒垦殖,"四外流人闻风渐集,荆楚吴越之商相次招类偕来,始而贸迁,继而置产,迄今皆成巨室,而土著之家,亦复巍为望族焉,其视宋时文学人情殆不相远"。③ 概而言之,明清之际,因人口迁移、与汉族地区交往增加,土、苗、汉杂居较前代更加插花交错,土家族吸收了大量汉族文化,社会面貌与风气发生了巨大变化。在城镇和交通方便的地方,变化速度更快,变化程度较深。虽然,大田千户所附近的唐崖土司之地,总体上"其风朴野、俗尚耕稼、土旷民稀、獠蛮杂处"④,但作为走南闯北的土

---

① 转引自咸丰县政协文史资料委员会、唐崖土司城遗址管理处编《唐崖土司城址》,湖北人民出版社2015年版,第55页。
② 参见湖北省咸丰县文学艺术界联合会主办《唐崖申遗纪念特刊》,2015年秋季号增刊,第32页。
③ (清)多寿等:《恩施县志》卷七(风俗),民国二十六年铅印本。
④ 张仲炘、杨承禧等:《湖北通志》卷二十一(风俗),民国十年刻本。

司，其见识非一般土人可比，肯定已受到区域社会风气变化的熏染与影响。正是在此社会变革的背景之下，才有了唐崖土司城建造中所体现的汉化特征与艺术仿象。唐崖土司城址的建造艺术及其物象，是历史上民族之间交往交流交融的见证，也是民族交往交流交融的重要成果。

第 七 章

影响因子:城址艺术生境研究

唐崖土司城址艺术多彩的形制与丰富的精神蕴含,与其所处的地理环境、生计方式、经济状况、政治与精神文化背景有着密切的关系。探讨土司城址艺术的生境,挖掘艺术表象背后的自然、社会与文化的基因,有助于深入理解、准确解读城址艺术的价值与象征意义。

第一节　艺术生境的内涵及其对艺术的影响

一　生境释义

生境(habitat)是现代生物学、生态学的一个重要概念,一般指生物个体、种群或群落生活地域的生态地理环境,即生存环境,既包括生物必需的生存条件,也包括其他对生物起作用的生态因素,生境又称为栖息地。

生态学者认为,生境是一个复杂的综合体,是生物生活的空间和其中全部生态因子的总和。生态因子包括光照、温度、水分、空气、无机盐类等非生物因子和食物、天敌等生物因子。生物与生境的关系是长期进化的结果。生物有适应生境的一面,又有改造生境的一面。生境强调决定生物分布的生态因子。生境概念为生态学研究提供了一个重要的系统性分析框架。

生境一词虽然发源于生态学,但从其意蕴与指向看,在人类社会研究中也完全可以找到与其相应的"场域"和观念。尽管生态学家一再强调生境与环境的区别,但实际上它与人文社会科学所研究的人类生存环境密切相关,二者的指向与内涵具有相当大的重合性。现代社会科学,特别是人类学、民族学将生境引入对人类生存环境与人类生活方式、精神文化、族群关系等的分析框架,取得了重要进展。据罗康隆教授的研究,挪威人类学家"巴斯于1956年研究巴基斯坦北部毗邻族群集团时,首次借用了生态学的'生境'这一概念",用以指涉帕坦人、科稀斯坦人、古扎人特有的生息地,阐明不同生境对民族的政治结构、社区模式、社会阶层、文化归属等的影响。罗康隆先生进而指出,"一个民族的自然生境与社会生境都是特定的,这两者的有机整合与制衡,就成为了该民族的'民族生境'"。①

人文社会科学所用的"生境",实际是指影响人类社会,特别是一定族群生存发展的环境,强调人类行为、族群形态与生存"场域"的关系,包括自然生态、社会生态(政治、经济、哲学、文学、宗教等物质文化与精神文化影响因子)及相关外在因素对人类社会或族群行为的型塑。其隐含的判断是,人类社会(族群)及其行为并不是孤立存在和完全自足的,而是受所处的自然生境与社会生境的巨大影响。

在我国古代,先哲们已经认识到了人类生存环境对人类物质文明与精神文化的巨大影响。在古代文献《礼记》中,就有"凡居民材,必因天地寒暖燥湿。广谷大川异制,民生其间者异俗,刚柔、轻重、迟速异齐,五味异和,器械异制,衣服异宜"。东夷、南蛮、西戎、北狄、华夏等"五方之民",因生境不同,决定了其体质形貌各异、生计习俗有别,"言语不通,嗜欲不同"。正是基于对不同民族生境及其影响的认识,《礼记》提出了"修其教,不易其俗;齐其政,不易其宜"②的治理策略,展现了我国对少数民族地区治理的历史智慧。

在西方,亦有众多研究生存环境与人类体质、生计方式、社会构成、精神文化、宗教信仰、政治制度的名家与著述。法国伟大的启蒙思想家孟德斯鸠就是其中杰出代表之一,在其著名的《论法的精神》一书中,他就明确提出,一个国家的政治法律制度,"和国家的自然状态有关系,和寒、热、温的气候有关系;和土地的质量、形势与面积有关系;和农、

---

① 罗康隆:《对"生境"概念的理解与澄清》,http://blog.sina.com.cn/s/blog_919d1b890100uyv1.html。
② (元)陈澔注,金晓东校点:《礼记》,上海古籍出版社2016年版,第153页。

猎、牧各种人民的生活方式有关系"。他提出,要从所有这些观点去考察法律,并据此认为,"一个国家的法律竟能适合于另外一个国家的话,那只能是非常凑巧的事"。①

马克思主义唯物辩证法认为,环境是人类生存的条件,也是人类发展的根基。自然环境是人类社会赖以存在的基础和前提,是社会物质生活和社会发展的必要条件。马克思曾指出:"人直接地是自然存在物。人作为自然存在物,而且作为有生命的自然存在物,一方面具有自然力、生命力,是能动的自然存在物;另一方面,人作为自然的、肉体的、感性的对象的存在物,同动植物一样,是受动的和受制约的和受限制的存在物,也就是说,他的欲望的对象是作为不依赖于他的对象而存在于他之外的。"② 人类的生存环境构成一定社会的物质基础的重要组成部分,对人类社会的生存发展有着极大影响。恩格斯晚年一再重申,"物质存在方式虽然是始因,但是这并不排斥思想领域也反过来对物质存在方式起作用"。③ 他说,"我们视之为社会历史的决定性基础的经济关系……包括这些关系赖以发展的地理基础和事实上由过去沿袭下来的先前各经济发展阶段的残余,当然还包括围绕着这一社会形式的外部环境"。"我们把经济条件看做归根到底制约着历史发展的东西","政治、法、哲学、宗教、文学、艺术等等的发展是以经济发展为基础的。但是,它们又都互相作用并对经济基础发生作用。"④

总之,生境既是一个现代生物学、生态学的重要概念,也是现代社会科学研究的一个重要范畴。以生境的视角分析研究生物科学,有利于揭示生命个体和生物群体的生存与发展的规律,创造保护生物资源的条件,更好地利用生物资源为人类发展服务。以生境的视角研究人类社会与族群的生存发展,有利于揭示影响人类社会、族群发展、个体行为及

---

① [法]孟德斯鸠:《论法的精神》,张雁深译,商务印书馆1995年版,第6—7页。
② [德]马克思:《1844年经济学哲学手稿》,中共中央马克思恩格斯列宁斯大林著作编译局编译,人民出版社2000年版,第105页。
③ [德]恩格斯:《致康拉德·施米特》,《马克思恩格斯选集》第4卷,人民出版社2012年版,第598页。
④ [德]恩格斯:《致瓦尔特·博尔吉乌斯》,《马克思恩格斯选集》第4卷,人民出版社2012年版,第648、649页。

其变异的因素，探寻人类行为的影响因子，从而更好地利用所获得的知识，干预、调节人类的相关行为，更好地为人类的生存与发展服务。

二 生境对艺术的影响

艺术是人类最高级的精神活动。从人类产生起，就有了最原始的艺术。迄今为止，人类的艺术活动可谓五花八门，种类繁多。历史上，在彼此隔绝的时空背景之下，不同地域、不同民族的绘画、建筑、雕塑、装饰、音乐、舞蹈、戏曲、说唱等艺术，均表现出不同的特色。即便在交通与资讯高度发达、世界融通性增强的当下，不同地区、不同民族的艺术仍表现出独有的精神与特色。为什么会出现这种不同呢？不同艺术形式背后的影响因子是什么呢？这是艺术美学或艺术哲学探究的核心问题之一。站在不同的立场或角度，对此问题的回答可能多种多样，但笔者以为，最重要的原因是不同的艺术生境所致。

所谓艺术生境，是指一种艺术产生、存续、发展的自然与社会的环境，包括影响艺术审美观念与表现形态的自然与社会因子的总和。艺术作为一种人类的精神创造性活动，表现形式多种多样，但从人类社会发展的规律来看，无不受到一定社会的自然、历史、文化、经济、政治、宗教等因素的作用和影响。艺术的生境，通过影响艺术家而影响艺术创作活动。我们不能单纯从生境（自然和社会政治经济文化等）直接推及艺术形态及其品质。横亘在生境诸因素与艺术形制之间，有一种文化心理与经验技术的结构。文化心理与经验技术的结构，由艺术家的自然禀赋与通过学习和实践获得的文化性经验构成。正因为如此，在同一艺术生境下，不同艺术家的作品的形制与品质仍然会表现出差异。

西方艺术理论与艺术史专家很早就提出，应将艺术作品置于特定社会和时空语境之中，来解释艺术的风格和制作，也就是进行所谓"艺术社会学"的研究。法国艺术哲学家丹纳对此的看法颇具代表性，他在《艺术哲学》中说："我的方法的出发点是在于认定一件艺术品不是孤立的，在于找出艺术品所从属的，并且能解释艺术品的总体。"[①] 他提出了影响艺术品的三要素：种族、时代、环境。他将艺术品比作特殊社会环

---

① ［法］丹纳：《艺术哲学》，傅雷译，人民文学出版社1963年版，第4页。

境和精神气候"花园"中所盛开的"花朵",认为艺术受到自然生态和社会文化规制(制约)。他说,假定"我们能确定每种艺术的性质,指出每种艺术生存的条件:那末我们不但对于美术,而且对于一般的艺术,都能有一个完美的解释,就是说能够有一种关于美术的哲学"。①

丹纳认为,"地域是某种作物与草木存在的条件,地域的存在与否,决定某些植物的出现与否。而所谓地域不过是某种温度,湿度,某些主要形势,相当于我们在另一方面所说的时代精神与风俗概况。自然界有它的气候,气候的变化决定这种那种植物的出现;精神方面也有它的气候,它的变化决定这种那种艺术的出现。我们研究自然界的气候,以便了解某种植物的出现……同样我们应当研究精神上的气候,以便了解某种艺术的出现……精神文明的产物和动植物界的产物一样,只能用各自的环境来解释"。②"要了解艺术家的趣味与才能,要了解他为什么在绘画或戏剧中选择某个部门,为什么特别喜爱某种典型某种色彩,表现某种感情,就应当到群众的思想感情和风俗习惯中去探求"。"由此我们可以定下一条规则:要了解一件艺术品,一个艺术家,一群艺术家,必须正确地设想他们所属的时代的精神和风俗概况。这是艺术品最后的解释,也是决定一切的基本原因。"在丹纳看来,"风俗和时代精神对美术的作用更明显"。③

时代不同,审美心理不同,艺术也就因此不同。瑞士艺术史家海恩瑞希在他的《艺术史原理》中指出,"不存在某种能适合一切时代的艺术形态与风格,艺术作品及其风格,形式特点的形成,不仅同艺术家的个性有关,而且同他浸染持续的时代精神有关。"④

我国古代著名的文学家刘勰,在《文心雕龙》中提到,"岁有其物,物有其容,情以物迁,辞以情发。"说的是人们内在的情感,一般都是会随着自然界万物的变化而变化,并不是一成不变的。在他看来,"若乃山

---

① [法]丹纳:《艺术哲学》,傅雷译,人民文学出版社1963年版,第10页。
② 同上书,第9页。
③ 同上书,第7、8页。
④ [瑞士]海恩瑞希·乌尔富林:《艺术史原理》,梁再宏译,中国社会科学出版社1986年版,第31页。

林皋壤，实文思之奥府"。① 著名美学家宗白华先生在《美学散步》中，谈到社会环境对诗人的巨大影响。他指出，盛唐的诗人，目击"外患内忧"相因未已，他们一方面诅咒内战，如杜少陵的《石壕吏》《彭衙行》等篇，充满着厌恶战乱、悯恤无辜的意义；另一方面都存着"匈奴未灭，何以家为"的壮志，王昌龄的"黄沙百战穿金甲，不破楼兰终不还"可为代表。② 诗人所处的时代与社会，造就了诗人的悲悯、激越情怀和不朽诗篇。

我国地域辽阔，不同的自然地理环境和社会人文生态造就了南北迥异的艺术风格。南方绘画灵山秀水，北方绘画草原荒漠；南方戏曲婉转内敛，北方唱腔粗犷豪放；南方民居雕梁画栋，北方民居简朴质坚；南方的傣族修竹楼，西北的哈萨克族建毡房，等等。这些不同的艺术物象，均根植于本土独特的自然、社会与文化资源，受到自然环境与社会文化背景的影响，表现出明显的地域特点与浓厚的民族特色。从民居建筑艺术的角度审视，其建筑形制的多样性，显示出各种因素的相互作用与影响，如地质条件、气候条件、生计方式、居住格局、建筑材料、构造方法、周边环境等等。在一些民族地区，宗教信仰也对建筑的形制产生重要的影响。

概括起来，生境对艺术的影响可归纳为以下五点：一是生境影响艺术审美观念；二是生境影响艺术表现的对象与内容；三是生境影响艺术的形式与风格；四是生境影响艺术的发展与传承；五是生境影响艺术的表现手段与技术等。生境是分析研究艺术形制与价值的重要维度与框架。段超教授在研究土家族文化时曾指出："一个民族的生产方式、生活方式、民族性格、思维特征、审美情趣等等都与地理环境有着一定的关系。因此，考察一个民族文化的生成机制必须注意对其地理环境的考察。"③ 这一看法，与文化艺术的生境观相契合，也适用于对唐崖土司城址艺术的分析研究。

唐崖土司城址艺术，形成于400多年前的鄂西南民族地区，分析研究

---

① （梁）刘勰：《文心雕龙》，郭晋稀注译，岳麓书社2004年版，第379、383页。
② 宗白华：《美学散步》，上海人民出版社2005年版，第507—508页。
③ 段超：《土家族文化史》，民族出版社2000年版，第2页。

其形成的自然、社会生境，揭示其影响因子，对于更好地理解其具体的艺术物象，阐明城址艺术的价值蕴含，具有重要的意义。由于区域社会结构的变迁，城址之上建筑物的毁损，文献资料的缺失，考古发掘提供的信息有限，分析研究唐崖土司城址艺术的生境存在诸多困难。但从有限的资料和艺术遗存中，我们仍能窥见诸多影响因子。

第二节 唐崖的自然、经济生境与城址艺术

一 自然地理环境

历史上的唐崖土司，地处武陵山东部（今咸丰县中部）的唐崖河畔，所在区域是鄂西南边陲，鄂、湘、黔、川（渝）边区接合部，扼楚蜀之腹心，为荆南之要地。唐崖土司境内及周边，山峦起伏，沟壑纵横，重岩叠嶂，以海拔 800 米至 1200 米的山地为主，坡度大，山顶峰尖，属典型的二高山地区。当地的土壤主要为红黄壤性石英砂页岩泥田，土种为砂泥土，方志中称为"火焰山地"。据同治《恩施县志》载，当地"山深林茂，入夏蒸湿颇甚……隆冬积雪，至春夏之交始尽"。① 境内高山植被丰富，古时有楠木、梓木、荆竹、楠竹等多种民用植物资源。龙潭河从北向南流经唐崖，形成历史上卫所与土司辖地的分界线。唐崖土司距当时的区域中心施州（施州卫）100 多公里，距大田军民千户所（今咸丰县城）约 30 公里。在古施州地区，唐崖土司处于边沿地带。由于高山阻隔，交通不便，到明末清初该地仍较为封闭。

二 居户与居民

在明代中叶，唐崖居户人口有几种统计数据。《嘉靖湖广图经志书》载：唐崖户 190，人口 645 人。② 《咸丰县志》载：永乐四年（1406）三月，"长官覃忠孝招'蛮民'1562 名，兵部给安抚职，授领左、右二副

---

① （清）白多寿等：《恩施县志》卷七（风俗志），民国二十六年铅印本。
② （明）薛刚、吴廷举等：《嘉靖湖广图经志书》卷二十，书目文献出版社 1991 年版，第 1609 页。

司。"① 《明史》卷三百十记载,永乐四年,"唐崖长官覃忠孝……招集三百余户,请袭,许之"。② 300 余户,1500 余人,这一数字应该比较准确。当年,唐崖土司长官是为了复设土司而向朝廷请奏,其中所招"蛮民"人数、户数只会多报,不会少报。因为,报得越多,可能授予的土职级别越高。也就是说,唐崖土司治下人口不会超过 1562 人。

另一有价值的观察史料是《明史》卷三百十的记载。永乐二年(1404),"故土官之子覃友谅等奏:'比年招复蛮民,岁输租税,请仍设治所'"。明廷以其户少,乃降为长官司。宣德二年,忠路安抚司上奏朝廷,为元故土官子孙请设官司,授以职事。"兵部议以四百户以上者设长官司,四百户以下者设蛮夷官司。"③ 唐崖土司的等级有过数次变动,但最为长久的是长官司。所以,其下辖居户在 400 户上下、居民在 1600 人左右应较为可信。在史籍中,一再出现的"山多土少"④ "地瘠民贫""土旷民稀"⑤ 的记载,应是当年唐崖土司客观的社会境况。

唐崖土司管辖的区域范围与居民数量随其盛衰而增减。盛时管辖面积扩大,人口增多,衰时面积与居户减少。但从总体上看,唐崖土司治理的区域面积不算太大,人口数量也不多。从明中叶的版图可见,以龙潭河划界,北部为土司辖地,居户主要是土民;南部从明朝初年就是卫所屯垦地,汉族迁入较多。而在土司辖区,历史上置有散毛司(曾为宣慰司、宣抚司)、金峒司(曾为安抚司、长官司)、龙潭司(曾为安抚司、宣抚司)、唐崖司(安抚司、长官司)等大小土司。这些土司彼此相邻,相互争斗,唐崖土司作为级别较低、实力并不强的土司,要想扩大自己的管辖范围并非易事。

在古施州地区,唐崖土司处于边沿地带。由于交通不便,开发开化较晚,在明末清初,当地居民基本为"蛮民",汉人极少。在与汉族地区交往过程中,施州社会面貌发生巨大变化的背景之下,大田千户所附近

---

① 咸丰县志编纂委员会:《咸丰县志》,武汉大学出版社 1990 年版,第 41 页。
② (清) 张廷玉等:《明史》卷三百十,中华书局 1974 年版,第 7986 页。
③ 同上书,第 7987 页。
④ (清) 张光杰等:《咸丰县志》卷八 (食货志),(清) 同治四年刻本。
⑤ 张仲炘、杨承禧等:《湖北通志》卷二十一 (风俗),民国十年刻本。

的唐崖土司辖地，总体上仍"其风朴野、俗尚耕稼、土旷民稀、獠蛮杂处"①。这是观察唐崖土司治下社会状貌的重要维度。

三 生计方式与经济生活

由于受自然地理条件的限制，至明末，整个施州地区的经济仍十分落后，不少地方仍采用"刀耕火种""砍畬挖地不分界址"的原始农耕方式。万历《湖北通志·风俗》写道：咸丰旧大田司，"水陆不通，生计太薄"，"地瘠民贫，风尚古朴"；散毛宣抚司"务耕猎，腰刀持弩。"② 同治《建始县志·物产》则载："旧《志》所载，林密山深，虎熊獐鹿，出没其中。盖指明季言之也。"明朝时，狩猎业在鄂西地区仍占有一定地位。

据《甄氏族谱》所载《山羊隘沿革纪略》："至乾隆年间，始种包谷，于是开铁厂者来矣，烧石灰者至焉。众来斯土，斧斤伐之，可以为美乎？叠已青山为之一扫光矣。……而外来各处人民挈妻负子，佃地种田，植苞谷者，接踵而来。山之巅，水之涯，昔日禽兽窠巢，今皆为膏腴之所。"随着农业的发展，狩猎业日益衰落。光绪朝续补《长乐县志·风俗》载，"设县初，山深林密，獐麂兔鹿之类甚多，各保皆有猎户。今则山林尽开，禽兽逃匿，间有捕雉兔狸獾者皆农人闲时为之，而饲鹰畜犬者罕矣。"③

同治《咸丰县志》载："山多土少，而民勤耕凿，艰食化居"；"谷属俱有，惟包谷高下皆宜"；"薯有数种，其味甘，山地多种之。清明下种，芒种后剪藤插之，霜降后收掘窖藏之，可作来年数月之粮"；"洋芋高山最宜，实大常芋数倍，食之无味，且不宜人，山人资以备荒。"④ 这大概就是当时唐崖土司的种植结构与民生状态。"民勤耕凿，艰食化居" 8 个字，准确道出了当地居民的生存窘况。

施州诸土司赋税状况，方志有所反映。据嘉靖《湖广图经志书》载：

---

① 张仲炘、杨承禧等：《湖北通志》卷二十一（风俗），民国十年刻本。
② 同上。
③ 转引自吴永章《湖北民族史》，华中理工大学出版社1990年版，第190—191页。
④ （清）张光杰等：《咸丰县志》卷八（食货志），（清）同治四年刻本。

"施州，成化八年（1472）田一百四十一顷一分，赋一千零六十八石三斗七升二合八勺；茶课折米二百四十三石四斗五升一合二勺。""散毛，田，本司火焰山地，三顷十亩四分。秋粮，粟米十七石九斗五合。""唐崖，田，火焰山地，原无额。赋，一十石五斗。"① "火焰山地"，即贫瘠旱地，所产为旱作物"粟米"，征一季"秋粮"，反映山地经济特点。从这段记述可见，唐崖土司辖区因火焰山地，民生艰难，原本没有赋税的额度，其经济状况亦可见一斑。

该书还记载，大田军民千户所"屯田地一百五十五顷六十亩，屯粮一千五百五十六石"。② 换算成现代计量单位，其屯田是 15560 亩；产粮约 1556 石，即 15560 斗，也就是说亩产大约是 1 斗或 10 升；一升米重约2000 克左右，亩产大约是 20 公斤。而且大田所所屯之地，应属较好的田地，非一般土民所能比拟。从粮食产量，亦可以理解当地居民"民勤耕凿，艰食化居"的生活窘境。

在改土归流前，土司地区的赋税统一由土司缴纳。土司往往假借名目，任意征取。对此，《硃批谕旨》第四十九册记载，雍正四年九月十九日，鄂尔泰在其奏中写道，土司"征之私囊者不啻百倍、数十倍，而输之仓库者十不及一、二，百不及二、三"。③ 这种情况，在鄂西土司地区同样严重存在，唐崖土司的土民亦难逃此厄运。

四 自然与经济生境对城址艺术的影响

依据上述文献史料，我们可以对明朝中叶唐崖土司所处的自然地理环境与居民生计状况做出以下几点概括。

第一，唐崖土司地处武陵山腹地，山多土少，水陆不通，与外界的交往交流不多，对外界的社会变迁反应较为迟缓。在施州地方与汉族地区交往交流增加，汉民大量迁入，经济贸易活跃，社会风气已发生大变的社会背景下，唐崖土司所在地区仍"其风朴野、獠蛮杂处"。

---

① （明）吴廷举等：《嘉靖湖广图经志书》卷二十，书目文献出版社 1991 年版，第 1609 页。
② 同上。
③ 转引自吴永章《湖北民族史》，华中理工大学出版社 1990 年版，第 190 页。

第二,唐崖土司为二高山地区,平均海拔650米,相比高山地区,自然生态较为优良。域内生态资源丰富,森林覆盖率较高,气候温和,雨量充沛,日照充足,无霜期长。但该地土旷民稀,土司所辖居户不多,人丁较少。土司职级较低,与周边诸土司相比,并无竞争优势。

第三,唐崖土司土质较差,属火焰山地,即贫瘠旱地。居民生计以农耕为主,兼有狩猎与采集等。主要农作物以秋粟、玉米为主,产量极低,居民须种植与储藏"洋芋""薯"等以备饥荒。民虽勤于耕凿,但食物获取艰难,居住条件简陋,终岁难得温饱。

第四,土司土民要向朝廷缴纳租税。在相当长的时期,由于唐崖土司经济民生不佳,没有赋税的额度,但从明中叶开始,该地正式被纳入王朝税赋体系。虽然赋税额度较低,但土民微薄的收入亦要经受多层盘剥。对土民的盘剥是唐崖土司的主要经济来源。

第五,唐崖土司所持有的财富较为有限。从土司所辖居户、土民数量、当地生计民生状况来看,土司通过对土民的盘剥所得极为有限。除此之外,土司聚敛财富的手段只有对外掠夺与获得朝廷奖赏。有史料证实,唐崖土司曾参与对黔江等地的抢掠和对附近小土司土地的兼并,但从其实力看,对此不宜估计过高;从后者看,明廷对土司的奖赏往往仅具荣誉、象征性。对覃鼎参与平定"奢安之乱"的奖赏,正史并无明确记载,仅《覃氏族谱》载"恩给皇令四道,钦赐大宝十两",并赐建帅府、牌坊。当时,正值明末乱世,朝廷财政捉襟见肘,内外交困,已近末日,亦可理解。

以上诸点,对土司城址艺术具有重要影响。

首先,唐崖地方的山形水势、地质气候等为土司城建筑与城址艺术提供了生态环境基础。土司城建筑是城址艺术的重要载体,土司城的选址、设计与布局本身就是城址艺术的重要组成部分,人们所见的背玄武、远朱雀、左青龙、右白虎,"负阴抱阳、背山面水",依山势缓坡的土司城格局,就与当地的山形地质、气候条件等密切相关。对此,前文已有专题讨论,在此不再赘述。

其次,唐崖的生计条件制约了城址艺术物象的层次。由于时代变迁,土司城大多数建筑已毁,对当年主要建筑的形貌与内外装饰艺术物象已难以确切描绘,大多只能根据有限的考古资料进行推测。但从现存的城址格局与文物遗存来看，土司城的艺术物象主要是石质的雕刻与少量的建筑，一些艺术物象虽达到较高艺术水准，但其整体品质与汉族地区同时代的艺术物象比较，在精美、情感表达等方面均有较大差距。这可能与环境封闭，财力有限，高水平艺人、工匠缺乏等有关。

再次，土司的财政状况决定了土司城建筑与土司城艺术的建造周期。根据考古发掘，"可以确认唐崖土司城在明天启、崇祯年间形成现有格局"。实际上，这只是在原有基础上的扩建与改造。从元至正十五年（1355），一世土司覃启处送即获朝廷授职，至明天启年间（1621）十二世土司覃鼎奉调参加平定"奢安之乱"，历经260余年。在这期间，随着土司的兴衰，治所建造也有兴废。"土司王坟"是土司城遗址中体量最大、雕刻最为精美的墓葬，艺术价值较高。显然，该墓是二世土司去世时修建，而非土司城扩建时所为。城址衙署区的主要建筑和青石道路，也是经若干代土司相继修建而成。从《覃氏族谱》可知，田氏夫人主持的土司城扩建，主要修建了"荆南雄镇"牌坊、大寺堂、寺观、街道等。在土司城址，十二世土司覃鼎墓异常简陋，引起参观者和学者的疑惑。但只要分析研究当时土司的财政状况，以及明末朝廷面临的危机，就不难理解。当年，唐崖土司已无力维持往日的辉煌，不可能再建造第二个"土司王坟"。唐崖土司犹如《红楼梦》中的贾府，看上去还算光鲜，但内部已难以为继。土司城的扩建，很可能造成土司财政空虚，给处于改朝换代之际的土司发展造成了不利影响。

最后，环境决定了土司城建筑与艺术遗存的材料以石为主。进入土司城遗址，给人最直观的印象是土司城是一座"石头"之城。石板道路、石桥、石城墙、石人石马、石牌坊、石墓葬、石望柱、石栏板、石台基、石柱础、石雕刻的人物花草纹样、石缸、石臼、石盆等生活器具，"可以毫不夸张地说，整个土司城就是一个石城"。[①] 在土司城，石头既是建筑的基本材料，又是各类艺术物象的基本载体，还是土司城艺术重要的创作与表达对象。之所以如此，既因为石材质地坚硬，利于长久保存，也因为可就地取材，便利实惠。这是土司城址建筑与艺术的一个重要特点，

[①] 王祖龙、陈露、肖竹：《仿象与象征：唐崖土司城遗迹的文化解读》，《三峡论坛》2014年第4期。

也是生境对建筑与艺术产生影响的一个重要例证。

第三节 唐崖的政治生境与城址艺术

一 土司与王朝的关系

如前所述，土司制度是中国封建王朝（元明清时期）治理边远少数民族地区的特殊政治制度安排。在土司制度下，实行不同于内地汉族地区的流官任职制度，而是封授少数民族部族首领土官官职，给予其地方治理的特别权力；土司职位可以世袭，但是需要获得朝廷的批准并授予印信冠带；鄂西地区土司建制只设武职，隶兵部武选，省都指挥领之；土司对朝廷承担一定的赋役，并按照朝廷征调提供军队；朝廷给予土司减免税赋的优待；对内维持其作为部族首领的统治权利，朝廷一般不予干涉；在承袭、纳贡、征调等政策方面，土司制度均有严格的规定，从而加强了对边远民族地区的控制；对于土司的反叛、向外扩张掠夺等不法行为，朝廷予以征讨镇压，给予罢革或降级；对服从朝廷管束，按期缴纳税赋、朝贡，或奉调出征有功的土司，朝廷则给予物质与精神的奖励。为了有效控制土司，朝廷还在土司边缘地带设置卫所，驻扎重兵。明王朝在鄂西地区采用"卫所、土司"相结合的军事建制，其目的在于强化对这一民族地区的控制与统治，如在施州就设有施州卫，在咸丰境内就设置有大田千户所，派重兵进行屯守。土司制度体现了"齐政修教，因俗而治"的统治策略。

唐崖土司作为鄂西一个职级较低的土司，经历了3个朝代，存续了300余年。在王朝认同上，土司表现出明显的两面性。一方面为求得生存与发展空间，唐崖土司绝大多数情况下按照王朝土司制度办事，期望得到朝廷的认可与奖赏。例如，在明朝统治期间，就有近十次向朝廷进贡的记录，并得到朝廷的回赐。土司奉朝廷征调，多次参与镇压当地土司叛乱和相邻地区的苗民起义，或奉调驻守汉地，追剿流寇，并受到朝廷奖赏。另一方面，作为没有俸禄的边远地带的少数民族土官，唐崖土司又有不服管束、放荡不羁、胆大妄为的一面，唐崖土司曾有"最倔强土司"之称。有史料记载，第六世土司"覃彦实以桀骜闻，闻官至其地，辄避不出"。① 历史上，唐崖土司曾多次参与反叛活动。康熙年间，土司多次出境抢掠，被地方官疏劾提问，遭朝廷追究。《咸丰县志》记载，"崇祯七年（1634），唐崖土叛突起，环夷四出，"大田千户所守将与之血战。② 正是因为其不法作为，唐崖土司曾几次被朝廷降职降级，甚至被废置。总体上看，该土司臣服于朝廷，表现出对王朝国家的较强认同；作为一个较小的土司，其更倾向于同朝廷搞好关系，获得更多的合法性资源，以抗衡地方各种势力的挤压。不服管束的行为，往往发生在朝廷衰弱，统治出现危机，或改朝换代的混乱时段。这种现象在土司中并非个案，而具有一定的普遍性。

二 土司与地方势力的关系

1. 与卫所的关系。为实施对鄂西土司的有效控制，洪武十四年（1381），置施州卫军民指挥使司，领施南等三个宣抚司、忠路等八个安抚司、唐崖等七个长官司、镇远等五个蛮夷长官司。③ 洪武二十三年，在施州卫下置大田军民千户守御所，"于八面环夷腹心之中，紧扼诸司之吭，以通楚蜀要道"。④ 大田所列36屯，且耕且守，范围西至万家屯、西北屯，与唐崖土司紧紧相连。唐崖土司与大田军民千户所之间的关系，对其影响最大。诸土司要向大田千户所缴纳粮饷，共计一百八十五石，按土司级别大小缴纳，每三年一次。唐崖土司须纳粮八石，马一匹。⑤

卫所与土司之间的关系较为复杂，二者既有相互勾结、互相利用的一面，又有相互冲突的一面。从相互利用方面看，由于长期屯守一地，且屯守官兵一般携家带口，甚至定居地方，难免与当地土司土民发生日常交往。为了获得生存资源，卫所往往要笼络土司，而土司也需求得卫所庇护与关照，形成相互利用的特殊关系。正德年间（1506—1521）钦

---

① 咸丰县政协文史资料委员会、唐崖土司城遗址管理处编：《唐崖土司城址》，湖北人民出版社2015年版，第40页。
② 同上书，第48页。
③ （清）张廷玉等：《明史》卷三百十，中华书局1974年版，第7984页。
④ （清）张光杰等：《咸丰县志》卷十九（艺文志），（清）同治四年刻本。
⑤ 咸丰县政协文史资料委员会、唐崖土司城遗址管理处编：《唐崖土司城址》，湖北人民出版社2015年版，第51页。

差巡抚都御史刘大谟在其《题设守备疏》中就曾指出，施州卫所辖散毛、唐崖等土司，"流劫地方，杀掳人财，奸人妻女，遂将所劫子女财帛，分送施州卫官，遂与土官习为表里，违例结渊，深为缔好，故纵劫掠，肆无忌惮……昔年唐崖长官司覃万金等夷，出劫黔江等七州县，众议动调官军，将酋恶擒获，监卫辄又受财蒙眬卖放"。① 这一史料印证了二者相互勾结利用的关系。

从相互冲突方面看。卫所毕竟是朝廷为控制土司所设置的官方机构，对于土司的胡作非为，不可能完全视而不见、放任不管。在经济利益方面，土司要向卫所缴粮纳马，在屯田与土田之间也时有纠纷冲突。据康熙年间相关资料记载，唐崖土司曾侵占大田所土地17处。在政治利益方面，卫所代表王朝威权，卫所的压制打击一定程度限制了土司劫掠聚敛财富的行为，压缩了土司的行动空间，构成威慑与钳制。对于土司的反叛、劫掠行为，卫所在朝廷重压之下，势必要进行镇压与打击，以致形成严重的冲突。崇祯七年（1634），唐崖土叛突起，大田千户所守将与之血战即是典型案例。

2. 与相邻土司的关系。据《覃氏族谱》记载，在鄂西地方，覃姓为大姓，同宗同族。唐崖土司二世祖覃值什用有七子，各授王朝恩赐列名金峒司、唐崖司、散毛司、东乡司、忠路司、施南司、毛港司。据此推测，唐崖周边的覃姓土司本出一源。因此，史籍记载唐崖土司曾在对外征伐、抢掠活动中，多与覃姓土司联合行动。但是，也有史料记载，覃姓诸土司虽然同姓同宗，但"传之后世，亲者渐疏，遂为仇敌。"② 在对外的征伐与冲突中，相互之间尚能结成同盟，互通消息，给予援手，但在平时，相互之间也多因利益纠纷引发冲突。

至于异姓土司之间，则冲突多于联盟。龙潭土司为田姓土司，与唐崖土司接壤。为争夺资源，覃氏、田氏土司曾经"世相仇杀"，攻伐不断。至十二世土司覃鼎娶龙潭土司之女田氏之后，相互关系才得以缓解。除了与相邻土司交恶之外，唐崖土司还多次参与其他土司之间的战乱，

---

① 咸丰县政协文史资料委员会、唐崖土司城遗址管理处编：《唐崖土司城址》，湖北人民出版社2015年版，第48页。

② （清）张光杰等：《咸丰县志》卷十九（艺文志），（清）同治四年刻本。

结成世仇，互相攻伐，引起朝廷的关注。正如明朝学人王士性所言："土官争界、争袭，无日不寻干戈。"①

三 土司与土民的关系

土民是土司治下的百姓，是土司存续的重要基础。按朝廷定制，居户与土民的多少直接关系土司职级的高低，也关乎其实力的强弱及在体制内外的话语权。因此，扩大疆域范围，兼并土地与土民，是鄂西诸土司追求的重要目标。而在既有的管辖范围，对土民实行有效管制，则是土司获得经济与人力支持、进行对外交往的重要保障。

如前所述，唐崖土司治下的居户、土民并不多。土民除了要承担向朝廷、地方卫所的税赋与纳贡，还要承担对土司及其他管治人员及其家属的供养；在奉调出征或对外的征伐中，土民则需担负起土兵的角色，承受伤残甚至付出生命的苦痛；在平时，土民还需自备粮食，担负司内劳役。清人顾彩在《容美纪游》中记述了容美土司治下土民为兵为役的状况："民皆兵也，战则自持粮糗，无事则轮番赴司听役，每季役只一旬，亦自持粮，不给工食。"②唐崖土民境况应与容美相同，在生活与生存的重压之下，也难免有土民不服管束的事件发生，反抗与冲突难以避免。

残酷的刑罚是土司控制土民的撒手锏。在当时制度之下，土司是名副其实的"土皇帝"，土司的意志就是"法律"。顾彩在《容美纪游》中，记述了土司的所谓"刑罚"：重者径斩，次宫刑，次断指，次割耳，余罪棍责，亦有死杖下者，"是以境内懔懔，无敢犯法"。③唐崖土司未留下成文的"法条"，也没有类似于顾彩的记述，但从唐崖土司城址，我们仍能寻获若干唐崖土司治理土民的遗迹。城址的"天灯堡"和"杀人台"，是唐崖土司行刑之处。"天灯堡"在土司城东门外右侧，面临唐崖河，利用天然基岩修筑而成，面积约8平方米，是土司处决"重罪犯人"的场所。"杀人台"在司城西南部，为一自然岩石，传说为土司处决一般

---

① （明）王士性：《广志绎》，国际中文出版社2004年版，第162页。
② 《容美纪游》整理小组：《容美纪游注释》，天津古籍出版社1991年版，第55页。
③ 同上书，第53—54页。

罪犯的场所。联系唐崖土司治下的土民并不是很多，且多为同宗同姓的族人，设两处"杀人"的刑场，可见其"私刑"之残酷。由此可以推测，除死刑之外，类似容美土司的宫刑、断指、割耳、棍责等处罚也肯定存在。

四 政治生境对城址艺术的影响

唐崖土司所处的政治生境，从多方面对城址艺术形成影响。概括起来，主要有以下几个方面。

第一，政治生境造成城址艺术的强政治性特点。唐崖土司城本身就是一种政治性建筑，它是唐崖土司的权力中心，是治所的物质形态。从形制方面看，整个土司城选址与平面布局都注重彰显威权特征，具有重要的象征符号意义。山形地势中的堪舆思想，将神权与世俗权力巧妙地结合起来；衙署区的仿皇城中轴对称设计，城中城建筑所体现的"卫君"理念，功能区划分体现的等级秩序，无不艺术地表现出强化土司威权的政治色彩。而矗立在土司城核心位置的标志性建筑"荆南雄镇"牌坊，更是以艺术的形制将唐崖土司与王朝的关系展示在世人面前。它一方面标明唐崖土司对朝廷的臣服与对王朝国家的认同；另一方面，则以皇权在场和最高统治者的嘉许，增强治权的合法性，提升在地方政治博弈中的地位。牌坊上的石雕装饰图案，如"奉调出征""除妖镇反""土王出巡"等，均体现出土司政治威权的特点。唐崖土司城的选址艺术、建筑艺术、设计艺术、石雕艺术等，表现出强烈的为政治服务的价值追求，而这种价值取向与其所处的政治生境具有密切的关系。

第二，政治生境使城址艺术具有较浓的宗教色彩。唐崖土司除以"刑"治民之外，还特别重视利用宗教对土民进行感化教育，实现精神训导和政治控制。这一点在土司城艺术遗存中，我们可以找到诸多艺术物象。土司城不仅建有"大寺堂"，作为土司与族众礼佛的场所，而且在玄武山之西建有玉皇庙；不仅建有覃氏宗祠，而且还建有具有民间信仰性质的张王庙。在唐崖土司城址，许多艺术遗存都带有宗教的色彩。除大寺堂、玉皇庙、张王庙等佛教、道教、民间信仰的相关建筑之外，在"土司王坟"亦有诸多宗教元素渗入。在王坟的装饰纹样中，不仅墓前照壁上刻有象征日月轮回、逝者升天的同心圆盘，而且在内部装饰中，具有宗教色彩的宝相花纹样运用较多。在"荆南雄镇"牌坊上,亦有独特的具有宗教象征意义的象牙雀替的设置。这些宗教建筑、艺术元素,不仅具有艺术装饰的作用,而且体现了唐崖土司增强治权的神圣性、权威性的政治导向,蕴含的是唐崖土司对土民进行精神控制的价值追求。

第三,政治生境锻造了城址艺术的据险尚武特色。由于政治生境险恶,为防备来自王朝卫所的清剿,应对相邻土司的侵扰进攻,以及防范可能发生的土民暴力反抗与强盗匪患,唐崖土司城将安全置于重要位置。土司不仅将土司城选址在依山面水、两侧峭壁、易守难攻的台型岩基之上,而且砌筑城墙,四周围合,设置专门的军事区,建有校场、靶场和营房等。从土司城艺术物象看,表现出明显的尚武倾向。土司城的石人石马雕塑与张王庙就是这方面的代表。土司城石马不是一般的古代墓道平稳站立、表情肃穆的裸马,而是战马形象,其马鞍、马镫、马辔齐全,脚踏祥云,势如腾骧。石人则头戴盔帽,身披藤甲,脚蹬战靴,腰挎佩剑,一副武士模样。而张王庙(桓侯庙)是土司城的"武庙",供奉的是著名三国战将张飞塑像,而张飞是传说中典型的勇猛侠义之士。据传,历史上庙内还有刘备、关羽的塑像。关羽亦被奉为蜀国的战神,是传统的"义""勇"的化身。土司城这种据险尚武的艺术物象,显然与唐崖土司所处的政治生境有关。

第四节　唐崖的文化生境与城址艺术

一　土司时期民间社会文化因子

文化是人类特有的现象,内涵非常丰富。在不同的语境,文化指涉的对象各不相同。就考察一个民族的生存与发展而言,文化所指涉的无外乎物质、制度与精神三个方面。上文所述的唐崖土司生产方式与生活方式、政治生境等,大致属于物质文化与制度文化的范畴。这里我们主要从精神层面,考察土司所处时代土家族民间文化因子及其对土司城址艺术的影响。

在历史上相当长的时间里,武陵少数民族被称为"蛮",用中原汉族人"优位"与"客位"的眼光看,是缺少文化。在汉语里,"蛮"的含义是"粗野、凶悍、不通情理",常见的词组是野蛮、蛮横、蛮不讲理。

正是从这种意义上，中国古代称南方各族为"蛮荒"。实际上，这种认识具有极大的历史局限性与片面性。作为生活在边远地区的人类共同体，武陵少数民族与其他地区的少数民族一样，在接受中原儒家文化之前，也有自己的生存法则与精神文明，如尊重长者，敬爱父母，好客友善，勤劳俭朴，疾恶如仇，刚毅勇敢，敬畏自然，团结互助等观念与规范。

土家族作为古巴人的后裔存续了数千年，其精神文化可谓源远流长。虽然土司地区地处边远，开化开发较晚，但在史籍记载中，亦多有对土民社会"文明"因子的记载。古《华阳国志·巴志》就记载，自先汉以来，一些巴人精英"学兼三才""才藻清妙""英气晔然""应权通变"。[1]在汉族儒家文化尚未深入溪峒，儒家的三纲五常尚未"讲明"之前，鄂西土民社会已有一套行为规范，而这类规范本质上与儒家主张有不少相通与契合之处。"人文虽少，俗多憨朴"，是不少史籍对鄂西土司时期民风的描述。同治《咸丰县志》载："咸邑水陆不通，生计太薄，山深林密，土流杂处，俗尚俭略……农圃之家，女馌男饷，有豳民之遗风。"[2]讲的是当地土民虽然地处僻壤、生计困难，但风俗纯朴俭略，男人勤于耕作，女人针织送饭，大有《诗经》反复吟唱的古豳州农家辛勤劳作的田园诗情景。同治《恩施县志》载，邑之风俗，"汉晋以前无稽矣，隋唐始设州县，地广人稀，民风率安质实。故杜少陵赠郑典设自施州归诗，有其俗则醇朴，不知有主客，乃闻风土质，又重田畴辟之句，其为实录可知"。[3]同治《来凤县志》载，土民"习勤力苦""悍而直""民皆勤俭"。[4]《大明一统志》载，"其俗纯朴，民杂夷獠，犹近华风"。[5]

从上述史籍的记载与描述，我们可以看出，土司时期地方社会"其俗醇朴"，主要表征的是土家族勤劳节俭，不尚奢华；率安质实，热情好客；男耕女织，社会和谐等社会风尚。这些纯良风俗，构成了鄂西土家族精神文化的重要内涵，亦是中华民族优秀文化的重要组成部分。

---

[1] （晋）常璩撰，刘琳校注：《华阳国志校注》，巴蜀书社1984年版，第90页。
[2] （清）张光杰等：《咸丰县志》卷七（典礼志），（清）同治四年刻本。
[3] （清）多寿等：《恩施县志》卷七（风俗），民国二十六年铅印本。
[4] （清）李勋等：《来凤县志》卷二十八（风俗志），（清）同治五年刻本。
[5] （明）李贤等：《大明一统志》卷六十六（施州卫军民指挥使司），（明）天顺五年刻本。

萧洪恩教授在《土家族哲学通史》中,从另一个侧面总结了土家族的性格特征。他认为,"土家族的文化性格与土家族的生存环境有必然联系"。① 由于恶劣的自然环境,土家族养成了"尚力"的自我发展观和不屈的抗争精神。清人毛奇龄的《蛮司合志》序,将这种精神特质概括为"犷悍桀骜,其性猜忌仇杀,其习烙跖善走,枵腹善斗其力"。② 这也是明朝"土兵"特别具有战斗力的原因之一。应该说,这种疾恶如仇、崇尚勇武的精神,与淳朴民风并不矛盾,而是形成互补,共同构成了土司时期土家族的性格特质。

"巴人事鬼"③,土家族地区历史上有浓郁的巫风。土司时期,土民信奉"万物神灵",如管五谷的"土地神",管招财进宝的"四官神",管生儿育女的"阿米妈妈",管狩猎的"梅山神"等等。巫师是沟通神灵与俗务的师公。"土人率信巫……凡家有病者,即延巫作醮,锣鼓喧鸣,彻夜不止,名曰跳端";"水旱请僧道设坛祈轻雨,疾病凡医治外,均听命于巫"。④ 土家族这种对巫的信奉,是特殊自然与社会生境下的选择,不能简单以愚昧称之。因为在当时的时空背景下,土司地区受自然与社会条件的限制,在各种灾害、病痛与死亡面前,土司、土民没有抗衡与解脱的能力,只能将希望寄托在神灵之上,寻求精神上的慰藉。这种无知、无奈又与土家族先民的"灵魂不死"的宇宙观、"死是福"的豁达生死观、祖先崇拜的伦理观等紧密地联系在一起。

二 儒家文化在施州地方的传布

儒家文化作为中国封建社会的主流文化,对民族地区的渗入经历了一个漫长的历史过程。武陵山土司地区处西南高原向平原湖区的过渡地带,距荆楚腹地较近,因此受中原文化的影响较西南边疆地区要早。据吴永章先生的研究,秦汉时期,王朝就在"南郡蛮"居地设"夷道","封巴郡南郡蛮"君长,租赋加以"优宠","有罪得以爵除",同时采取

---

① 萧洪恩:《土家族哲学通史》,人民出版社2009年版,第73页。
② 杨东甫、杨骥校注:《蛮司合志校注》,广西人民出版社2015年版,第17页。
③ (明)李贤等:《大明一统志》卷六十二(荆州府),(明)天顺五年刻本。
④ (清)搏沙拙老:《闲处光阴》卷下,上海文明书局1915年版。

通婚、徙民等措施，加强笼络与控制。① 这种治理做法，不可避免地使中原汉族文化与巴人原生文化之间产生交流与互动。只是在秦汉时期这种交流的面相对狭窄、层次也较低。据明庞一德《施南卫掌故初编序》载："施州冠带，肇自隋代。"② 隋唐五代时期，开始注意对施州的治理与开发，人口迅速增加，土地大量开垦。随着时代的更迭，到了唐、宋之后，这种文化交流明显增加，至元、明时期，随着汉民大量流入，经贸联系加强，文化交流产生较大影响。特别是明王朝要求土司子弟必须接受儒学教育，否则不得承袭司职，更使中原儒学以前所未有的速度在土司地区传布开来。

儒家文化在土司地区的传布，以及土司与王朝的频繁互动，对当地土民社会风气与精神生活产生巨大影响。儒家文化与土民社会文化因子的碰撞与耦合，在一定意义上使土司地区的精神文化发生了涵化。涵化作为文化变迁的一种主要形式，是指异质的文化接触引起原有文化模式的变化。当处于支配从属地位关系的不同群体，由于长期直接接触而使文化发生规模变迁，便是涵化。土司地区文化的涵化，主要体现在以下几个方面。

一是王朝观念与认同意识增强。随着王朝对土司地区开发与治理的强化（包括卫所的设立）与人流、物流的增加，土司地区与汉族地区的经济、政治联系明显增强，土司的国朝意识、归属意识也随之增强。这表现为，在王朝更迭后主动归顺，上缴前朝命符，请求朝廷批准复设土司治所，授予土官职位。《明史》卷三百十多处记载鄂西诸土司"以元所授宣抚印来上，请改授"的史实，唐崖土司亦在其列③。土司按期向朝廷纳贡，争相与朝廷互动，以致朝廷不得不对土司朝贡的人数与期限做出严格限制。土司奉朝廷征调，参与平定民族地区与汉族地区的各类叛乱，清剿匪患；参加抗倭战争，维护国朝统一，等等。这些都是土司土民王朝观念与认同意识加强的明证。

二是汉字得到较广泛运用。语言文字是族群凝聚力的重要载体。土

---

① 参见吴永章《湖北民族史》，华中理工大学出版社1990年版，第51—53页。
② （清）多寿等：《恩施县志》卷十（艺文），民国二十六年铅印本。
③ （清）张廷玉等：《明史》卷三百十，中华书局1974年版，第7984—7986页。

家族是一个有语言没有文字的民族。有史料记载，土家族先民很早就接触到汉文字，"恩施自唐宋以来，历千余年，皆有学，人才炳蔚，已代有传人矣"。① 但由于受地域、经济发展等条件的限制，历史上的土司土民会读、会写、会用汉字的并不多。但到了元、明时期，由于与汉区、汉民接触增加，加上王朝对推行儒学教育的强制性规定，施州地方官学与私学得到前所未有的发展，汉字与儒学在土司地区得以较快传布，土司中出现了不少能以汉文进行诗赋应对的文雅之士。1679 年，容美土司田舜年将其先祖及自己共 6 代 10 位诗人的诗文编纂成十二卷本诗集《田氏一家言》，可见一斑。南明太史严守升在《〈田氏一家言〉序》中称，容美土司，自汉历唐，迄今千百年，风景山河，不与人间桑沧同换，集异书，产词人，与天下诸名家唱和，从明嘉靖到清康熙的 200 年间，连续 6 代出了 10 位诗人，人人有诗集。这即使在汉族历史上也属罕见。他慨叹道："始知世上客，不如山中人。"②

三是儒家思想得到推广。据史志记载，在明王朝强令开办学校、推广儒学教育的背景之下，各土司纷纷响应，延师兴学，教授儒家经典。在容美，土司"令馆师日则教子弟在馆熟读，夜则令子弟在家温习。庶几子弟之父兄辈，亦得闻作忠作孝之大端，立身行事之根本，久久习惯，人心正，风俗厚，而礼义可兴矣"。③ 儒家的纲常礼教、忠孝仁义等信条在土司土民中得以讲明，并逐步深入民间社会，与原有淳朴风俗相结合，构成土司土民新的行为规范。明王朝要求推行儒教，"渐染风气，以格顽冥"④ 的目的，应该说部分达到了。

四是汉族戏曲艺术的移植。顾彩在康熙四十三年（1704）游历容美土司城，著有《容美纪游》。其《往深斋诗集》卷六收录《云来庄观女优演余〈南桃花扇〉新剧》，卷八收录《客容阳席上观女优演孔东塘户部〈桃花扇〉新剧》（"云来庄"在容美细柳城东上坡五里，"容阳"为容美之古称），明确记录了其在容美期间，观赏了容美土司组织排演的孔子六

---

① （清）多寿等：《恩施县志》卷五（学校志），民国二十六年铅印本。
② 转引自赵先正《容美土司搬演〈桃花扇〉考》，《四川戏剧》2008 年第 2 期。
③ （清）毛峻德等：《鹤峰州志》卷下（风俗），（清）乾隆六年刻本。
④ （清）张廷玉等：《明史》卷三百十，中华书局 1974 年版，第 7997 页。

十四代孙,清初诗人、戏曲作家孔尚任的《桃花扇》,而该剧在内地曾遭非议与禁演。在孔尚任被免职后,容美土司田舜年曾遣使投诗赞《桃花扇》传奇曰:"命薄忍遭文字憎,缄口金人受诽谤。"孔尚任在《桃花扇本末》中说:"楚地之容美,在万山中,阻绝入境,即古桃源也。共洞主田舜年,颇嗜诗书。予友顾天石有刘子骥之愿,竟入洞访之,盘桓数月,甚被崇礼。每宴必命家姬奏《桃花扇》,亦复旖旎可赏,盖不知何人传入。"① 这一现象,既说明汉族地区文学艺术作品在土司地区的流传,亦说明土司地区人们思想价值观念、文艺审美观念的变化。正如《容美纪游注释》在介绍作者时所指出的:"《桃花扇》移植于容美,揭开了容美及鄂西土家戏剧艺术的新篇章。"②

五是社会风俗发生较大改变。正如段超先生所言:"土家族与汉族文化的广泛交流,使许多汉民族的风俗习惯为土家人所接受,土家族风俗中渗透和融合着汉文化因子。"③ 如在人生礼仪方面,土家族婚俗放弃了古老原始的"坐床""还骨种""抢婚"等习俗,接受了汉民族的嫁娶仪式,只是保留了"哭嫁""拖轿"等遗风;在节庆习俗方面,汉族的春节拜年、闹元宵、清明扫墓、中秋祭月等在土家族地区流行开来,等等。同治《恩施县志·风俗》载:"环城内外仍是汉官威仪","士绅文学子弟彬彬","施州风土大类长沙,论文学则骎骎大国风"。④ 可谓风气之大变化。

三 文化生境对城址艺术的影响

站在历史与社会发展的高处审视,唐崖土司城既是一座政治之城,也是一座文化之城。该城址的每一块青石板、每一处建筑的遗迹,无不是文化的载体与文化的表象。可以说,离开了文化,它就失去了灵魂与价值。从一定的意义上说,与自然、经济、政治生境相比,唐崖司所处的文化生境对土司城艺术的影响,是更为直接、更加具体。对此,可从

---

① (清)孔尚任:《桃花扇》,人民文学出版社1959年版,第6页。
② 《容美纪游》整理小组:《容美纪游注释》,天津古籍出版社1991年版,第120页。
③ 段超:《土家族文化史》,民族出版社2000年版,第142页。
④ (清)多寿等:《恩施县志》卷七(风俗),民国二十六年铅印本。

下面几个维度进行考察。

土司城选址布局艺术。如前所述,土司城的选址与建筑设计布局具有很强的艺术性。从城址所处的山势地形看,既有对地质结构、自然环境的考量,也有对安全防卫的权衡,但这些考量与权衡都受到中国传统堪舆文化的引领与规制,有丰富的精神文化内涵。土司城选址中的"倚玄武,面朱雀,左青龙,右白虎"的山体命名与方位确定,源于中国古老的星宿信仰,明显受汉族传统文化的影响。土司城主体建筑仿皇城建造,功能布局明显体现封建皇权思想与等级文化。整个土司城建筑布局,是王朝皇权等级文化与土司地方威权文化结合的产物。

土司城墓葬遗存艺术。在土司城墓葬遗存中明显夹杂着儒家文化与土家族原生文化因子。如前所述,司城的"王坟"与覃鼎墓、田氏夫人墓等墓葬,墓碑的形制与碑文的表达语言,与汉族地区基本一致,特别是"孝"的文字与意涵,体现了土司对汉族丧葬文化的接受与运用。而"土司王坟"照壁上的圆形石雕纹样、墓前栏板与望柱上的石雕图形,则较为充分地体现了土家族重生乐死,"伐鼓以祭祠,叫啸以兴哀"的习俗,体现了土家族"灵魂不死"的宇宙观、"死是福"的豁达生死观、祖先崇拜的伦理观。

荆南雄镇牌坊艺术。从社会功能上看,牌坊是封建社会为表彰功勋、科第、德政以及忠孝节义所立的建筑物,是汉族儒家文化的典型艺术物象。如前所述,该牌坊承载的政治与文化内涵十分丰富。牌坊上的每一个艺术符号都具有重要的文化意义,承载彰显威权与传布信仰的功能。在司城的中心位置矗立牌坊,本身就体现了儒家文化的影响。牌坊上的文字、题款、装饰石雕图案的内容,均表现出对儒家文化的认同,而其中的"除妖镇反""土王出巡""尊祖敬宗"等,则是土司本土文化的标志性表达。

土司城生活器具艺术。土司城遗址出土了大量碗盘等青花瓷器。青花瓷器是典型的汉族文化艺术物象。在出土的碗盘外底可见"大明年造""万福攸同""长春佳器""长命富贵"等年号款与吉语款(图7—1、图7—2)。瓷器的装饰纹样以花草植物纹与几何纹为主,包括牡丹花纹。据考古专家推测,"衙署区出土的明代中晚期瓷器主要来源于景德镇民窑"。由此可见,在土司日常生活中,已包含了汉族青瓷文化元素。值得注意的是，城址北侧是土司时期的"碗厂沟"，是本土烧制生活器具的专门场所。在土司城遗址考古发掘中，在碗厂沟"发现了集中出土的数量众多的瓷器残片，与衙署区出土的灰胎瓷器特征一致……可以确定这批瓷器出自于附近的窑址，属于本地自产瓷器"。[①] 从两种瓷器的并存，可以看出当时汉族文化与本地文化的交集。城址出土的石质盛水容器，独特的形制与装饰艺术，则体现了土司地区的文化因子。

图 7—1　城址出土瓷片（一）　　图 7—2　城址出土瓷片（二）

总之，元明时期是土家族地区与汉族地区人员交往、经济文化交流的重要时期。儒家文化的传布，形成对土家族原生文化的巨大冲击，土民社会的风俗与观念等发生变迁。这种文化交融与变迁，构成了土司城址艺术特殊的文化生境，形成对城址艺术物象的型塑，赋予其特殊的价值蕴含。

第五节　唐崖的民族民间艺术生境与城址艺术

一　土司时期的民族民间艺术

在长期与恶劣自然环境抗争的过程中，土家族先民不仅创造了丰富的物质文明，而且创造了丰富多彩的民族民间艺术。从土家族历史上的民族民间艺术中，我们可以解读出土家族先民的审美情趣与蕴含的价值

[①] 湖北省文物考古研究所、咸丰县文物局：《咸丰唐崖土司城址衙署区发掘简报》，《江汉考古》2014 年第 3 期。

观念。

  1. "南剧"与"傩戏"。南剧，又称南戏，是流行于鄂西土家族地区的一个具有民族与地方特色的古老剧种，居恩施州五种地方剧之首。"南剧"一名，一般认为与古施州之南即"施南"的地理方位有关，所以又叫"施南调"。南剧创自何时，至今无确切考证。有学者认为，"究其历史渊源而言，它滥觞于17世纪流行于鄂西土司时期的庙台戏曲。"① 由于该剧种常在庙台演出，又长于演连本戏，俗称"高台戏"或"人大戏"。在后来的发展过程中，南剧同鄂西民间音乐、地方艺术、方言土俗相融合，逐步形成具有独特风格的地方剧种。它流播城乡，有着深厚的群众基础。南剧剧目多是传奇戏和历史故事戏，传统剧目有近千个。该剧剧本唱词常杂有鄂西方言土语，通俗易懂，生活气息浓郁，特别是一些生活小戏，唱词与道白更具特色，鲜活生动，充满泥土气息。

  在古施州地区，除南剧之外，傩戏（图7—3）也较为流行。傩戏并非源自土家族地区，流传范围曾较为广泛。随着社会发展和文化演进，傩戏在嫩江流域、黄河流域、长江中下游一带逐渐衰亡。在西南少数民族地区，封闭的"社会环境和少数民族特有的文化个性，以及中原文化、荆楚文化、巴蜀文化的渗透，为傩文化的生存和发展提供了肥沃的土壤"。② 湖北西南部是傩戏流行的主要地区之一。傩戏的演出剧目不多，内容也较为简单，大多与宗教和驱疫纳福有关。傩戏表演大多戴面具，靠面具来区分角色行当。"面具又称脸子或脸壳子，多为木质……所绘花纹及色彩，各地大同小异"③。傩戏的面具来源

图7—3　恩施市三岔乡傩戏
图片来源：湖北文明网。

---

① 谢一琼主编：《咸丰县非物质文化遗产概观》，黄河出版社2015年版，第55页。
② 黄萍：《二元性文化的奇葩》，《名作欣赏》2007年第12期。
③ 周贵：《藏戏面具与傩堂戏面具之比较》，《咸宁学院学报》2008年第4期。

甚古，可以追溯至远古先民的文面，是文面的再度夸张。狰狞与异状面具增加了变形后的神秘感，给人审美感受，增添娱人功能。傩戏剧目可分两类：一类是正本戏，多属巫师（端公、法师）作法事所唱，这类剧目宗教色彩浓，情节简单，多唱巫腔。二是傩堂小戏，在傩坛和高台均能演出。这类剧目宗教色彩略淡，世俗及娱乐成分较重，戏曲化程度较高。傩戏一般唱多白少，但也有一些白口戏，演出时以方言为主，生动有趣，颇受民众欢迎。

2. 吊脚楼建筑。吊脚楼是武陵山区土家族独特的居住建筑。它结合山地土少岭陡、木多质实、夏热冬冷、潮湿多雨、蚊虫繁多、野兽出没等自然生态特点，形制与建造工艺独特，具有特殊的审美价值。吊脚楼是土家族民风民俗、艺术审美等多种文化取向的实物载体，亦是土家族人民智慧的体现。

吊脚楼选址考究，通常半立陆地、半靠山水，大多依山就势而建，呈"虎坐形"，以"左青龙，右白虎，前朱雀，后玄武"为最佳屋场；讲究建筑朝向，或坐西向东，或坐东向西。吊脚楼为半干栏结构，一般中间为堂屋，左右两边为饶间，作居住、做饭之用。在吊脚部分，楼上通常有绕楼的曲廊，曲廊配有镶花栏杆，栏杆"吊柱"悬于空中，柱头一般雕刻成金瓜或荷花状。吊脚楼多为木结构，顶盖小青瓦，木墙花格窗，四檐悬空翘起，木墙壁与栏柱涂桐油，干净亮堂。吊脚楼窗花有浮雕、镂空等多种雕刻工艺，雕刻手法细腻，内涵丰富。整个建筑轻重协调，粗犷洒脱，淳朴深沉，与自然环境协调，给人以美的感受。

建筑技术方面，吊脚楼采用木构建筑技术，综合运用井干式、穿斗式、抬梁式等建筑技法，其整体构架均以榫卯相连，无钉无栓。在古代，吊脚楼建造的形制与工序，数百根瓜柱梁枋的大小长短，开卯作榫的部位，架构之间的支撑与承载等，均由匠师把控，"表现出土家匠师们精湛的建筑技术和别具匠心的创作精神，实现了技术性能与审美情趣的有效结合"。[①] 可以说，土家族吊脚楼，既是土家族物质文化的代表，亦是土家族建筑艺术与审美文化的代表。

3. 石雕与木雕。元、明时期，由于取材方便、用途广泛，鄂西土司

---

① 刘平元：《土家族吊脚楼建筑风格谈》，《中国建设报》2013年7月29日。

地区的石雕、木雕工艺较为发达，艺术成就较高。

　　尖山石雕，据传已有数百年的历史，其主要分布在唐崖土司城址周边的唐崖镇境内。历史上的尖山石雕，不仅加工打制各种土民日常生活所需的石磨、石臼、石缸、铺路石条等，也制作建筑柱础、建筑装饰雕刻、墓地墓碑等。尖山石雕成就最高的是各种建筑装饰石刻，包括石狮、动物花草、历史故事、戏剧人物、神话传说、驱邪纳吉吉祥物等，其雕刻技法有圆雕、深浮雕、浅浮雕、镂雕、线刻等等。唐崖土司城址的艺术石雕是尖山石雕的杰出代表。

　　除土司城石雕外，尖山石雕的另一典型艺术遗存，是距土司城址不远的严家祠堂装饰石雕。该祠堂位于唐崖镇大水坪村，为光绪三年（1877）建成，总建筑面积736平方米，是一座集石、木及装饰工艺精粹于一体的传统古建筑。祠堂正厅外建有一飞檐翘角的亭阁，亭阁"正面的两尊柱础系大理石雕成，左为'狮子滚绣球'，右为'母狮戏幼狮'。雕刻精美，狮毛细软如丝，飘飘欲动"①（图7—4）。石狮口中含一活动石球，可任意拨动，但不能取出。石狮之下的石基座四周，刻有"孟忠哭竹""武松打虎""单刀赴会""辕门斩子"等8个故事图案。亭台前，有一宽1.07米、长1.63米的斜面镂空盘龙石雕（图7—5），下端是"鲤鱼跳龙门"，上端为"三龙戏水"，龙体矫健，龙爪雄劲，奔腾在云海波涛之中，形象十分生动。

图7—4　严家祠堂石雕（一）
图片来源：恩施新闻网。

图7—5　严家祠堂石雕（二）
图片来源：恩施新闻网。

---

　　① 《严家祠堂，一座老房子的复活》，2018年4月14日"新浪看点"，http：// k.sina.com.cn/article_ 6426938840_ 17f134dd8001007x5f.html。

张兴文先生历经数年，收集整理了鄂西利川（历史上亦属土司辖地，与咸丰紧邻）的墓碑，出版了《民间石雕艺术》。该书通过墓碑石雕，集中展示了历史上土家族地区的石雕艺术。该书中有相当一部分是明代的墓碑石雕。正如张先生所评述的，这些石雕"简练明快，刀法纯熟，状物绘染，可谓鬼斧神工"。① 由此可见元明之际土司地区石雕艺术的发展状貌。

除石雕之外，元明时期土司地方木雕艺术也达到较高的水平。据覃莉的研究，到土司时期，"木雕门类从木制器具的刻木，到建筑构件木雕、宗教类木雕、生活器具等木雕门类一应俱全，文化影响因素从本土文化、楚文化、蜀文化、汉文化等皆有。由于技术的进步、文化观念的影响，这一时期已基本上形成了土家族区域木雕艺术的本土风貌"。② 顾彩的《容美纪游》中记载，容美土司治所，"柱蟠金鳌，榱栋宏丽"。③ 在永顺老司城建筑遗址中，祖师殿为明代重建，梁、枋等均有木刻；玉皇阁斗拱略做卷杀，撑木雕成卷云状。"在贵州省印江土家族苗族自治县，民族博物馆收藏的一件土司时期的木制马鞍，做工精细，有浮雕花纹，辅之彩绘，当时的木雕技术可见一斑"。④ 咸丰严家祠堂亭阁照面木枋上的"槐荫会""七仙女送子"木刻画，刀法精巧洗练，线条自然清晰，形态栩栩如生。虽然该祠堂为晚清建造，但亦证实了当地有木雕艺术的传统。土司时期傩戏比较流行，从土司时期流传下来的傩戏面具和神像雕刻工艺，我们也能看出当地木雕艺术的水平。

二 民族民间艺术对城址艺术的影响

1. 民族民间艺术对土司审美情趣的培育。土司时期丰富的民族民间艺术，既是土家族先民智慧的结晶，也是民族之间长期交往交流的产物。它不仅在多方面满足土司土民的物质生活需要，更重要的是满足他们的精神与文化需求，对土司土民的审美观念与审美情趣产生潜移默化的影

---

① 张兴文：《民间石雕艺术——中国利川墓碑》，湖北美术出版社2000年版，第7页。
② 覃莉：《土家族区域木雕艺术发展史》，《三峡大学学报》（人文社会科学版）2011年第1期。
③ 《容美纪游》整理小组：《容美纪游注释》，天津古籍出版社1991年版，第37页。
④ 参见覃莉《土家族区域木雕艺术发展史》，《三峡大学学报》（人文社会科学版）2011年第1期。

响。这种与民族民间艺术紧密相连的审美观念与情趣，最本质的表现，就是对美的向往与通过艺术的形式而获得精神的愉悦。通过参与民族民间艺术活动，土司与土民以艺术的形式来表达自身的精神追求。唐崖土司世代生活在本土的民族民间艺术生境之中，上述与其日常生活密切相关的艺术形式，对其审美意识与审美观念的形成无疑具有重要影响。当第十二世土司受到王朝嘉奖，土司城需要扩建之际，这种审美观念与审美情趣就自然地表现出来，并被付诸实践。值得注意的是，这种来自民族民间艺术的审美意识与审美情趣，在土司城建造实践中，又与在对外交流、王朝互动中获得的艺术审美印象结合起来，从而在一定程度上实现了对本土民族民间艺术的超越。

2. 民族民间艺术对城址建筑的直接影响。从土司城址的艺术遗存中，我们可以清晰地看到当地民族民间艺术的影响。石雕艺术遗存是城址数量最多、品质上乘的艺术物象。土司城石雕艺术无论是取材、内容、技法，无不与民族民间石雕艺术相关联。"荆南雄镇"牌坊上的石刻戏文故事，与严家祠堂的装饰石雕有许多相似之处；"荆南雄镇"牌坊前的石狮，与严家祠堂柱础上的石狮亦有几分神似。虽然后者雕刻较晚，但其同出一源的痕迹清晰可见。由于土司城衙署区主体建筑已毁，我们难以对其建筑装饰进行考析，但可以推测的是，其中肯定运用了不少木雕装饰件，而这类木雕装饰件必然与当时当地的民间木雕有密切的关联。

从土司城建筑遗存可见，其建造明显运用了民族民间建筑法式。"荆南雄镇"牌坊的建造，就运用了土家族吊脚楼建筑的穿斗式、抬梁式等建筑方法。牌坊作为全石质的三门四柱立式建筑，整体构架以榫卯相连，无钉无栓。在当年无起重机械、无钢筋混凝土的情况下，牌坊能层叠垒筑，牢固竖起，经数百年风雨而不倒，也应算作奇迹。从当地流传的垒土立坊的传说①，亦可见牌坊建造过程中无疑有民族民间智慧的贡献。

土司城装饰纹样种类繁多，既有麒麟、鹿、马、鱼、龙、凤、蝴蝶等动物图案，也有牡丹、葡萄、菊花、桃花、金银花等植物图形；既有

---

① 参见咸丰县政协文史资料委员会、唐崖土司城遗址管理处编《唐崖土司城址》，湖北人民出版社2015年版，第137—138页。

缠枝纹、宝相花纹、云纹、水纹,也有各种各样的几何形纹。这些图形与纹样,在土家族地区传统的织锦图案中几乎都可以找到。土司城址艺术遗存上形态各异的几何纹样,与土家织锦中的纹样变形具有艺术因子的关联性。

唐崖土司对戏曲艺术的喜爱,通过"荆南雄镇"牌坊上的"槐荫送子""断桥接子"等戏曲图案可窥见一斑。值得注意的是,在土司城张王庙山门上戏楼的设置,亦能反映出当年戏曲活动在唐崖地方的流行。土司时期的戏曲,当以南剧为主。① 而在一些节庆、祭祀活动中,亦有傩戏表演。清朝诗人冯永旭在游览唐崖司后,有诗云:"烟树苍茫望里分,当年歌鼓寂无闻;惟留废苑埋荒草,但见空山走白云。"② 这大概是对唐崖土司极盛时期歌舞、鼓乐场景的追忆。

综上所述,生境对土司城址艺术的影响具有综合性。各种生境因子,对城址艺术的形制与精神蕴含产生了直接或间接的影响。正是自然与生态、经济与政治、文化与民族民间艺术等因素,从不同侧面形塑了城址艺术。特殊的艺术生境,使城址艺术表现出时代、区域与民族的特色,造成了城址艺术对儒家文化与汉族艺术的接受与仿象。

---

① 咸丰县政协文史资料委员会、唐崖土司城遗址管理处编:《唐崖土司城址》,湖北人民出版社2015年版,第147页。
② (清)张光杰等:《咸丰县志》卷十八(艺文志),(清)同治四年刻本。

第八章

大美不言：城址艺术认识价值

在第二章至第五章，笔者集中探讨了唐崖土司城址在选址与布局设计、建筑、雕塑、装饰纹样等方面的艺术表现形态与特色，展现了唐崖土司城址艺术的审美价值与审美体验。唐崖土司城址的艺术遗存，除了具有重要的审美价值之外，还具有重要的社会价值，其中包括认识价值、教育价值、经济价值等。从本章开始，笔者将分别对城址艺术的社会价值进行解析。

第一节 城址艺术认识价值的基本内涵

一 认识价值是艺术的重要社会属性

艺术作为人类最高级的精神活动，承载着多元的价值追求。艺术不仅为人类提供美的享受，实现审美的价值，而且受社会生活影响，反映社会生活与精神生活。世界上没有所谓"纯粹"的艺术，也没有完全不受社会影响的艺术。

关于艺术价值的内涵，学界有不同的解读。对于艺术的审美价值，虽然也存在不同的说法，但总体上已经取得基本的共识，即艺术具有审美价值，能够给审美主体带来审美愉悦，审美价值是艺术的本质特征，这一观点已经在美学、艺术学、艺术哲学等专业领域被广泛引用与阐释。但是，艺术除审美价值之外，是否还具有其他价值？对此，学者们可谓见仁见智。在一些学者看来，艺术除了审美价值外，还具有认识、教育等功能或作用，但他们不赞成将这类功能或作用归为艺术的价值。王宏建先生的观点颇具代表性。他在《略谈艺术的功能》一文中指出："价值是政治经济学的一个范畴，并不属于哲学范畴，也不是美学的范畴。""艺术在本质上不是用来交换的劳动产品即商品，而是社会生活在艺术家头脑中反映的产物；艺术美也就不是价值，而是指整个艺术作品符合于美的规律，艺术作品的好坏美丑是根本无法用价值的概念来衡量的。"① 但他承认"艺术具有认识作用、教育作用和美感作用"。

笔者以为，问题的关键在于对价值这一概念的理解。在常人的眼里，价值主要是一个经济学范畴，反映的是某种物品的有用性。但从学理上分析，价值更重要的是一个哲学范畴。文德尔班在《哲学概论》中说："每一个价值意味着某种满足一个需要或引起快乐的东西。"李凯尔特在《论哲学的概念》一书中指出："价值决不是现实，既不是物理的现实，也不是心理的现实，价值的实质在于它的有效性，而不在于它的事实性。"② 价值并不像财富那样属于对象本身，它仅仅同人相关联，离开了人，便无价值可言；价值同人的需要有关，满足人的某种需要之物，就是有价值的，否则，就是无价值的。马克思主义经典作家主要是在对经济现象进行分析时，使用价值的概念，但也并未将价值的性质指向绝对化。马克思通过分析经济意义上的价值，论证了价值的客观性。在马克思看来，各种形态价值的特殊性质表现在它们具有不同的属性，分别满足人的某一特定的需要。从其论述中，可以归纳出两点本质的蕴涵：第一，价值表示物为人的存在，离开了人，就谈不上价值；世界上没有离开人而独立的物的价值。第二，价值就是外界物以它的某种属性为人的需要服务，满足人的需要。因此，价值有两个要素，即人和物，人的需要和物满足人的需要的属性，两者缺一不可。

承认艺术除审美价值之外，还有认识、教育等社会功能或作用，实际上讲的就是艺术所具有的认识、教育等社会价值。在这里，功能、作用的意思指向就是艺术对人类社会的有用性，也即人们通过接触或参与艺术的活动，能从中获得对历史、社会、文化、人生等的认识，受到启迪，产生联想与思考，增长知识，陶冶情操，完善自我，服务社会。从

---

① 王宏建：《略谈艺术的功能》，《美术研究》1983年第1期。
② 转引自赵修义、童世骏《马克思恩格斯同时代的西方哲学》，华东师范大学出版社1994年版，第591页。

这个意义上说,艺术的认识、教育的功能与作用,就是艺术的社会价值。

自初民社会艺术的起源,到纷繁复杂、让人眼花缭乱的后现代艺术,艺术从来都植根于社会沃土,展露于社会平台。无论是声名远播的自然主义理论,还是孤傲不群的艺术自律的形式主义思潮,都无法摆脱与社会千丝万缕的勾连。即便是时髦的抽象艺术,也被世界著名的艺术大家安东尼·塔皮埃斯(Antoni Tapies)证明乃是出自社会的本质与形式的力量。[①] 艺术作为一种以美的形式表现与服务社会的形态,显然具有除审美之外的价值与功能,包括认识、教育、利用等社会价值。但是,审美价值是艺术最主要和最基本的特性,"正是因为审美价值渗透到艺术的其他功能之中,才使得艺术具有自己独立存在的价值和意义,才使得艺术具有和其他文化形态迥然不同的独特社会功能。艺术作为人类审美意识的最高表现形式,它的多重社会功能始终是以审美价值为基础的,艺术的各种社会功能只有在审美价值的基础上才能发挥作用"[②]。

二 艺术认识价值的基本内涵

艺术的认识价值内涵十分丰富。概括地讲,艺术的认识价值是指人类通过参与艺术活动或对艺术的鉴赏,能够产生对艺术所表现的自然、社会、历史、文化、价值观念等的联想与思考,获得相关的认知与体验,形成对社会、历史、文化等的正确认识。

艺术的认识价值,由艺术的本质属性所决定。艺术作为人类的高级精神活动,从其产生时起,就承载着反映自然与社会生活,叙述人文情怀,表达对美好生活的追求与向往,实现欢愉精神的价值与功能。艺术可以让人们从情绪与情感上肯定什么、否定什么、接受什么、拒绝什么。艺术激发人们思考,从戏剧、绘画、雕刻等艺术作品中,从历史、文学作品阅读中,人们不仅能够获得社会知识、历史知识、人生经验,而且能提升道德判断能力与社会分析能力。艺术还能培养人们的想象力和创

---

① 牟群:《社会的艺术与艺术的社会——重庆美专30年画展序》,价值中国网,http://www.chinavalue.net/General/Blog/2016-2-24/1232544.aspx。

② 仝妍:《"难能为美"与"文化同感"——论当代舞蹈的专业审美与文化审美》,《北京舞蹈学院学报》2006年第4期。

造力，而"想象力比知识更重要，因为知识是有限的，而想象力概括着世界的一切……是知识进化的源泉"。① 这些都是艺术认识价值的表现。当然，艺术不等于历史，也不等于现实，艺术中可能存在夸张与虚构。因此，人们在欣赏艺术时，应有所甄别，而不是简单地盲从。

古希腊哲学家亚里士多德，很早就把艺术同认识明确地联系在一起。他认为，艺术对现实的"模仿"的重要作用，就在于它能给人以认识的愉快。古希腊神话就明显地包含着古希腊人对自然和社会的认识。②

鲁迅先生在谈到美术的社会功能时，曾指出："美术可以表见文化。凡有美术，皆足以征表一时及一族之思惟，故亦即国魂之现象；若精神递变，美术辄从之以转移。此诸品物，长留人世，故虽武功文教，与时间同其灰灭，而赖有美术为之保存，俾在方来，有所考见。他若盛典侅事，胜地名人，亦往往以美术之力，得以永住。"③ 鲁迅先生的这段精辟的论述，虽然讲的是美术的社会功能，但实际上其他的艺术形式也具有相同的认识价值，比如建筑、雕塑、戏剧、舞蹈、文学作品等等。只是各种艺术形式在实现人类认识价值时，所表现的形态有所不同而已。从鲁迅先生的论述中，我们至少可以解读出艺术认识价值的两个维度。

一是艺术表见文化，通过艺术可以认识文化。无论哪一种艺术，总是一定民族文化的载体。可以说，世界上没有脱离文化的艺术，艺术总是受到民族文化的影响，表征文化的内容。正因为艺术"征表一时及一族之思惟，故亦即国魂之现象"，而通过对艺术表象的观察与欣赏，人们能够认识与感受文化的魅力，接受文化的滋养与熏陶。

二是艺术表见历史，通过艺术可以认识历史。艺术是一种特殊的社会历史记忆方式，"艺术是开启往昔的一把钥匙"。④ 英国著名艺术家约翰·拉斯金曾指出："伟大的民族以三种手稿撰写自己的传记：行为之书、言词之书和艺术之书。"他认为，其中最"值得信赖的便是最后一部

---

① 《爱因斯坦文集》第1卷，商务印书馆1976年版，第286页。
② 参见刘纲纪《艺术哲学》，武汉大学出版社2006年版，第400页。
③ 鲁迅：《集外集拾遗补编》，人民文学出版社2006年版，第50页。
④ 曹意强：《艺术与历史：哈斯克尔的史学成就和西方艺术史的发展》，中国美术学院出版社2001年版，第63页。

书",即艺术之书。① 因为,艺术能细微记录和见证人类发展与演进的历史。艺术向来与人类文明的发展相伴,从远古洞穴壁画,到现代各类艺术表现形态,艺术记录着不同时代的方方面面,并且将向后人昭示过往的社会与生活、精神与信仰。

人们在对艺术作品的审美过程中,能透过艺术的表象了解过往的社会历史,获得历史性教益与启示。马克思在评价希腊艺术时曾指出:它"是一种规范和高不可及的范本",因为它使人们看到了"历史上的人类童年时代"。② 恩格斯也曾说,巴尔扎克在《人间喜剧》里"给我们提供了一部法国'社会'特别是巴黎'上流社会'的卓越的现实主义历史",他从该剧中学到的东西,"要比从当时所有职业的历史学家、经济学家和统计学家那里学到的全部东西还要多"。③ 列宁更把列夫·托尔斯泰的小说看成是"俄国革命的镜子",认为从这面镜子里,人们可以清楚地看出"革命的某些本质的方面"。④

古罗马的建筑与雕塑艺术举世闻名。其不仅以高超的建筑与雕刻艺术使人产生审美愉悦,而且在数千年之后仍能唤醒人们对古罗马的历史记忆与联想。罗马的古建筑与雕塑艺术,已经与古罗马的历史与文化融为一体,不可分离,成为人们追忆历史、明辨盛衰的重要物证(图8—1)。对于每天行走在罗马街头的来自世界各地的游客来说,这些建筑与雕塑艺术品,

图8—1 罗马的古建筑与雕塑

图片来源:自拍。

---

① 转引自曹意强《艺术与历史:哈斯克尔的史学成就和西方艺术史的发展》,中国美术学院出版社2001年版,第59页。
② [德]马克思:《〈政治经济学批判〉导言》,《马克思恩格斯选集》第2卷,人民出版社2012年版,第711—712页。
③ [德]恩格斯:《致玛格丽特·哈克奈斯》,《马克思恩格斯选集》第4卷,人民出版社2012年版,第590—591页。
④ [俄]列宁:《列夫·托尔斯泰是俄国革命的镜子》,《列宁选集》第2卷,人民出版社2004年版,第241页。

已然成为古罗马历史与文化的象征，其历史文化价值与审美价值相映生辉。正如伟大的启蒙思想家孟德斯鸠在《罗马盛衰原因论》中所指出的："从罗马的建筑物上面，立刻就能看出它的伟大来。这些营造物不仅过去，就是在今天，依然也能使人对于它的强大产生一种最为崇高的念头。"①

圣城耶路撒冷的哭墙，作为犹太教的圣地举世闻名（图8—2）。它没有文字，也没有图像，但作为具有艺术特色的文化遗产，古墙就如一本厚厚的史书，记录了犹太人过往所有的悲苦。建筑艺术具有的认识历史的价值，使其获得了重要的社会价值。

图8—2　耶路撒冷哭墙
图片来源：搜狗图片。

《红楼梦》是我国一部伟大的文学作品，是举世公认的中国古典小说的巅峰之作，达到极高的艺术水准。人们通过小说精彩的描写，不仅可以了解家族悲剧、主人公的人生悲剧，获得审美享受，而且能通过作品了解晚清社会的历史与文化。从著作中，人们不仅可以读出一代名家曹雪芹卓越的文学才气，而且能读出封建社会制度的腐朽败坏与末世的深刻危机，读出封建制度、等级制度的压迫和压榨，读出作者对封建科举制度、婚姻制度、等级制度、孔孟之道、社会道德观念等的深刻批判，痛快于黑暗的统治必将败亡的结局。一曲《好了歌》唱出的是对人间事态的感悟与无奈。正因为如此，《红楼梦》才被称为中国传统文化的集大成者和封建社会的百科全书。

总之，艺术不仅本身是一种社会文化现象，而且是人类认识社会、理解社会的重要途径与方法。"艺术往往通过典型的艺术形象，反映出一个时代的生活和人们的精神面貌。欣赏者则可以从不同的艺术作品中，认识到不同时代、不同国家、不同民族的具体生动的生活图景，以及生活在那个时代中的各种人物形象，了解他们的性格特

---

① ［法］孟德斯鸠：《罗马盛衰原因论》，婉玲译，商务印书馆1995年版，第1页。

点、思想情感和精神面貌。"① 从艺术中理解社会的历史、文化、人物、事件、风俗、习惯、自然与生态等等，从而扩大生活视域，完成从感性到理性的升华，获得历史与文化知识的滋养熏陶，这就是艺术认识价值的真谛。

第二节　城址艺术与少数民族地区治理历史智慧认知

城址艺术作为唐崖土司城址的重要组成部分和表现形态，是唐崖土司历史的物化成果，也是王朝体制下对少数民族地区实施"齐政修教，因俗而治"的土司制度的重要表征。从城址众多艺术物象中，我们能够认识与解读历史上王朝治理少数民族地区的历史智慧。

一　建筑规模形制对土司制度的诠释

如前所述，土司制度是封建王朝根据国家治理需要，兼顾少数民族地区原有的社会基础而推行的一种特殊管理制度。土司制度的设立，既有自上而下的加强统制的需要，又有基于少数民族地域特色与自身传统的自下而上的需求。土司制度体现的是"齐政修教，因俗而治"的治国理念与传统。

土司制度沿用少数民族地区原有的社会组织模式，通过对地方首领的任用、承袭、贡赋、征调、奖罚等权利与义务的制度化规范，保障区域社会的稳定，增强少数民族地区对王朝的认同；而各地土司则借助中央王朝政权的身份认定，提高区域统治的权威，增强区域族群凝聚力，谋取家族利益。从历史的实践看，土司制度与唐宋时期的"羁縻"府州制度一样，一度是具有特色的对少数民族地区进行有效治理的政治制度。这一制度对于实现与维护国家的统一发挥了重要的作用，体现了传统的少数民族地区治理的政治智慧，具有历史的合理性。

世界文化遗产"唐崖土司遗址"以物化的土司遗存形态，对中国历史上王朝国家实行的土司制度形成重要的支撑与印证。这也正是"土司

---

① 孟庆英：《浅论艺术的社会功能》，《名作欣赏》2006 年第 18 期。

遗址"获得世界文化遗产称号的重要意义所在。而土司城址的艺术遗存，是"土司遗址"中耀眼的宝珠，它以其特殊的艺术表现形态，对历史上的土司制度予以表征与叙说。

以建筑艺术为例。土司城作为土司的治所，其规模与形制与王朝时代地方衙署有明显的区别。在我国漫长的封建王朝历史上，实行严格的官制等级制度，官署衙门的空间尺度就在受限之列。《礼记》有"天子之堂九尺，诸侯七尺，大夫五尺，士三尺"①的记载；《唐六典》有"凡宫室之制，自天子至于士庶，各有等差。天子之宫殿皆施重栱、藻井。王公、诸臣三品已上九架，五品已上七架，并厅厦两头，六品已下五架"。②《唐律》规定，对建舍违令之人，杖一百，并强行拆改之。到了明朝，建筑固定为二十七种，九间殿堂为帝王专有，公侯厅堂只能用七间，一二品官员不能超过五间，六品以下只能用三间。③ 衙署占地面积，一般以实际所需而定，不得过于铺张。

河南内乡县衙，是目前我国保存最完好的封建时代县衙。该县衙占地面积8500平方米，中轴线上排列着主体建筑大门、大堂、二堂、迎宾厅、三堂，两侧建有庭院和东西账房等，共6组四合院、85间房屋，被专家誉为"神州大地绝无仅有的历史标本"。内乡县衙的治理区域范围与人口数量比唐崖土司大得多。但唐崖土司城总占地面积却达74万平方米，主体部分约35万平方米④，不仅大大超过内乡县衙，而且超过了明、清两代皇宫紫禁城（72万平方米）。土司城内，衙署区"仿皇城"中轴对称，形成城中城的结构，前殿后寝，有门楼月台，休闲娱乐设施齐全，在形制上远远超出王朝官制的限制，体现了土司及其治所的独特之处。从土司治所的规模形制与建筑艺术中，我们可以明显地看到，封建王朝对西南民族地区秉持的"因俗而治"的理念，以及朝廷对土司在政治管制上的宽容。

清代文人顾彩，在《容美纪游》中曾对容美土司的衙署建筑、兵制、刑罚、土司与土民关系等有过翔实的描述，他称容美土司"国中属员皆

---

① （元）陈澔注，金晓东校点：《礼记》，上海古籍出版社2016年版，第274页。
② （唐）李林甫等：《唐六典》，中华书局1992年版，第596页。
③ 胡成芳：《漫谈中国古代建筑的等级观念》，《中国文物报》2011年10月28日第4版。
④ 咸丰县政协文史资料委员会、唐崖土司城遗址管理处编：《唐崖土司城址》，湖北人民出版社2015年版，第63页。

讲君臣礼"。① 这也从一个侧面印证了土司城址建筑艺术所体现的土司制度的特殊性。

二 牌坊艺术彰显土司制度政治意蕴

"荆南雄镇"牌坊，是唐崖土司城址的标志性建筑。这一建筑不仅结构严谨，庄重大气，而且装饰精美，艺术品质较高。该牌坊的政治意蕴极为丰富，是唐崖土司城址最具代表性的政治符号。

土司与中央王朝的特殊关系，是土司制度最大的特色。"荆南雄镇"牌坊的兴建，源自唐崖第十二世土司奉朝廷征调，参与平定"奢安之乱"，因军功受到朝廷嘉奖。历史地看，牌坊体现了土司对朝廷的臣服与认同，也表明了朝廷对土司的褒扬与笼络。当年，参与平定"奢安之乱"的官军与地方武装绝不止覃鼎率领的唐崖土司的土兵一支，但朝廷唯独赐建唐崖将军府与牌坊，并由钦差大臣授书"荆南雄镇"与"楚蜀屏翰"以彰其绩，政治用意显然已超过了一般的军功奖赏。可以说，朝廷是借表彰唐崖土司，授建牌坊，树立一个榜样与标杆，彰显王朝的权威与德行，为对少数民族地区的治理提供合法性支撑。而从唐崖土司的视角看，朝廷的"赐建"与"授书"，给唐崖土司增添了无上的荣耀，成为光宗耀祖、建立治理威权、参与地方政治博弈的重要政治资本。土司城的建造者之所以将牌坊立于土司城的中心位置，之所以花重金对牌坊进行精心装饰，就是因为它具有重要的政治价值。"荆南雄镇"牌坊成为一种典型的政治资本与象征符号，也成为认识和解读土司制度的重要艺术遗存。

正如法国著名历史学家泰纳在谈到艺术与历史的关系时所指出的，"比之行动与著作，人们往往在其装饰、柱头和圆顶中更清楚、更真诚地表达自己"。② 从一定意义上说，对"荆南雄镇"牌坊的艺术解读，有助于揭示王朝与土司关系的生动历史图景。当参观者立于牌坊前，在欣赏牌坊的庄严形制、精美雕刻，揣度"荆南雄镇""楚蜀屏翰"八个大字的

---

① 《容美纪游》整理小组：《容美纪游注释》，天津古籍出版社1991年版，第44页。
② 转引自曹意强《艺术与历史：哈斯克尔的史学成就和西方艺术史的发展》，中国美术学院出版社2001年版，第62页。

意蕴，享受建筑与艺术之美时，一种对历史上土司制度的历史记忆与理解便油然而生，它比史书对土司制度的介绍可能更加生动、更加鲜活。这无疑就是城址艺术认识价值的魅力所在。

第三节 城址艺术与传统文化、民族文化认知

唐崖土司城是一座文化之城，城址艺术既是表征文化的重要形式，也是不同文化交流融合的产物。城址的一砖一石都蕴含着文化的基因，通过对城址艺术文化现象的分析解读，有助于认识理解传统文化与民族文化。

一 中华传统文化的表达

从城址的各种艺术物象可以看出，土司城在选址与设计艺术理念、建筑形制与装饰艺术等方面，深受中国传统文化的影响，体现出对中华传统文化的接受与运用，具有明显的文化认同特质。

从选址与平面布局艺术的角度看，土司城所秉持的堪舆理念，源自中华传统典籍《周礼》。"负阴抱阳、背山面水"，倚玄武祖山，面朝朱雀山，左青龙、右白虎，都不出古代中华传统堪舆规范；而"万物负阴而抱阳，冲气以为和"，则源自老子的道法自然思想[①]。

从建筑艺术的角度看，土司城衙署核心区的中轴对称设计，直接仿效历代王朝皇宫王室的建筑理念与风格。牌坊是典型的中华传统文化的艺术物象。"荆南雄镇"牌坊作为土司城的标志性建筑，其形制虽有自身特色，但无论是立意还是主体格局与尺度，都与我国古代的牌坊形制基本一致，体现的精神价值一脉相承。牌坊上的石雕艺术，如"渔""樵""耕""读""麒麟奔天""尊祖敬宗""槐荫送子""乘龙驭凤"等，从内容到形式，无不体现出中华儒家文化的深刻影响。而城址的"土司王坟"与覃鼎墓、田氏夫人墓等，贯彻的"孝"的理念与碑刻题款，也是典型中华传统文化的表现。

---

① 任继愈：《老子绎读》，北京图书馆出版社2006年版，第94—95页。

从石雕艺术的角度审视，无论是石人、石马，还是石狮、石麒麟，其造型与技法都承袭了中华传统石雕艺术文化；在石刻艺术装饰纹样方面，土司城艺术遗存中大量使用的缠枝纹、宝相花纹、云纹、水纹与几何纹样等，都属于中华艺术文化宝库中的典型纹样，具有特殊的文化蕴涵。

城址艺术遗存中，体现中华传统文化影响的事项还有很多。考虑到本书设专章讨论土司城艺术与我国传统艺术，特别是中原汉族艺术的关系，所以这里不作展开。但上文所举各例已经足以证明，城址艺术对中华传统文化的认同的全面深刻。在地处深山的鄂西南民族地区，之所以出现这种文化影响与文化"涵化"的现象，是历史上民族之间长期交往交流的结果，这也从一个侧面印证了中华民族多元一体的特质。

二 地域与民族文化特色

作为一种历史的、民族的记忆，城址艺术不仅展现了对中华传统文化的接受与艺术仿象，同时也包含了诸多地域与民族的文化特色。这里仅举两例进行解析。

1. 崇尚自然——城址布局的艺术理念。艺术与自然的关系，是古今中外艺术哲学的重要课题。艺术离不开自然，艺术来自自然并超越自然，已成为基本的共识。艺术品制作的材料、艺术表现的方式、艺术描写的对象，都与自然有着不可分割的关系。正因为如此，古希腊思想家亚里士多德认为，模仿自然，表现自然，是艺术的价值所在。[①] 中国古代的绘画艺术，原本都是写实的作品，强调生动如真的表现。从一定意义上说，艺术的过程是一种造型，艺术的创造是模仿自然创造的过程。当然，正如著名德国哲学家 M. 海德格尔在论及艺术与自然的关系时所指出的，"艺术应合于自然，但却决不是已然在场者的一种复制和描摹"。[②] 自然是艺术创作的原始素材，自然中无处不体现着秩序的存在——形态秩序、生长秩序、运动秩序等等，自然成为艺术创造的源泉。宗白华先生也曾指出："中国人的个人人格，社会组织，都希望能在美的形式中，作为形而上的宇宙秩序……这是中国人的文化意识，也是中国艺术境界的最后

---

① 参见宗白华《美学散步》，上海人民出版社2005年版，第406页。
② [德] 海德格尔：《艺术的起源与思想的规定》，孙周兴译，《世界哲学》2006年第1期。

根据。"① 虽然艺术的创造不能等同于自然的创造，但艺术创作离不开自然的秩序与规律。

在唐崖土司城址的诸多艺术物象中，最具民族与区域特色的当属对自然的崇尚。崇尚自然，是土家族民族文化的重要内容。崇尚自然，既是城址艺术的基本理念，也是城址艺术的最重要实践，这方面表现最为突出的是城址的选址与平面布局的艺术。与内地官署衙门的选址与建造相比，唐崖土司城最大的特色就是它因地制宜、随形就势，将城址安放在一种特殊的自然生态环境之中。如前所述，城址依山傍水，地质稳固，旱涝无忧，易守难攻，且将古代堪舆之玄武、朱雀、青龙、白虎、祖山、朝山、玉带等运用于城址四至山体、河流的命名。整个唐崖土司城"负阴抱阳，背山面水"，山脉与河流以圆润柔和的曲线将中心城池揽于怀中，使城址既具有独特的自然生态之美，又具有鲜明的历史人文之美，显出独特的审美意蕴。这种背靠山林、不占农地、地质稳固、便于排水的缓坡选址，既符合土家族一般聚落的生产生活条件，又能满足土司城作为区域政治、文化中心的功能要求，安全实用，生态优越，体现出历史上土家族的生存智慧与民族特色。

唐崖土司城内的建筑布局也充分体现了对自然秩序的尊重。循自然山体的缓坡形状，城址有明确的功能区划分。宗教、墓园、休闲区等居城址上部；衙署区、文教区位于城址中部，并形成中轴对称；居民区、军事区位于城址下部。整个唐崖土司城的大部分建筑、道路、排水沟渠等均依照自然山势的多层平台分布。城中不同的功能区分与自然环境有机结合，如土司生活区、衙署区等重要区域基本位于相对居中、较为宽阔的缓坡地带，并与交通干道、码头连通；军事区或相关设施均结合自然天险设置并位于交通沿线，有利于军事防御。城内主干道两侧的排水沟渠与顺山势修建的三条下河道等，都充分体现了特殊环境下对自然秩序的尊重。除此之外，"土司王坟"等建筑雕饰中，各类植物花卉图形的广泛运用，也体现了建造者对自然物象的钟情与模仿，亦是崇尚自然的重要表现。

---

① 宗白华：《艺术与中国社会》，《宗白华全集》第2卷，安徽教育出版社1996年版，第410页。

2. 重生乐死——王坟照壁的诗意表达。对生与死的诠释是艺术表达的重要题材，生的审美和死的艺术，构成了诗意人生的完整画面。海德格尔曾借用"人诗意的栖居"，来阐释人类生存的基本特性①。这种诗意，既属于生者，也属于死者。古今中外，通过戏剧、雕塑、绘画、文学作品等艺术形式对死的意义的表达，可谓不胜枚举。总体来看，对死亡的艺术诠释，体现出两种不同的哲学观念，即恐惧与乐观。从恐惧的视角看，死亡与肉体、精神的痛苦相连，是折磨与惩罚的结果；从乐观的视角看，死亡是解脱，是"回家"。德国著名哲学家叔本华是乐观派的代表，他说："死亡本身对于主体来说只是在于意识消失的瞬间"，"死亡之于种属就等于睡眠之于个体"，"睡眠与死亡并没有根本的区别"。他认为，"死亡虽然让人们不寒而栗，但死亡却并非真的一大不幸。很多时候，死亡看上去甚至是一件好事，是我们渴望已久的东西，是久违了的朋友"。② 英国唯物主义哲学家培根在他所著的《论死亡》中也认为，"死与生同其自然"，他批评"那些画廊派的哲学家把死底价值抬得太高了，并且因为他们对于死准备过甚，遂使死在人看起来更为可怕"。③ 由艺术呈现的那些悲剧，其可怕之处全在于这些悲剧刺激起我们对死亡的恐惧。

土家族对死亡的理解属于乐观派，重生乐死是土家族的基本哲学理念。在土家族先民看来，生死是自然现象，死亡是人转化为另一种生命，是死而脱生。在这个世界是死亡，到另一个世界是生存。死亡既是生命的结束，也是新生命的开始，因此，死亡并非令人恐惧的事情。土家族这种对死亡的理念，在其民间艺术"跳丧"中表现得淋漓尽致。跳丧，又称"撒尔嗬"，是土家族的丧葬习俗。据史书记载，跳丧习俗在隋以前就已形成。唐代樊绰所著《蛮书》卷十记载："初丧，鼙鼓以为道丧，其歌必号，其众必跳。"④ 另据清《巴东县志》记载，"旧俗，殁之夕，其

---

① [德]海德格尔：《诗·语言·思》，彭富春译，文化艺术出版社1990年版，第185页。
② [德]叔本华：《叔本华美学随笔》，韦启昌译，上海人民出版社2004年版，第211、222—224、213页。
③ [英]培根：《培根论说文集》，水天同译，商务印书馆1983年版，第9页。
④ (唐)樊绰、向达撰：《蛮书校注》卷十，中华书局1962年版，第260页。

家置酒食,邀亲友,鸣金伐鼓,歌呼达旦,或一夕或三五夕"。① 为死人载歌载舞,体现了"灵魂不死"的宇宙观和"死是福"的豁达生死观。因此,土家族人死后跳"撒尔嗬"时,"合族不悲",哀而不丧,气氛热烈。"土家族认为,人死后的灵魂仍然不离开人间,即使亲人离世,也希望其灵魂仍然留在自己身边,故大多不避讳墓葬。同时,土家族认为先人的灵魂也可以成为神灵,接受香火,故有祖先墓葬布置在堂屋后面的案例,堂屋的神龛就是墓碑"。② 这种将生与死构建在一个区域空间的现象,体现了土家族"重生乐死"的生死观。

在唐崖土司城址,这种对死的诗性表达使人印象深刻。如将"土司王坟"、家族墓园置于土司城内,与衙署、大寺堂等比邻。再如,"双凤朝阳"墓富有诗义的石刻图案,田氏夫人墓"万古佳城"的牌坊题刻等,都是这种生死观的体现。

特别值得解读与赏析的是在城址"土司王坟"墓前两侧照壁之上的圆形图案。关于这两个圆圈艺术图形,前面已有介绍,这里重点就其所体现的土家族生死观做简要阐释。笔者以为,这种极为抽象的圆形符号,刻于"王坟"照壁,体现了土家族对生与死的诗意表达。十分有趣的是,其寓意与著名思想家叔本华的观点出奇地一致。叔本华说:"大自然的真正象征普遍都是圆圈,因为圆圈是代表周而复始的图形,而周而复始事实上就是自然界中至为普遍的形式。自然界的一切都是一个周而复始的过程,从天体的运转一直到生物体的死、生都是如此。在永不休止、囊括一切的时间长河中,某一持续的存在,亦即大自然,也只有以此方式才得以成为可能。"③ 笔者以为,"土司王坟"照壁上的两个圆形图案,至少表达了三层意蕴:其一,圆形代表生死轮回,周而复始。此生的死亡,即彼生的开始,人之生死交替,犹如日月轮替、寒暑往复、草木枯荣,乃自然之现象,死是生的希望与前奏。其二,圆形寓意亡者功德圆满,象征家族兴旺繁盛。日有阴晴,月有盈亏,人生能致家族兴旺、事

---

① (清)廖恩树等:《巴东县志》卷十(风土志),(清)光绪六年刻本。
② 陈飞:《荆南雄镇 楚蜀屏翰 唐崖土司城的选址与营建》,《中国文化遗产》2014年第6期。
③ [德]叔本华:《论死亡》,《叔本华美学随笔》,韦启昌译,上海人民出版社2004年版,第214页。

业和顺、寿终正寝,犹如晴日满月,体现的是圆满与福气。其三,两个同心圆象征夫妻恩爱,生活美满。与墓室之中,灵床之上,夫妻相伴的实景相对应,照壁上两个相对的同心圆,太阳代表男人,月亮代表女人,给人以夫往妻随,现世同栖连理枝,来世也要相伴飞的诗性联想。我国古代经典文献《礼记》中载:"郊之祭,大报天而主日,配以月……祭日于东,祭月于西,以别外内,以端其位。日出于东,月升于西,阴阳长短,终始相巡,以至天下之和。"① "土司王坟"照壁圆形雕刻的意蕴,与《礼记》所表达的祭祀礼法相契合。

在"土司王坟"顶脊中央的佛桃柱头造型之上,中部一只"蝴蝶"隐约可见,这也印证了"土司王坟"照壁同心圆的诗意象征。正如唐代诗人李商隐"庄生晓梦迷蝴蝶"②的诗句所表达的,两个如日似月的圆形雕刻体现了一种人生如梦、化蝶成仙的生死观。"土司王坟"的内饰与照壁,以艺术的形式诠释了关于死亡的哲理。这种具有民族特色的生死观与艺术语言,显示了土司城址艺术的诗性特色。

第四节　城址艺术与区域社会史认知

土司城址的艺术元素和艺术表现形态,不仅是土司制度的重要遗存,表征了历史上唐崖土司与王朝的关系,彰显了"齐政修教、因俗而治"的制度实践,而且也记载了唐崖土司的生存环境与物质精神生活,是我们认识唐崖土司时期地方经济社会状况的重要资源。

一　弥补唐崖土司发展史记载不足

区域社会历史的记载方式,一般来说有两种基本的形态,一是文字的记载,二是物的记载。前者有历朝史书,特别是官修的方志与民间的谱牒等;后者则有存世的文物古迹与考古发现。二者相互补充印证,相得益彰。但是,对于地处武陵山腹地的唐崖土司的发展轨迹,史书和地方志的记载极为简略。现存的唐崖土司族谱,虽对家族世系、重要人物

---

① (元)陈澔注,金晓东校点:《礼记》,上海古籍出版社2016年版,第538页。
② 王运熙:《唐诗精读》,复旦大学出版社2008年版,第308页。

事件等有一些记载与描述，但由于时代变迁，特别是改土归流后，土司城被毁、家族迁徙流散，族谱断续；加上族谱所具有的重褒扬、呈显赫、轻细节、避污诟的通病，其对区域社会、唐崖土司发展历史场景的记载大多缺失，参考的价值也有限。那么，现存的唐崖土司城址及其考古发现，就成为认识、研究区域社会与唐崖土司发展的重要物证。

唐崖土司城的建造艺术，从一个侧面反映了唐崖土司在区域社会的财富聚集。唐崖土司城占地千余亩，对地质地貌、安全布防、堪舆教化、行政交通等均有综合考量，建筑物体量巨大，装饰豪华。这些都必须以强大的治理能力为基础，有厚实的财力、物力，包括建造能力为依托与支撑。在地处深山相对封闭的环境中，建造的难度之大可想而知。虽然由于军功受到朝廷的奖赏，但土司城的建造所需，肯定主要靠土司自己筹措。如果没有唐崖历代土司对区域社会的管治与经营，积累数量可观的财富，是不可能实现"王城"大梦的。从现有文献可知，第十二代土司覃鼎战功显赫，其夫人田氏管理有方，是土司城重要的拓展与建造者。但所需财富从何而来呢？唐崖土司属级别较低的土司，统辖人口较少，有史料证实，明代中期唐崖土司正常情况统辖约400户，1000余人；鼎盛时期的四至距离也不过百余里[①]，管辖范围约600平方公里。[②] 又由于辖区为山地，民力有限。所以唐崖土司城的建造，所动用的民力主要是治下的百姓，但所需的财富则可能主要来自对外征伐中的掠夺。关于这一点，历史文献中有所记载。任职时间最长的第六世土司覃彦实"为人霸道""以桀骜闻"；第九世土司覃万金任职期间屡次侵袭邻近诸县；隆庆、万历年间，"诸蛮得志，益肆猖狂，破关攻城、杀官劫印"，"吞占屯堡，抄劫人民"，而唐崖土司参与其中，占领黔江多地。[③] 为争夺资源，唐崖土司与周边诸土司曾"世相仇杀"，互相攻伐不断。唐崖土司城址的建筑与艺术成就，不仅反映了土司的战功，也反映了其对地方的侵扰与掠夺，这是艺术表象背后不容否认的历史事实。

---

① 参见咸丰县政协文史资料委员会、唐崖土司城遗址管理处编《唐崖土司城址》，湖北人民出版社2015年版，第43、50页。
② 参见中华人民共和国国家文物局《土司遗址》申报书，第108页。
③ 参见咸丰县政协文史资料委员会、唐崖土司城遗址管理处编《唐崖土司城址》，湖北人民出版社2015年版，第44页。

二 反映唐崖土司的精神文化生活

精神文化生活，是一定物质经济基础之上的人们精神追求与价值观念的体现。关于唐崖土司的精神生活，文献记载极少。一方面，存世文献稀缺；另一方面，历史文献往往注重对地方重大事件、著名人物的记载与描述，而对地处深山的唐崖土司及其他土司的精神生活，文献极少关注。因此，从已有的文献很难探求唐崖土司的精神生活与追求。但是，我们从唐崖土司城址的艺术遗存中，却可窥见当年土司精神生活与审美情趣之一斑。

除唐崖土司城址的宗教场所之外，土司城的选址与功能区划分、衙署区中轴对称、后花园与"万兽园"的设置等，无不显示出土司对精致生活的追求。土司城考古发掘出土的盛水容器上的云纹雕饰、牡丹与吉祥"凤鸟"组成的装饰图形，展现出大富大贵、大吉大利的生活景象；衙署月台南部陛板上的石刻几何纹样图案，形成雕梁画栋与窗帘式装饰效果。从这些艺术遗存中，可以想见当年土司的审美情趣，亦可想见当年土司城建筑的华丽与城内生活之奢华。而这些潜藏在具体物象背后的精神生活与审美趣味，是我们从一般史书与方志中难以看到的。土司城的艺术遗存，给后人认识当年土司的内心世界与日常生活打开了一扇窗户。

在唐崖土司城址的考古发掘中，出土了大量的瓷器碎片和不少银饰。其中瓷器以碗、盘为主。碗、盘虽然是生活器具，但艺术装饰精美，图案、文字题款等具有鲜明的艺术特点，传递出众多的社会生活与历史文化的信息。从出土的瓷器碎片看，碗、盘等青花纹饰，以几何纹和花草植物纹为主，包括万字纹、圆点纹、凤纹、缠枝花草纹、折枝花草纹、海水姜牙纹等。碗、盘外底可见"大明年造""万福攸同""长春佳器""长命富贵"等年号款与吉语款。据专家考证，这些瓷器大多来自汉族地区，包括景德镇官窑。这一方面说明唐崖土司当年对精致生活的追求，另一方面也说明唐崖土司与汉族地区发生的经济贸易联系。

总之，历经数百年风雨洗礼与剧烈的社会变迁，唐崖土司城艺术遗存将区域社会结构、文化特质、审美倾向等多样的历史信息保存下来，成就了一份珍贵的历史文化遗产。唐崖土司城的城墙残壁、衙署遗迹、牌坊、王坟、道路、桥梁、石雕与纹饰等等，正是唐崖土司时期社会历史的物化缩影。这些艺术遗存，为研究、认识土司制度与区域社会历史文化等，提供了不可多得的宝贵资源。

第九章

寓教于美：城址艺术教育价值

艺术是人类精神的滋补良药。教育价值是艺术的本质属性之一。艺术以寓教于乐、寓教于美的形式，为人类提供精神食粮。通过艺术欣赏活动，人们不仅可以获得审美愉悦和精神享受，而且能从中增长见识，获得教益，更好地认识自然与社会，更好地认识自我和完善自我。唐崖土司城址艺术蕴含丰富的教育题材，通过对唐崖土司城址艺术的赏析，我们可以从中获得诸多的启迪与教益。

第一节 艺术教育价值的基本内涵

一 教育价值是艺术的本质属性之一

艺术是社会生活的反映，形象性是艺术的基本特征之一。艺术形象是艺术家按照他们对社会生活的独特审美认识创造出来的，既有客观的现实生活根源，又有主观的意识作用。艺术形象是感性与理性、主观与客观的统一。艺术不仅创造美的形象，满足人类的审美需求，而且一件优秀的艺术作品必然包含对社会发展与社会生活的理性认识，体现人类价值观念与社会生活理念，对人具有教育启迪的作用。正因为如此，黑格尔曾指出："实际上艺术是各民族的最早的教师。"[①] 我国著名美学家宗白华先生在《美学散步》中也指出："艺术品中本来有这两个部分：思想性和艺术性"，"艺术不仅满足美的要求，而且满足思想的要求，要能从

---

① ［德］黑格尔：《美学》第1卷，朱光潜译，商务印书馆1979年版，第63页。

艺术中认识社会生活、社会阶级斗争和社会发展规律。"①

文以载道,以文化人,以德润心,是中国传统艺术的重要原则。艺术对社会品格的塑造,积微成著;文化对民族精神的提升,久久为功。"文变染乎世情,兴废系乎时序。"② 文学与艺术反映民族风貌、展现时代思潮,塑造一个民族的品格与精神气象。不仅绘画、建筑艺术承载与展现人文精神,应该说所有的艺术形式都承载着精神与文化的功能,对审美主体与社会发挥着重要的道德教化、精神熏染的作用。优秀艺术作品的重要性,不仅在于人们可以从中看到丰富的生活图景,获得审美享受,而且还因为它体现社会的主流价值观,对审美主体具有教育启示的意义,能促进欣赏者建立正确的人生观、价值观,对社会生活与个人生活产生积极的影响。

在我国,古代书画艺术较为发达,古代画论对艺术的教化功能非常重视。对于书画艺术的教育价值,不同时期的艺术大家有着许多精当的、在今天看来仍具有重要现实意义的论述。东汉的王延寿认为,绘画的作用就是"恶以诫世,善以示后";魏曹植在评价书画的作用时,概之为"存乎鉴戒者图画也";南齐的谢赫则更明确地提出,"图绘者,莫不明劝戒,著升沉,千载寂寥,披图可鉴"。③ 唐代的张彦远认为,"夫画者,成教化、助人伦、穷神变、测幽微"。④ "成教化、助人伦"的观点,强调了绘画的社会功能,尤其是道德教化的价值。这体现了中国古代绘画艺术理论的本质特性。

二 艺术教育价值的基本指向

艺术教育价值的内涵十分丰富,概括地讲,是指艺术作品本身包含着对人类社会或艺术参与者的积极的价值理念或题材内容,人类通过参与艺术活动,鉴赏艺术作品,可能产生联想与思考,受到精神的感化或启示,从而提升道德水平,增强认识社会发展规律的能力,达到心灵的

---

① 宗白华:《美学散步》,上海人民出版社2005年版,第65页。
② (梁)刘勰:《文心雕龙》,岳麓书社2004年版,第420页。
③ 俞剑华编著:《中国画论类编》,人民美术出版社1986年版,第10、12、355页。
④ (唐)张彦远:《历代名画记》,国际中文出版社2003年版,第1页。

净化与精神境界的提升。

艺术的教育价值，既包括艺术作品所蕴含的价值观念对社会的形塑，对道德的启蒙与规制作用，也包括其在文化传播、艺术传承等方面的作用。一件成功的艺术品，除了引起审美主体的愉悦享受、情感共鸣，还包含一定的价值取向和相关的文化信息，能够给社会带来某种启示与教益。无论是一部文学作品，还是一件绘画、雕塑作品，皆莫能外。那种将艺术的价值仅仅归结为审美价值的观点，脱离实际，是对艺术价值的片面理解。在我国，绘画、戏剧、雕塑、文学作品等对爱国、正义、法制、忠孝、廉洁、勤劳、勇敢、诚实、友善等美德的赞颂褒扬，对专制、邪恶、犯罪、奸诈等的鞭挞，无不体现出时代的精神价值追求。当下，有人将文学艺术对美德、对传统文化的张扬讽之为"心灵的鸡汤"，显然是对艺术教育功能的虚化与扭曲。

艺术的教育价值，首要表现的是对艺术参与者的道德规训。艺术所包含的道德内容，对人类的道德观念与社会行为有重要的塑造作用。艺术作品对善良美德的颂扬，对残暴丑恶的鞭挞，以艺术的形式传递给艺术的参与者，并对其道德认知起到调整与塑造的作用。鲁迅先生在谈到美术的社会功能时，曾经指出："美术可以辅翼道德。美术之目的，虽与道德不尽符，然其力足以渊邃人之性情，崇高人之好尚，亦可辅道德以为治。物质文明，日益曼衍，人情因亦日趣于肤浅；今以此优美而崇大之，则高洁之情独存，邪秽之念不作，不待惩劝而国义安。"[①] 鲁迅先生这段对美术教育价值的精辟论述，可以说道出了艺术的真谛，完全适用于所有的艺术门类，而不仅局限于美术本身。

艺术的教育价值，还表现在对艺术参与者素质的提升上。艺术所表现的内容，除表征主流道德观念、价值观念之外，还包含着丰富的历史知识、社会知识与人生经验，更包含着艺术本身特有的技艺。这些知识、经验与技艺等，对于人的素质的提升和精神的愉悦具有重要的价值。1942年，毛泽东同志《在延安文艺座谈会上的讲话》中，明确地提出文艺要为工农兵服务、为广大人民群众服务，文艺工作者要和新时代的群众相结合的光辉思想。周恩来同志也曾多次强调，艺术家作为人类的

---

① 鲁迅：《集外集拾遗补编》，人民文学出版社2006年版，第50页。

"灵魂工程师",应当使自己的作品起到"教育人民、教育后代"的作用,"要使人们在艺术欣赏里得到鼓舞,受到激励,奋发起来"。① 马克思曾说:"艺术对象创造出懂得艺术和能够欣赏美的大众。"② 美的艺术能够提高人们高尚的艺术趣味和健康的审美观念,增强人们对美的鉴别能力和判断能力,帮助人们陶冶性情,培养崇尚真、善、美的情感。这些都是艺术特殊的教育价值。

除以上两个方面之外,在现代社会,艺术可能还具有其他更实用的教育价值。美国著名的美学家托马斯·门罗(1897—1974),在论述艺术的审美价值与社会价值的关系时指出:"在理论上,艺术的美的功能可以和它的功用的、道德的、爱国的、教育的、治疗的以及其他功能区别开来,尽管它们在实际上经常是密切结合的。但是,从有规则的用途和活动的含义上讲,所有这些都属于功能的范围。"他强调:"在特殊情况下……一幅画在道德和爱国主义方面的价值,一部历史小说的教育价值,以及音乐的医疗效果,与它们的美或美的魅力相比,可能被认为是更加急需的。"他认为,艺术之所以是功用的,是因为它们能够为人们提供一种他们所期望的帮助,一种独特的、在某种程度上是专门性的帮助。艺术作品的功能是多方面的和变化的。"艺术作为一个整体,它在审美方面的功能是它的更加广泛的社会功能的一部分。它的社会功能还包括它和其它社会因素——政府、教会、学校和商业企业等——之间的相互作用"。③ 这说明,对于艺术的价值研究,不仅要重视其审美价值,而且要重视其教育价值的挖掘,只有如此,才能全面地展现艺术的本质属性,更好地发挥艺术的社会功能。

按照《保护世界文化和自然遗产公约》对"文化遗产"的定义,"世界文化遗产"本身就具有历史、艺术、科学、审美、人类学等广泛的教育价值。唐崖土司城址艺术包含许多富有教育价值的题材和内容,是亟待开发的优质教育资源。基于本书研究对象的特殊性,下面重点探讨

---

① 《周恩来论文艺》,人民文学出版社1979年版,第149页。
② 《马克思恩格斯全集》第12卷,人民出版社1998年版,第742页。
③ [美]托马斯·门罗:《走向科学的美学》,中国文联出版公司1985年版,第347、352—353、391页。

唐崖土司城址艺术在国家认同、文化认同、道德教化、民族交往交流等方面的教育价值。

第二节 城址艺术的国家认同教育价值

一 王朝认同与国家认同的关联

国家认同是一个具有现代性的政治概念，指"一个国家的公民对自己属于哪个国家的认知以及对这个国家的构成，政治、文化、族群等要素的评价和情感，是族群认同和文化认同的升华。"① 国家认同，是民族国家得以维系与发展的重要前提与保障。

国家认同是一个复杂的概念。在不同的历史时段，国家认同具有不同的内涵。在我国，真正意义上的民族国家（现代国家）建立是相对晚近的事情。历史上的国家，大都是家国一体的王朝国家。这是我们在分析研究历史上的国家认同时必须明确的事情。

虽然王朝国家与现代民族、民主国家有本质的区别，但历史上中华民族的多元一体格局的构成，历史上国家疆域的拓展与维护，又与现代国家有着不可分割的关系。现代国家（民族国家）是历史上王朝国家的延续与继承。在研究历史上的王朝国家认同时，不能采取历史虚无主义的态度。特别需要指出的是，近代以来，王朝国家面临来自西方列强（包括东亚邻国日本）的威胁、国土被分割的危机，王朝统治者的国朝意识与观念亦逐步增强。在晚清，"中国"已成为境内各民族的代称。正如黄兴涛先生所指出的，"大明称'中国'，大清称'中国'，中华民国称'中国'，中华人民共和国还是称'中国'，它就是一种中国人延续下来的国家称谓"。这是"一种独特的历史延续"。② 历史上各民族对王朝国家的认同，对于我国历史疆域的形成与维系，对中华民族的形成与中华文化的传承发展，都有着重要的意义。由此，我们不能因为历史上的国家

---

① 杨妍：《地域主义与国家认同——民国初期省籍意识的政治文化分析》，天津人民出版社2007年版，第8页。

② 黄兴涛：《重塑中华：近代中国"中华民族"观念研究》，北京师范大学出版社2017年版，第40页。

是王朝国家，就否定当时国家或王朝认同的历史价值。

二　城址艺术国家认同的表征

唐崖土司作为一个层级较低的小土司，从其诞生之时起，就是王朝国家推行的"土司制度"的组成部分。唐崖土司长官属朝廷命官，其设立、授职、承袭等都需经过朝廷（皇上）批准。这就从法源上或合法性上确定了土司与朝廷的关系。在唐崖土司存续期间，按照朝廷的要求，按时朝贡，奉调出征，履行相关义务。土司对王朝国家的认同，既是法定的义务，又是土司合法性的前提。所以，在王朝更迭后，土司都上缴前朝命符，向新的统治者表示效忠，争取获得确认与授职。这种认同，实质上是对历史上"国家"正统的认同。朝廷对土司的国朝认同非常重视，土司也十分注意表达其对国朝的认同。虽然在历史上的不同时期，客观存在土司反叛的事件，但总体上说，反叛是个例，认同是常态。唐崖土司亦如此。在唐崖土司城址，以艺术的形式表现出来的对王朝国家的认同非常明显。

城址艺术包含了许多体现土司国家认同的元素。其中最典型的是"荆南雄镇"牌坊所体现的艺术理念与形制。第一，"荆南雄镇"牌坊是王朝国家认同的象征符号。从牌坊建筑的缘起看，是表彰唐崖土司奉朝廷征调，参与平定"奢安之乱"的功绩。所以，牌坊体现了唐崖土司服从朝廷调遣，履行土司义务，维护国朝正统的价值取向。第二，"荆南雄镇"牌坊由朝廷赐建，牌坊匾额由朝廷命官授书，彰显王朝与土司的互动关系。"荆南雄镇""楚蜀屏翰"的匾额，无论是皇上手书，还是朝廷授书，其显示的唐崖土司是朝廷"雄镇"，为国朝"屏翰"的认同内涵，不容置疑。牌坊前后的题记，一是朝廷大员"钦差总督""御史朱燮元为"，二是"湖广唐崖司征西蜀升都司金事兼宣抚司宣抚使覃鼎天启四年正月吉旦"。这两则题记，明确无误地表达了唐崖土司的政治定位与对王朝国家的认同。第三，"荆南雄镇"牌坊所处方位，凸显唐崖土司的王朝认同意识。从唐崖土司城址的功能区划分和城址平面构成看，"荆南雄镇"牌坊立于城址的核心区域。其后是土司的治所"衙署区"，其前面是进入衙署区的中街与上街的接合部。牌坊立于土司城的中心，衙署区的前端，处于进出土司城的必经之地。牌坊每时每刻都在昭示土官土民，此地处皇权治下，并非化外之地；无论是土官土民，都属朝廷的臣民。建设者明显期望通过牌坊所形成的视觉冲击，表达皇权在场的威权形象，以增强自身治权的合法性与威慑力。牌坊上的装饰雕刻，如"奉调出征""除妖镇反""土王出巡"等，都包含了皇权在场的意蕴，体现了唐崖土司对王朝国家的认同，代表了土司及其族群对国族和国家的归属感和心理承诺。唐崖土司多次参加赴京朝贡活动，按朝廷规定缴纳税赋等，都是土司王朝国家认同的具体表现。

三 城址艺术国家认同的现代教育价值

城址艺术所体现的土司国家认同，距今已有数百年。今日之国家与民族都已发生巨大的变化，但以历史唯物主义的观点来看，城址艺术彰显的国家认同意识，仍具有重要教育启示意义。

第一，我国少数民族的国家认同具有悠久的历史。我国自古就是统一的多民族国家。虽然在历史上的不同时期，边疆或边远地区的少数民族与中央王朝的关系呈现复杂性或多样性，但少数民族对国家的认同始终是主流与历史的大趋势。唐崖土司城址艺术所表现出的国家认同，是我国少数民族国家认同的最有代表性的表现之一。这种对王朝国家的认同，是我国多元一体民族格局得以形成的重要原因，也是现代少数民族国家认同的重要历史渊源。城址艺术体现的国家认同，在当代仍然具有现实价值，是进行国家认同教育的重要历史文化资源。

第二，特殊的治理理念与制度安排，是促进少数民族国家认同的重要原因。土司城址艺术展现的对王朝国家的认同，与王朝国家在西南少数民族地区实施的土司制度，以及"齐政修教，因俗而治"的治理理念有着密切的关联。自从秦朝建立统一国家以后，历代封建王朝对少数民族地区实行"羁縻""土司"等特殊治理制度。在这种"因俗而治"的体制下，王朝国家对广大少数民族地区实行了有效治理，获得了少数民族的广泛认同与支持。"土司制度"所表现出的对文化差异的包容与多方利益的权衡，增强了王朝国家的亲和力与影响力，为少数民族的国家认同提供了制度保障与思想基础。

第三，利用历史文化资源加强民族认同教育。新中国成立以来，我国在少数民族聚居区实行了有中国特色的民族区域自治制度。这一制度汲取了历史上对民族地区"因俗而治"的传统智慧，将统一与自治、民族因素与区域因素相结合，促进了民族地区的快速发展与民生改善，维护了国家的统一和民族团结。随着市场经济的推进和社会结构、利益格局的变化，民族地区发展面临一些新情况与新问题。不断增进各族群众对伟大祖国的认同，是当前民族工作的一项重要任务。在新的历史时期，需要从历史的记忆中进一步发掘少数民族国家认同的政治资源，结合实际开展国家认同教育。世界文化遗产"唐崖土司城址"的艺术，就是少数民族国家认同历史记忆中的宝贵资源。

第三节　城址艺术的文化认同教育价值

一　文化认同的层次与意义

文化是民族的重要特性。文化认同是解读族群分野与族际关系的一个重要概念。文化认同既是国家认同的基础，也是国家认同的重要内容。从学理上分析，对文化认同可以从两个维度进行解读：一方面，它表征不同民族个体对自己所属民族文化的认同，其实质蕴含是民族认同；另一方面，它表征民族个体或族群对国家主流文化的认同，其实质蕴含是国家认同。文化认同，既表现为个体意识与行为，也表现为社会的群体认知与行为。从个体的角度审视，它是个体在不同社会情境下的自我定位，是其适应社会的表现。从社会层面看，文化认同是社会认同的重要组成部分，也是个体、群体与社会文化环境的相互作用过程，深层的内涵是个体或群体对国族和国家的归属感和心理承诺。

文化认同的结构呈现多维性，"包含对特定群体的态度、认知、情感等内部心理过程，也包括对认同对象文化符号及价值理念的接纳与践行"[①] 等等。我国是一个多民族国家，各民族都有自己独特的文化。同时，在长期的历史发展过程中，在各民族交往交流交融的基础上，又形成了以儒家文化为主要内容的主流文化。即便是历史上曾经入主中原的少数民族政权，也都认同儒家传统文化，并将其视为治国的圭臬，显现

[①] 参见董莉、李庆安、林崇德《心理学视野中的文化认同》，《北京师范大学学报》（社会科学版）2014 年第 1 期。

出儒家传统文化的强大影响力。中华文化博大精深，它不仅包括了以儒家、道家文化为核心价值观的汉民族文化，也包括各少数民族的优秀特色文化。中华文化是中华民族的根本命脉，是维系与发展中华民族共同体的重要保障。历史上少数民族对中华传统文化的认同，构成了对国族、国家认同的思想基础。唐崖土司城址的艺术遗存，具有明显的文化认同倾向，表现出极强的对儒家传统文化的接受与认同。这种文化认同，在今天仍具有重要的教育价值。

二　城址艺术对传统文化的认同

如前所述，唐崖土司城址艺术多彩多姿，价值蕴含十分丰富。深入分析研究城址艺术的形制与精神蕴含，不难发现都表现出对中华传统文化的强烈认同。从艺术的理念与形制上看，整个城址艺术贯彻了中华传统文化的原则与精神。

选址与布局艺术，以传统堪舆思想为指导。如前所述，唐崖土司城的选址与平面布局十分讲究，是经过严格论证、精心设计而成。其不仅考虑了自然环境、地质基础、安全防卫、交通便利等基本条件，而且贯彻了中华传统文化中的堪舆思想。唐崖土司城位于依山傍水的缓坡台地，设计建造者将周边的山形与"四象"结合，把背倚的山体命名为玄武山，将对面的山体命名为象征南方的朱雀山，将左、右两侧的山体分别命名为象征东方的青龙山和象征西方的白虎山，使唐崖土司城在精神层面成为一座坐北朝南的城堡。城址"负阴抱阳、背山面水"，体现了传统的风水思想。

城址的建筑艺术，遵循传统文化的等级秩序。在我国数千年的封建社会，为维护封建等级秩序，在建筑形制与法式上有一套严格的等级规范，包括建筑的开间、高度、檐口、屋顶瓦兽、使用材料等等。按建筑所有者的社会地位规定建筑的规模和形制，是中国古代社会重要的典章制度，也是中华传统文化的重要内容之一。唐崖土司城的建筑形制与功能区划分，遵循了相关建筑规范。衙署、牌坊、宗祠、宅第、寺庙、墓葬等建筑和建筑群组层次分明、自然协调，整个土司城分区合理，秩序井然，形成建筑的独特风格。衙署核心区建筑仿皇城对称设计，各建筑体之间的间距与开间尺寸等都基本符合传统的建筑范式。

"荆南雄镇"牌坊凸显中华传统文化。在封建社会，牌坊是一种显性的政治文化符号，其功能是张扬与昭示功勋、德政、科第、忠孝、节义等社会美德与伟绩，属于典型的汉族传统建筑文化物象。唐崖土司接受并移植了汉族传统牌坊文化，以表征土司对王朝正统的拥戴与忠诚，张扬唐崖土司荆南之"雄镇"、楚蜀之"屏翰"的荣耀。

城址艺术对儒家孝文化也有传扬。孝是中华传统文化的核心要义之一，有所谓"百善孝为先"之说。关于城址艺术表征孝文化的形制与价值蕴含将在下一节关于城址艺术的道德教化价值里集中阐述。

以上艺术事项及其意蕴，无不说明中华传统文化对城址艺术的深刻影响，是唐崖土司认同中华传统文化的重要例证。当然，我们在挖掘城址艺术的文化认同价值时，并不否认其家族认同、族群认同的作用。在历史的场域，这种由艺术元素表现出来的家族、族群认同，与更高层次的文化认同、国家认同并行不悖。

三 城址艺术文化认同的现代教育价值

第一，城址艺术对中华传统文化的认同体现了武陵地区少数民族的优良传统。武陵山民族地区地处云贵高原东北边缘，历史上属于王朝主流文化与西南少数民族文化的前沿交汇地带，较早受到儒家文化的影响与浸润。尤其是在土司制度之下，王朝对西南少数民族地区的治理加强，少数民族与王朝中央政权的互动增加，与汉族地区的经济文化交流频繁，加上朝廷采取的推行儒学教育的举措等，有效促进了武陵地区少数民族对中华传统文化的认同。文化认同构成武陵地区少数民族的优良传统，也加速了武陵少数民族地区的发展。文化认同是中华民族共同体的重要根基。中华民族之所以能保持多元一体的格局，最重要的原因之一，就是在长期的历史交往过程中形成的各民族的文化认同，以及在此基础上的国族认同和国家认同。少数民族对中华传统文化的接受与践行，包括汉语言文字在少数民族地区的流布，有效促进了民族之间的了解与互动，维护了国家的统一，促进了各民族的发展。

第二，城址艺术体现的文化认同是民族发展过程中的理性选择。少数民族对中华文化的认同有久远的历史。我国历史疆域的形成过程，也是中华文化逐步扩散，并被广大少数民族民众所接受与认同的过程。正如韩愈诗所言:"威令加徐土,儒风被鲁邦。"① 少数民族的文化认同,一方面说明了传统文化具有强大的影响力与感召力,另一方面也表明传统文化满足了少数民族发展的需要,与少数民族的特有文化具有契合之处。正如美国著名文化人类学家哈维兰所指出的,"人们对他们借用的东西是有所创造的,他们从多种可能性和来源当中进行挑选。通常,他们的选择限于那些与他们目前的文化相互兼容的元素"。② 因此,少数民族的文化认同,是长期交往与实践基础上的理性选择。文化的认同不仅对中华民族共同体的构筑意义重大,而且对于促进各民族的发展、维护各民族的利益意义重大。对唐崖土司来说,文化的认同增强了与王朝国家体系的对接和观念的沟通,从而获得了合法性与正当性资源。文化认同与土司的信仰、价值观念、行为模式、表达工具(汉字、书法、艺术)等融为一体,无疑是一种理性选择。

第三,城址艺术文化认同是当代文化认同教育的生动素材。站在今天的立场审视城址艺术所表现的文化认同,不难发现其在认同的内容、认同的表达形式等方面都存在历史的局限性,不能简单照搬。但是,作为历史的艺术遗存,城址艺术仍然具有重要的现实教育价值。习近平总书记要求:"必须全面正确贯彻党的民族政策和宗教政策,加强民族团结,不断增进各族群众对伟大祖国、中华民族、中华文化、中国共产党、中国特色社会主义的认同。"③ 在当下,城址艺术所体现的少数民族对中华文化的认同,完全可以作为进行"五个认同"和"五观"④ 教育的生动教材。

第四节　城址艺术的道德教化价值

以文化人,是文化的本质内涵。我国传统社会是礼法社会,非常重

---

① 严昌校点:《韩愈集》,岳麓书社2000年版,第143页。
② [美] 威廉·A. 哈维兰:《文化人类学》,瞿铁鹏、张钰译,上海社会科学院出版社2006年版,第461页。
③ 习近平:《依法治藏富民兴藏长期建藏加快西藏全面建成小康社会步伐》,《人民日报》2015年8月26日。
④ "五观"即国家观、民族观、历史观、文化观、宗教观。

视文化的道德教化功能。宗白华先生说，中国艺术有三个方向与境界，第一个就是"礼教的、伦理的方向"。[①] 在唐崖土司城址的艺术遗存中，表现道德教化的内容很多，这些内容具有重要的道德教育价值。

一　城址艺术对孝道的传扬

在中华传统文化中，"孝"占有重要的地位。在儒家看来，一切善行与高尚的美德，都是从对孝道的遵循开始的。孝是人世间一种最高尚、最美好的情感。孔子说："夫孝，德之本也，教之所由生也。"[②] 孟子也说："事孰为大？事亲为大。"[③] 对孝道的宣传与弘扬，是我国艺术文化的重要价值，这在各种书画艺术、戏剧艺术、雕刻艺术等中都有丰富的表现。

唐崖土司城址的许多艺术遗存，张扬了孝的道德理念。这里仅举三例：

一是"尊祖敬宗"石雕。在"荆南雄镇"牌坊背面的"楚蜀屏翰"题匾上方，有一幅"尊祖敬宗"的雕刻图案。在该雕刻图案中，家族祖先的牌位置于贡台中央，两边"文官"躬身站立，显示出对先祖的祭拜敬仰之情。该石雕图案表达了唐崖土司在获得朝廷嘉奖、家族显耀之时，不忘根本，告慰祖宗先人的孝道精神。"尊祖敬宗"雕刻图案，被置于牌坊额枋顶层，凸显出强烈的先祖崇拜与追念意识。

二是"土司王坟"及其他土司墓葬。在城址艺术遗存中，墓葬最能体现孝道精神。城址"王坟"建筑体量巨大，"王坟"祭拜台、墓前八字照壁、围栏及雕塑等的精心设计建造、墓室内的精美装饰，都表现出对逝者的崇敬之情，其建造艺术与雕刻纹饰，创造出尽孝、思亲的浓厚氛围。田氏夫人墓牌坊造型虽然较为简单，但正反两面的阳刻书法"万古佳城"与"乾坤共久"，都凸显墓主生前的显赫地位。特别值得注意的是，该墓的碑文前款为"孝男印官茵宗记"。覃鼎之墓，虽然较为简陋，但其墓碑上也标明"孝男覃忠尧祀"。后人难以知晓唐崖土司生前如何行

---

① 宗白华：《美学散步》，上海人民出版社 2005 年版，第 260 页。
② 胡平生、陈美兰译注：《礼记·孝经》，中华书局 2007 年版，第 222 页。
③ 李学勤主编：《十三经注疏·孟子注疏》，北京大学出版社 1999 年版，第 206 页。

孝，但这墓碑上的一个"孝"字，使后人可以想见"孝"在唐崖土司道德规范中所处的重要地位，碑刻提款中的"孝"字将儒家的孝文化表露无遗。

三是"槐荫送子"等石雕。在"荆南雄镇"牌坊的雕饰中，有两幅与子孙繁衍有关的图案，即"断桥送子"与"槐荫送子"。这两幅艺术图案，所表征的是对子孙繁衍的期盼，也体现了中华传统文化"不孝有三，无后为大"①的孝道精神。

值得一提的还有，唐崖第四代土司覃忠孝，以"忠孝"为名，既是对汉文化伦理道德观的认同，也证明了"孝道"对唐崖土司的巨大影响。

二　城址艺术对纯良风俗的倡导

宗白华先生指出："美是调解矛盾以超入和谐，所以美对于人类的情感冲动有'净化'的作用。"② 道德教化与纯良风俗的形成有着密切的关系。纯良风俗是道德教化所追求的重要目标，但纯良风俗的养成受许多因素的影响。

在唐崖土司城址的艺术遗存中，有不少与纯良风俗养成密切相关的艺术图形。在"荆南雄镇"牌坊上，石雕"渔""樵""耕""读""乘龙驭凤""麒麟奔天"等寓意深刻，蕴含着倡导纯良风俗的价值理念，以及对美好生活的向往与精神追求。"渔""樵""耕""读"是中国古代传统艺术中典型的吉祥与教化图案，在各种古建筑中经常出现，广泛运用于宗祠、牌坊、戏台、富家庭院等场所的装饰。它们体现的是一种典型的农耕文明和儒家的理想社会图景。

"渔""樵""耕""读"的艺术图案，倡导的是人们各安本分、勤于劳作、自给自足、追寻知识、知书达理、老幼相携、家庭和睦、社会和谐的生活状态。该艺术图案既赞赏"渔""樵""耕"的辛苦劳作，反映人与自然的和谐关系，又重视"读"的精神追求。这里"读"的蕴含极为丰富，显然不仅仅是简单的识字与数算，更重要的是接受"四书五经"等传统知识的熏陶和道德伦理的滋养，步科举正道，以达到"乘龙驭凤"

---

① 李学勤主编：《十三经注疏・孟子注疏》，北京大学出版社1999年版，第210页。
② 宗白华：《美学散步》，上海人民出版社2005年版，第404页。

"麒麟奔天""光宗耀祖"的胜境。

牌坊石雕图案对读书与教育的重视,与城址书院的设置相契合。据唐崖《张氏族谱》记载,在唐崖土司城的核心区域,即衙署的右前侧建有书院。该书院是覃氏土司子弟学习汉文化的主要场所,也是传播汉文化的重要场所。它对于提高土司子弟的汉文化水平起了重要作用。[①] 唐崖第十一世土司覃文瑞,以"文瑞"为名,包含了以"文"取"瑞"之义,可见唐崖土司对文化与教育的重视。

三 科学对待城址艺术的道德教化题材

与城址艺术所表现的国家认同、文化认同一样,在道德教化、纯良风俗的追求方面,城址艺术也具有历史的局限性,甚至包含有与时代精神不相符的内容。因此,在研究与观赏城址艺术时,我们也要有历史的眼光和批判的意识,采取实事求是的态度。但是,我们也不能苛求于历史、苛求于前人,需将城址艺术所表征的道德教化与理想社会图景,放在历史的场域中进行观赏与审视,汲取其合理的成分,服务于当下的精神文明与和谐社会建设。

第一,历史地评价城址艺术的道德主张。在城址艺术反映的道德主张中,"孝"的成分居多。而历史上"孝"的道德内涵非常复杂,既有精华,也有糟粕。比如,在传统文化中,"孝"与"顺"密切相连,要求后辈子孙无条件地服从上辈长者的意志,做到"三年无改于父之道",也就是终身按照父亲的价值取向行事。"一日为师终身为父",对老师也是只能认同,而不能顶撞。"亲有过,谏使更","谏不入","号泣随,挞无怨"。[②] 封建社会还将"孝"与"忠"相提并论,与等级制度、君臣关系、家族统治等联系起来,强调愚忠愚孝。"事君不忠,非孝也;莅官不敬,非孝也"。[③] 这类道德规范,显然有利于维护专制统治,属于传统孝道中的糟粕,必须予以批判与否定。但是,传统"孝"文化中的确有许

[①] 参见咸丰县政协文史资料委员会、唐崖土司城遗址管理处编《唐崖土司城址》,湖北人民出版社2015年版,第68页。

[②] 李安逸、张立敏译注:《三字经·百家姓·千字文·弟子规·千家诗》,中华书局2011年版,第178页。

[③] (汉)高诱注:《吕氏春秋》,上海古籍出版社2014年版,第269页。

多中华传统文化的精华成分，比如尊祖敬宗，不忘根本；尊敬长者，赡养老人；愉悦父母，友爱兄弟等等。对于这类道德规范，有必要继承与弘扬。

第二，正确理解城址艺术所描绘的纯良风俗与理想社会图景。城址艺术中倡导的纯良风俗，表现的是在生产力水平低下、百姓生活艰难、阶级冲突剧烈、社会秩序混乱的背景下，中原士大夫阶层设想的理想社会蓝图，它们反映了土司阶层对和谐美好生活的精神向往，属于典型的农耕文化的艺术表达。用现代人的观点看，显然具有历史的局限性。但是，历史唯物主义的观点认为，社会存在决定社会意识，人类社会的道德主张和族群的风俗习惯，都是由特定社会的物质生活条件和文化积淀所决定的，具有历史性与时代性。城址艺术所描绘的纯良风俗与理想社会图景，也是特定社会物质的生存条件与文化传统的反映。应该承认，其中对辛勤劳作的颂扬，对和谐社会的向往，对知识与教育的重视，对通过教化促进人的发展的主张等等，属于传统道德文化中优秀的成分，具有正向的社会教育价值，值得在新时代的社会建设、精神文明建设过程中继承与弘扬。

第五节 城址艺术的民族交往交流交融教育价值

城址艺术在价值理念与精神追求上，深受中华传统文化的影响，在形制与技法上表现出对中原汉族传统艺术的全面仿象。这种现象的发生，原因复杂，但最为关键的是受少数民族与汉族长期交往交流交融的影响。可以说，没有民族间的交往交流，也就没有城址艺术。

一 城址艺术是民族间长期交往交流交融的结果

关于历史上武陵地区少数民族与汉族的经济文化交流，以及城址艺术对汉族传统艺术的仿象，在第六章已集中阐述。这里只简要指出两点基本事实。

第一，历史上的民族交往交流全面深入。一是交往交流的历史长。据史料记载，早在秦汉时代，王朝就在"巴郡""南郡"设立"夷道"地方行政机构，管理"巴郡南郡蛮"（指鄂、川边境的少数民族），封"巴郡南郡蛮"君长，进行"通婚""徙民""引蛮水灌田"等，[①] 建立起中原汉族与武陵少数民族政治文化交流的多重管道。在秦汉之后，这种交流管道得到历朝的延续与拓展。二是交往交流的内容多。历史上民族之间的交往交流，包括政治、军事、经济、贸易、文化、教育等诸多方面。随着中原王朝国力的增强，汉唐之后，对武陵民族地区的治理得到强化，民族之间的交往交流更加广泛深入。经济贸易联系得到加强，汉族人口大量迁入武陵民族地区，儒家文化也逐步在民族地区得到传布。三是交往交流有深度。到元明清三朝，随着土司制度的设立，民族之间的交往交流发展到一个新的阶段。民族地区与王朝的互动更加频繁，经济贸易联系更加紧密，汉族与少数民族的混居更加普遍，特别是王朝以行政手段推行儒家教育等举措，使汉族传统文化在武陵民族地区的流布更加广泛深入。

第二，民族交往交流产生广泛的社会影响。民族之间长期的交往交流所产生的社会影响，至少有三个方面：一是促进了不同民族的相互认同。交往交流打破了地域的封闭与环境的阻隔，增进了民族之间的相互了解，汉族与少数民族混合居住、插花式居住增多，促进了区域性和谐民族关系的形成。二是促进了文化认同和国家认同。民族之间的交往交流，与国家对民族地区治理的加强同步发生。随着经济联系增强，文化传布加速，产生"文化涵化"[②] 现象，少数民族对主流文化和王朝国家的认同增加，"国族"意识开始萌发。三是促进了民族地区经济社会发展。民族之间的交往交流，增强了民族地区与汉族地区的经济联系。汉族地区先进的生产技术与优良种植品种被引入民族地区；汉族地区的商品与民族地区的土特产品互市流通等等，都在一定程度上导致了少数民族生产生活习惯、思想观念的改变。在汉族人口大量迁入武陵民族地区的过程中，各类手工业匠师、艺人也纷纷流入，他们的到来，对丰富该地区

---

① 参见吴永章《湖北民族史》，华中理工大学出版社1990年版，第52—54页。
② "当有着不同文化的一些群体开始频繁而直接接触的时候，其中的一个或两个群体原有的文化模式内部随之发生极大的变化，这就叫作涵化"。引自［美］威廉·A. 哈维兰《文化人类学》，瞿铁鹏、张钰译，上海社会科学院出版社2006年版，第464页。

的物质文化生活，传播汉族地区的文化艺术，发挥了特殊的作用。

城址艺术作为一种特殊的文化现象，正是民族之间交往交流的结晶，是中华传统文化与少数民族区域文化交融的产物。将城址艺术置于这样的历史场景，就不难理解其对传统文化的接受与对汉族艺术的仿象。

二 城址艺术反映的"三交"现象具有现代教育意义

各民族之间的交往交流交融意义重大。我国是一个统一的多民族国家。各民族在长期的交往交流交融的过程中，"共同开发了祖国的锦绣河山、广袤疆域，共同创造了悠久的中国历史、灿烂的中华文化"[①]。各民族的交往交流交融，是中华民族共同体得以形成的重要基础，也是维系国家统一与民族团结的重要保障。正是由于历史上不同民族之间长期的交往交流交融，才形成了今天你中有我、我中有你、谁也离不开谁的多元一体格局。虽然，在历史上的不同时期，也曾发生过一些民族之间的冲突甚至战争，但民族交往交流交融是主线，是不可阻断、不可抗拒的历史发展潮流。

在社会主义新时代，各民族之间的交往交流交融，仍然是我国社会主义民族关系的发展方向。随着全国统一市场的形成、地区封闭的进一步打破，民族之间的交往交流交融更加广泛深入，这是历史发展的大趋势，也是社会主义市场经济发展的必然结果。在新时代，我们要遵循民族发展的规律，执行好党和国家促进民族交往交流交融的政策，从有利于各民族交往交流交融的方面出发，完善具体政策，改进工作方式。从加强民族交往交流交融教育的角度看，发掘历史上民族交往交流交融的相关资料，总结历史的经验教训，为新时期的民族交往交流交融提供历史与理论的支持，显然十分必要。

唐崖土司城址之所以能入选世界文化遗产名录，最重要的原因有两个方面：一是它作为土司制度的历史遗存，展现了王朝体制下，对少数民族地区实施的"齐政修教、因俗而治"的政治智慧，体现了对民族差异的尊重与包容；二是它以历史遗迹的形态，凸显了主流文化与民族文化交流对话的人类普遍价值。城址艺术从一个侧面反映了民族交往交流

---

① 《习近平谈治国理政》第 2 卷，外文出版社 2017 年版，第 299 页。

交融的历史事实与影响。城址艺术对中华传统文化的接受与对汉族艺术的仿象，正说明了民族之间文化交流的作用与功能，是民族交往交流过程中文化"涵化"的表现。唐崖土司城址艺术体现的民族交往交流交融，是有益的民族团结教育素材，值得深入研究与大力推介。

第十章

惠泽天下：城址艺术经济价值

唐崖土司城址及其艺术，是一种宝贵的历史文化资源，也是一种重要的"文化资本"，具有重要的经济价值。城址及其艺术的有效转化利用，不仅能推进考古和相关领域的学术研究，而且能产生巨大的经济与社会效益，促进地方经济社会发展与民生改善，满足人民群众日益增长的物质与精神的需求。

第一节 城址艺术经济价值的内涵

一 城址艺术经济价值是一种转化利用形成的价值

艺术除了具有审美价值、认识价值、教育价值之外，还具有经济价值。所谓经济价值，就是艺术可以给艺术行为主体或社会、企业、消费者带来一定的经济效益，满足其经济上或物质生活上的需求。这一点在世俗化的现代商品社会，表现得尤为突出。艺术行为（包括创作）本身是一种劳动形态，需要体力、智力、物质与资本的投入。许多艺术品需要通过市场成为被消费的对象，才能实现其价值，所以，艺术行为主体和消费主体关注艺术的经济价值，是市场规律使然。从这个意义上说，经济价值是艺术的本质属性之一，也是艺术活动可持续发展的重要动力。

世界文化遗产是全人类的宝贵财富。遗产中的艺术遗存，与现实生活中各种艺术形式的重要区别之处，就在于它不可能用现代生活中的价格、币值来测度与衡量，属于无价之宝。不仅艺术遗产不能进入市场交易，实现经济价值，而且国家和社会还需投入大量的人力、物力、资金与技术等，对遗址及其艺术遗存实施保护。但是，世界文化遗产及其艺术遗存，作为一种宝贵的历史文化资源和典型的"文化资本"，可以通过合法、科学的转化利用，在实现其审美价值和历史文化价值的同时，给遗产地和社会带来巨大的经济与社会的利益。正如世界遗产委员会第四十届大会通过的《世界遗产保护伊斯坦布尔宣言》所指出的，要充分认识世界文化遗产（包括其艺术部分）"对人类价值、认同和记忆以及社会与经济可持续发展的至关重要性"。①

从世界各国的经验来看，许多世界文化遗产地，将世界文化遗产及其艺术遗存作为重要的文化与旅游资源进行有效利用，使其成为带动当地经济社会发展的重要引擎。法国巴黎塞纳河畔、凡尔赛宫及其园林，意大利的罗马历史中心区（包括万神庙、竞技场、圣保罗大教堂等）等世界文化遗产，均已成为世界著名的旅游景点和该国历史文化与艺术的靓丽名片，产生了巨大的经济效益与社会效益。在我国，已有的世界文化遗产及其艺术也不乏成功利用的范例。长城、北京故宫、苏州古典园林、武当山古建筑群、龙门石窟、丽江古城等，都产生了巨大的经济效益与社会效益。正是从这个意义上说，世界文化遗产及其艺术的经济价值，是一种通过有效利用、转化而成的经济效益。

唐崖土司城址成为世界文化遗产，为城址及其艺术实现经济价值提供了重要条件。由于刚"申遗"成功不久，城址周边的基础设施尚处于建设阶段，目前其转化利用所产生的经济效益还不明显。但可以肯定的是，随着当地经济社会的发展，人们对城址及其艺术认识的提高，以及旅游基础设施的改善，其转化利用的经济价值前景可期。

二 城址艺术经济价值转化利用的主要途径

一项文化遗产所以被列入世界遗产名录，最根本的原因是这一遗产"从历史、艺术或科学角度看具有突出的普遍价值"②。城址及其艺术经济价值的实现，对于充分发挥世界文化遗产的社会作用意义重大。它不仅可以促进旅游事业的发展，带动相关产业发展，给当地带来巨大的经济

---

① 《世界遗产保护伊斯坦布尔宣言》，中国世界遗产网，http://www.whcn.org/。
② 《保护世界文化和自然遗产公约》，中国世界遗产网，http://www.whcn.org/Detail.aspx?Id=1751。

效益，而且有利于宣传与普及世界文化遗产相关知识，扩大城址的社会影响，反过来促进遗产的保护。试想，如果一项世界文化遗产不能被合法、科学的利用，长期处于一种封存的、与世隔绝的状态，就可能失去其存在的价值，文化遗产保护的动能也很可能递减并最终消失，文化遗产的审美价值、认识价值、教育价值等也无从实现。随着经济社会的发展、人民群众物质生活水平的提高，其对高雅精神文化的追求会越来越强烈。世界文化遗产以其深厚的历史文化底蕴、丰富多彩的艺术形制，处于精品文化的顶端。城址艺术合法、科学的转化利用，有利于丰富人民群众的精神文化生活，满足人们日益增长的精神文化需求。

从世界文化遗产经济价值转化利用的成功经验看，其实现途径主要有三条。

一是旅游发展。这是实现世界文化遗产经济价值的最基本途径。世界文化遗产是重要的旅游资源，其历史、艺术、科学等突出的普遍价值，对国内外游客都有巨大的吸引力。围绕世界文化遗产的旅游业发展，能转化为巨大的经济增长能量。以我国世界文化遗产丽江古城为例，其在列入世界文化遗产后，第一年的旅游人数较上年增加56.2%，第二年增加16.5%，第三年增加39.3%；第一年的旅游收入较上年增加216.7%，第二年增加9.5%，第三年增加52.9%。丽江旅游业对世界文化遗产的依赖度大约为43.6%，旅游业的发展带动了16.6万人就业。[①] 旅游是一项极具成长性与扩展性的朝阳产业，其带动的交通、住宿、餐饮、娱乐、休闲（农家乐）、土特产品营销等具有广阔的发展前景。

二是环境改善。世界文化遗产巨大的影响力，加上旅游业的发展，可以推动资本、信息、科技、人流、物流等经济发展要素的聚集；可以促进遗产地行政主体、经济主体、民众观念的改变；可以促进交通、通信等基础设施的建设等等。这些因素的聚集和影响，将使文化遗产地的经济生态与环境发生质的飞跃，为遗产地的经济发展注入活力，形成以世界文化遗产为中心的经济辐射圈、辐射带，产生巨大的经济效益与社会效益。

---

① 孙燕、李建芸：《经济学视角下的中国世界文化遗产发展》，《中国文化遗产》2010年第6期。

三是传承利用。世界文化遗产包含丰富的艺术形制、艺术符号与历史文化记忆。遗产艺术虽然不能进入市场，直接转化为经济效益，但是其所包含的艺术符号、技艺、历史文化记忆等，却可以通过传承、创新形成与遗产艺术相关的艺术品，以满足旅游者和其他社会群体的需要，从而实现遗产艺术的经济价值。艺术衍生品是由艺术（文化）作品衍生出来的特殊商品，属于文创产品。在这方面，我国相关遗产管理部门已经开展了有益的尝试，并取得丰厚的回报。如北京故宫改变收入主要靠门票的模式，适时调整经营理念与经营方式，尤其对艺术衍生品进行了深度发掘。2014年，故宫在售的艺术衍生品6700余种，销售额超过9亿元，2015年销售额达到近10亿元。① 根据《故宫博物院年鉴》等公开资料，故宫博物院2011年接待游客1400万人次，门票收入6.5亿元。2015年全年参观总人数为1506万人次，门票收入估计在7亿元左右。也就是说，故宫的衍生产品的收入已经超过了门票的收入。

当然，世界文化遗产经济价值的实现，必须遵循依法、科学的原则，正确处理保护与利用的关系。要坚持保护第一的价值取向，防止遗产地为追求短期经济效益，违反世界文化遗产保护的国际公约和国内法律法规，盲目进行开发建设，过度商业化。要防止破坏世界文化遗产地的生态环境，曲解、戏说世界文化遗产的历史文化内涵，造成对世界文化遗产本体与声誉的毁损。因此，唐崖土司城址艺术的转化利用，要坚持社会效益与经济效益相结合的原则，走遗产转化利用的可持续发展之路。

第二节　城址艺术转化利用的初步实践及成效

一　城址艺术的展示利用

展示利用，就是通过各种展示平台和现代技术手段，向社会公众介绍世界文化遗产，让更多人了解世界文化遗产的人类普遍价值，使更多人参与到对世界文化遗产的保护中。展示利用，是世界文化遗产保护与利用的重要途径，世界文化遗产的展示利用可以形成一定的经济效益。目前，唐崖土司城址及艺术的展示利用，主要表现在以下三个方面。

---

① 参见黄蔚《对北京故宫艺术衍生品热卖的思考》，《艺术科技》2016年第11期。

1. 原址露天展示利用。原址展示利用，是世界文化遗产展示利用的基本形式，也是唐崖土司城址艺术展示利用的主要途径。从唐崖土司城址的艺术物象来看，"荆南雄镇"牌坊、石人石马、土司墓葬等重点艺术遗存不可移动，只能进行现场展示利用。"申遗"成功以来，咸丰县政府相关部门根据世界文化遗产保护利用的法律法规与管理规划的要求，在保持原真性、完整性的基础上，对城址艺术露天展示的环境进行了系统整治。在城址核心区修建了参观保护性廊道；在"荆南雄镇"牌坊、石人石马、"土司王坟"等重点文物与艺术体周围建立了隔离护栏等；"根据对城墙的发掘成果，对其坍塌、缺失的文物本体进行维修与加固"[①]；规划并修缮了参观行走线路，建立了引导标识，完善了相关保护措施等等，为城址及城址艺术的原址露天展示创造了良好的条件。

2. 博物馆展示利用。2014年8月8日，咸丰县民族博物馆正式投入使用。该博物馆总建筑面积1866平方米，馆藏可移动文物2100余件。该博物馆集文物收藏、学术研究、宣传教育、文化交流诸功能于一体，是一个多功能的综合性展馆。博物馆不仅全面收藏展示咸丰县的历史文物，而且以系统收藏与展示唐崖土司的历史典籍、唐崖土司城遗址考古发掘文物为特色。唐崖土司城址考古发掘文物及近千卷相关档案文字、图纸、照片、考古发掘资料、文物保护工程与监测资料、图书资料等都保存于此。由于城址保护真实性、原生性等法律规范的限制，城址之内不允许进行现代性开发与建设，所以城址出土的许多物件，包括诸多的艺术品，都只能在博物馆中进行展示，使参观者得以目睹其真容。该博物馆将唐崖土司城址艺术，与整个咸丰的历史文化、丰富的民族民间艺术并列展出，使参观者能超越唐崖土司城址的视域，更好地理解唐崖土司生存发展的历史文化背景，以及唐崖土司与王朝体制、周边卫所、相邻土司的关系，明了其兴衰演进的过程及原因；亦能更好地理解城址艺术与汉族地区文化艺术的交流关系，以及与当地民族民间艺术的关系。该馆的陈列展示与城址的现场展示，形成有机互补，有效提升了城址及城址艺术的影响力。

除咸丰县民族博物馆外，恩施土家族苗族自治州博物馆，也有关于

---

① 罗姗姗：《浅析唐崖土司城遗址保护与利用》，《魅力中国》2016年第39期。

世界文化遗产唐崖土司城址及艺术的展示。该博物馆是湖北省唯一的地区级综合性少数民族博物馆，也是国家二级博物馆。博物馆展厅面积5985平方米，库房及办公区面积8500平方米，藏品达8万余件，主要是反映巴文化、崖葬文化、土司文化和具有民族风情的历史、民俗文物，以及革命文物、各类动植物、矿石标本等。其中，《武陵足音》陈列分为"人类起源""巴人西迁""唐宋遗风""楚蜀屏翰""民俗风情"等五个部分，展示了从建始直立人到各个历史时期武陵地区人们的生产、生活状况，构成了一幅绚丽多彩的民族风情画卷。该馆展示的"土司帽"、"土司印章"、土司夫人使用的"金凤冠"等珍贵文物，集中反映了元、明、清时期鄂西土司制度文化与精神文化的状貌。恩施州博物馆的相关展品，从一个更大的区域范围展示了武陵地区，特别是古施州地区的历史文化，对于理解与解读唐崖土司历史与唐崖土司城址艺术，具有重要参考价值。①

3. 网络展示利用。随着互联网的迅速发展与普及，网络技术与平台成为推介世界文化遗产、普及相关知识、促进文化传播与保护利用的重要途径。2017年6月，咸丰县建立了世界文化遗产"唐崖土司城址"官方网站。该网站设有"走进唐崖""唐崖资讯""景点介绍""唐崖音画"等四大栏目。网站通过"视频欣赏""图片欣赏""历史影像""皇城博物馆""唐崖文化""唐崖景点""科研考古"等子栏目，运用声光电、虚拟与实景相结合的现代科技手段，生动地介绍了唐崖土司及土司城址的历史与文化，展示了唐崖土司城址精美的艺术物象。在"科研考古"栏目中，网站收集并及时推介学界有关唐崖土司及城址研究的成果，成为管理部门和公众了解城址研究动态、促进学术交流的重要平台与窗口。"唐崖土司城址"官方网站的上线，打破了时间与空间的局限，以一种便捷、生动的形式，向世界传播了唐崖土司城址及其艺术的价值。

2017年6月13日，咸丰县民族博物馆虚拟展馆在"世遗唐崖"微信平台上线，免费向社会公众开放。这一平台是恩施州首个线上虚拟博物馆。目前，该虚拟展馆项目包括了博物馆陈列大厅、历史展厅、民俗展

---

① 参见恩施土家族苗族自治州博物馆官网：http://www.bwg.org.cn/2015/0621/104531.shtml。

厅的展品展示浏览，采用实景游览的视觉效果，专业讲解员配音讲解，让大家足不出户就可以参观咸丰县博物馆。同时，该虚拟展示项目还设置了互动环节，提升游览者的参与感。博物馆虚拟游览全新上线，使公众在家里也能够逛博物馆，增添了一种新的观感体验。到2018年1月4日，访问人数达12451人。通过虚拟游览，让更多人对咸丰民族博物馆产生向往，催生"想要亲自来看看实物"的欲望。①

二 城址艺术的旅游利用

"世界遗产"是最权威、公信力最强的旅游品牌。唐崖土司城址申遗成功，对于打造鄂西生态文化旅游圈，促进武陵山地区文化旅游产业发展，将产生巨大的推动作用。

旅游利用是目前世界文化遗产最基本的利用形式之一，也是传播世界文化遗产相关知识，提升其影响力，促进区域经济社会发展的重要途径。据了解，自启动唐崖土司城址"申遗"工作之日起，当地政府就开展了旅游基础设施、服务设施的建设工作。"申遗"成功后，当地政府更是加大建设力度和宣传力度，努力将唐崖土司城址打造成区域文化旅游的"黄金名片"和拉动县域旅游发展的引擎。具体来说，近些年来，当地政府在唐崖土司城址旅游利用方面主要开展了以下几项工作。

一是制定旅游发展规划。在《鄂西生态文化旅游圈发展总体规划》（2009—2020）、《咸丰县旅游业发展"十二五"规划》、《唐崖土司城保护管理规划》（2013—2030）的基础上，当地政府委托北京来也旅游规划设计有限公司编制了《咸丰县旅游发展规划》（2016—2030）。该规划明确提出，以"世遗唐崖、森林咸丰"为突破口，主打"世遗咸丰""山水咸丰""原乡咸丰""红色咸丰""健康咸丰"五大旅游品牌；打造"唐崖土司城遗址公园世界文化遗产旅游核""坪坝营生态旅游核"。以世界文化遗产唐崖土司城遗址为核心，以"土司文化"为内涵，向外延伸至鸡鸣坝、五龙坪，形成集遗产观光、文化体验和休闲生活于一体的遗产旅游地。规划还就道路交通、旅游服务设施、能源、通信、环保、产

---

① 吴尚谦：《咸丰县民族博物馆虚拟展馆正式"上线"》，恩施州文化体育新闻出版广电局网站：http://wtxgj.enshi.gov.cn/2017/0615/563431.shtml。

业体系、智慧旅游等方面做了细致的规定，为唐崖土司城址及其艺术的旅游利用提供了科学依据与指引。

二是改善道路交通状况。目前，咸丰县城通往唐崖土司城遗址的高等级公路已经建成，连接唐崖土司城址与坪坝营、黄金洞以及高山湿地等县内景区的旅游公路已经打通；近几年"该县交通环境不断改善，一小时内可抵达重庆黔江和恩施许家坪2个机场；在'十三五规划'时期内，恩黔线等4条铁路线、3条高速、2条国道、4条省道将穿境而过，为咸丰未来旅游大发展创造了良好的交通条件，全国游客东进西出、南来北往将十分便利"。[①] 道路交通状况的改善，为唐崖土司城址及其艺术的旅游利用提供了重要条件。

三是加强旅游服务设施建设。遗址核心区已完成围栏封闭，遗址内规划展示游线全部贯通，游客服务设施配套基本完成。在城址之外，还开辟了面积达数千平方米的停车场，开通了从停车场到城址公园的摆渡车，设置了城址旅游的指示牌和线路图；对城址外围的民居、铺面、餐馆、旅店等进行了统一的规划与改造；培训了专业的城址游览讲解员，印制了介绍城址历史文化的宣传册页，制作了介绍城址及城址艺术的光盘；配备了与城址旅游安全、环境卫生等相关的设备与人员；按照"互联网+"模式，投入63.68万元，实施唐崖土司城址语音导览系统工程，增设了电子触摸屏、自动感应讲解器、手机APP，通过多媒体技术的运用，实现游客自助参观游览。唐崖土司城址世界文化遗产旅游区基础设施建设工程已完成投资5800万元，游客接待中心、唐崖古镇改造等建设项目已全面铺开。这些旅游服务设施的建设，使城址旅游的基本条件趋于完善，为城址公园的开放创造了条件。

四是完善城址旅游经营管理体制。针对世界文化遗址公园向社会开放后，遗址管理体制与日常运行、接待、管理等方面出现的矛盾冲突，地方政府采用市场化运作、公司化经营的管理模式，进一步完善遗址旅游配套服务功能。目前，已组建"唐崖土司城址综合服务有限责任公司"，开展讲解、接待、服务等日常运营工作；成立了全域旅游发展委员

---

① 曹巧红：《唐崖土司城申遗成功　鄂西旅游发展提速》，《中国旅游报》2015年7月20日。

会，委员会下设"食""住""行""游""购""娱"+"美丽乡村"七个要素建设工作专班。县全域旅游发展委员会定期对"七要素"清单工作进行统筹调度，建立起县级各部门沟通协调机制，分解细化全域旅游目标任务，强力推进相关项目建设。

五是开展唐崖土司城址宣传工作。有关部门配合完成了中央电视台、湖北卫视、湖南卫视等媒体对唐崖土司城址开展的采访和相关视频拍摄工作，并在《中国科学探险》《恩施日报》《恩施晚报》等报纸杂志上刊登唐崖土司城址的相关专题新闻；县政协文史资料委员会与遗址管理处共同编撰的《唐崖土司城址》一书已正式出版；城址保护管理工作的报道，相继在《中国文物报》《人民网》《凤凰网》及国家、省、州文物网站上刊登和发表。这些宣传工作的开展，扩大了城址的影响力和美誉度，为城址的旅游利用起到了重要的推介与促进作用。

在上述工作的基础上，2016 年 6 月 11 日，即我国第 11 个文化遗产日，咸丰县"唐崖土司城址世界文化遗址公园"正式向社会开放。开园当日，遗址公园接待游客近 3 万人。城址公园开放以来，到 2018 年 7 月 5 日，已接待国内外游客 58569 人次，门票收入 159.6 万元。① 世界文化遗产及其艺术的影响，有效拉动了咸丰县旅游发展。截至 2017 年 9 月，全县累计接待游客 473.42 万人次，旅游综合收入累计 46.45 亿元，与上年同期相比分别增长 12.53% 和 16.54%。②

三 城址艺术的传承利用

所谓传承利用，就是利用世界文化遗产的艺术元素，组织开展宣传教育、人才培养、技艺培训与产品开发等活动，通过实践来传承城址艺术的价值蕴含与相关技艺。传承利用是活化世界文化遗产的艺术价值，弘扬民族优秀文化，促进经济社会发展的重要途径。

"申遗"成功以来，咸丰县文化、旅游、教育、经贸等政府职能部门，先后组织开展了世界文化遗产"唐崖土司城址"多种艺术的传承利用活动。如举办唐崖镇漆艺培训班，提出"建设漆艺馆、传承漆文化、

---

① 2018 年 8 月 7 日，咸丰县唐崖土司城址管理处提供。
② 咸丰县旅游局提供：《咸丰县旅游产业发展情况调研报告》（2017 年 11 月 3 日）。

发展漆产业"的理念，希望通过人才培训，发展漆艺产业，"让人们知道瓷器有景德镇，漆器有唐崖镇"。① 唐崖土司城遗址管理部门还利用各种重要节假日，开展进社区、进军营、进校园等活动，积极打造民族文化的传承基地。通过城址"露天博物馆"，让民众感受世界文化遗产及土家族传统文化的魅力和精髓；通过举办系列活动，增进干部群众对"城址文化"的了解，增加民族自信心和自豪感，积极投身"美丽咸丰"建设。咸丰县还深度挖掘"城址文化"，精心打造刺绣、根雕、竹艺等特色旅游商品，启动唐崖土司城址现场民俗展示馆的（土家吊脚楼、丧葬文化、南剧、土家手工艺品）建设。② 2017 年，唐崖土司城址文化创意产品系列获得首届中国特色旅游商品大赛铜奖，唐崖镇入选湖北省旅游名镇创建单位。

总体来看，唐崖土司城址艺术的传承利用尚处于起步阶段。以城址艺术衍生品（纪念品）为例，从世界文化遗址公园开园到 2018 年 5 月，收入仅 50335 元。③ 从入园人数、门票收入、纪念品收入等统计数据可以明显看出，城址艺术的传承利用还有很大的提升空间，城址及其艺术的经济价值还有待进一步开掘。

第三节 改进城址艺术旅游利用的建议

唐崖土司城址入选世界文化遗产，给当地的旅游业发展带来了历史性的机遇。近年，城址及城址艺术的旅游利用虽然取得了一定的成绩，但总体来说，尚处于开局与探索阶段，其带来的经济与社会效益尚未充分显现。目前，城址及其艺术的旅游利用还面临一系列困难与问题。针对存在的主要问题，笔者提出以下几点建议。

---

① 唐崖土司城遗址管理处：《唐崖第一期漆艺培训》，唐崖土司城址官方网站，http://www.tangya.org.cn/h-nd-241.html。
② 李雪莹、吴建刚：《省文物局表示将保护放在唐崖土司城址利用的首位》，湖北省人民政府门户网站，http://www.hubei.gov.cn/gzhd/gzhd/201507/t20150705_683470_7.shtml。
③ 2018 年 8 月 7 日，咸丰县唐崖土司城遗址管理处提供。

一　深度融入鄂西生态文化旅游圈

经过十多年的发展，鄂西生态文化旅游圈建设成就斐然。恩施大峡谷、恩施女儿城、土家族文化展示、利川腾龙洞、苏马荡养生休闲等项目，已成为具有巨大市场影响力的旅游品牌，产生了巨大的经济效益与社会效益，带动了区域经济发展与民生改善。在鄂西生态文化旅游圈发展战略中，咸丰县被规划为"生态型限制开发区"和"鄂西南武陵山森林生态及生物多样性功能区"。唐崖土司城址申遗成功，填补了区域文化品牌和品类的空白。依托世界顶级文化资源，有利于展现鄂西生态文化旅游圈的文化底蕴和风土人情，也让咸丰县经济社会发展走上"绿色"的可持续发展之路，实现人与遗产、人与自然的和谐共生。

但迄今为止，由于基础设施、营销宣传、规划落实、统筹协调等方面的原因，世界文化遗产"唐崖土司城址"融入鄂西生态文化旅游圈还极不深入，未能真正"入圈""入流（客流）"，未能与恩施大峡谷、利川腾龙洞、恩施市的土司城、女儿城等有效对接。目前，恩施——利川——咸丰的三角形地理结构，对发展咸丰旅游极为不利。以恩施为旅游中心地或接入地，游客一般乘车赴恩施大峡谷一日游，然后向西顺"宜万高铁"或"沪蓉高速"，到利川腾龙洞等著名景区。咸丰处于恩施向南的边角，从利川到唐崖，要么经248省道（123公里），要么折返恩施后再到咸丰。从咸丰县整体旅游基础设施来看，旅游交通和集散体系尚未形成，缺乏旅游集散中心、旅游专线交通、大型停车场等。散客到土司城址参观旅游，需从恩施乘坐巴士到咸丰县城，然后换乘到唐崖镇的班车，或租车前往。而县城到唐崖的班车较少，运营也不够规范，租车费用也较高。唐崖镇住宿接待的条件也还较差，许多游客在参观完土司城后，需返回县城住宿，而返程的交通也极为不便。这种状态对旅行散客来说很难接受。游客之间的口口相传，使不少计划到土司城址游览的散客望而却步。

为了解决"唐崖土司城址"深度融入鄂西生态文化旅游圈的问题，需要重点加强道路联通建设，为"入圈""入流"提供交通支持。按照现有规划，咸丰旅游交通的彻底改善，有待"十三五规划"中的"咸来"（咸丰至来凤）高速、"利咸"（利川至咸丰）高速和"恩黔"（恩施至黔江）铁路等交通设施的最终建成。届时咸丰的可进入性将会进一步提高，有可能成为重庆至张家界交通的重要节点。① 这些重大交通设施的建成，将极大改善土司城址的联通环境，使之与重庆、张家界、恩施等周边景区有机对接，形成一条高品质的国际旅游线路。除了加快道路交通建设外，地方政府还需与周边旅游景区和各大旅游企业进行深入的沟通协调，发挥各大旅游企业的积极性，精心设计，提供必要的优惠与支持，使旅游企业愿意来、有钱赚，使游客进得来、留得住、满意归。

二 加快旅游配套项目建设

虽然有世界文化遗产这一金字招牌，但城址的旅游利用还极不充分。城址接待的旅游人数不多②，旅游利用相关产品开发不足，尚未形成辐射规模效应，与其他世界文化遗产地的旅游利用存在较大的差距。咸丰县目前除坪坝营、黄金洞之外，尚未形成其他规模较大、具有重大影响的旅游景区，旅游产业发展速度和深度与资源禀赋不匹配。

从大众旅游心理审视，一般游客出行计划会重点考量三个方面的因素：一是景区品质，值不值得花时间、精力、金钱去看；二是是否方便，包括交通、住宿、购物等；三是性价比，就是花尽可能少的钱，看尽可能多的景点，获得尽可能多的旅行享受。如果费很大的周折，花不少的钱，三五小时看完一个景点就完事了，人们就不会前往，旅游公司也就招徕不到游客。正是基于这种极现实的考量，著名旅游景区都会开发系列旅游产品，或与其他景区实现便捷的联通，以保证游客在景区获得多种体验，使游客至少有一整天的参观游览的内容，尽可能将游客留住。而在系列旅游产品开发方面，土司城址尚存较大差距。从一般游客参观游览的角度看，土司城址的游览时间大约在 3 小时左右。由于其他旅游观光项目尚未建立起来，包括与土司城址艺术密切相关的考古发掘展示，也需返回几十公里外的咸丰县城的民族博物馆参观。这种旅游格局，对

---

① 黔张常高速铁路（西起重庆黔江，途经湖北咸丰，东至湖南常德）已于 2019 年 12 月 26 日开通运营。
② 2016 年 "十一" 国庆假期接待人数 2788 人；2017 年 "五一" 和 "十一" 假期接待总人数为 2584 人。统计数据由咸丰县旅游局提供。

于城址的旅游利用极为不利,它使大型旅游团组进不来,也留不住。

目前,《咸丰县唐崖土司文化产业园项目》正在进行规划设计、招商引资、征地拆迁与配套基础设施建设。该文化产业园项目包括三个子项目:一是"鸡鸣坝旅游综合服务区"——主要包含景区大门、入口服务中心、唐崖广场、景区电瓶车换乘中心、游船码头、生态停车场、唐崖滨水民俗小镇等项目,提供旅游咨询、景区内部交通换乘、餐饮、住宿、购物、娱乐等服务。二是"五龙坪土司文化体验区"——建唐崖土司城遗址公园旅游区土司文化体验中心,占地1500余亩,按1:1复建当年的土司城,建三街十八巷三十六院,包括正殿、内室、官言堂、营房、书院、御花园等;复建部分重要街巷、殿院;建土家族民俗风情园;修建商业步行街、游客接待中心及游乐设施,包含娱乐、体验、餐饮、购物等功能。三是"青狮峡流域观光区"——包含漂流、户外运动、户外休闲、森林养生等项目。[①] 土司文化产业园建成后,使游客在参观唐崖土司城址后,体验土司文化,饱览唐崖河流域的风光,将极大地改善城址旅游利用的环境。

笔者建议,唐崖世界文化遗址公园应尽快建立与坪坝营、黄金洞、严家祠堂、少数民族特色村寨等景点的联动机制,拓展文化旅游、生态旅游、休闲度假游的内涵与外延。在唐崖土司文化产业园项目建设过程中,对影响文物风貌的建设行为、不符合规划的开发和商业行为,应依法予以制止和打击;要注意从制度的层面兼顾当地民众的利益,处理好旅游发展与民生改善的关系,走一条可持续发展之路。尤其是文化产业园项目中的城址复建工程,一定要科学论证,精心设计,规范施工,要凸显城址的历史文化价值与艺术价值特色,防止对历史文化的戏说与庸俗化解读,搞成不伦不类的低俗产品,避免对世界文化遗产的声誉造成不良影响。

三 大力打造唐崖旅游名镇

唐崖镇与世界文化遗产"唐崖土司城址"毗邻,在城址的旅游利用

---

① 恩施州商务局:《咸丰县唐崖土司文化产业园项目》,恩施土家族苗族自治州商务局网站,http://swj.enshi.gov.cn/2017/0718/570796.shtml。

方面承载着特殊的责任与功能。将唐崖镇打造成旅游名镇，既是城址旅游利用的需要，也是唐崖镇发展的重要机遇。唐崖镇应定位为旅游目的地和城址旅游利用的服务基地，大力加强旅游服务设施建设。建议整合资源，在唐崖镇兴建土司历史文化博物馆。在该馆建成之后，将现存于县城民族博物馆的唐崖土司城址考古发掘的展品迁移过去，甚至可以将恩施州博物馆的相关藏品并入唐崖土司文化博物馆，进行集中展示，有效拓展城址露天展示的不足，形成实物与环境的对接与互补。在唐崖镇兴建土家族文化展示项目，将土家族传统的吊脚楼与"农家乐"结合起来，将传统的土家族咂酒文化、织锦文化、编织文化、饮食文化等整合进来，开展传统土家族民居与文化体验活动。打造优美的生态环境，发展度假养生项目。加强旅游服务设施建设，引进有实力的公司，兴建档次较高的旅游酒店，改善游客的住宿条件；鼓励民间投资，建立家庭旅馆，并在卫生服务、价格等方面进行统一规范管理，满足不同层次游客的住宿需求；逐步建成县城有精品、景区有特色、景点有覆盖的住宿设施系统。加快旅游商品市场的建设与管理，规范商铺的经营，使市场成为鄂西民族土特产品、地方特色旅游商品的集散地，满足游客购物需求。统一规划实施街面与道路的美化工程、民居改建工程，形成具有民族特色的旅游环境。

四 城址艺术与民间艺术结合

随着"文物保护"走向"文化遗产保护"步伐的加快，我国的文化遗产保护，也逐步从"物质要素"保护向"物质要素"与"非物质要素"保护并重发展。如前所述，城址艺术与民族民间艺术具有很深的渊源关系。经过数百年的流变，从城址艺术物象中发掘可资传承利用的艺术元素，丰富当下的民族民间艺术，是城址艺术传承利用的重要抓手。在唐崖土司城址附近，至今仍留存有丰富的非物质文化遗产。在传统手工艺方面，有石刻、木雕、根雕、竹编、藤编、绣活、吊脚楼营造技艺、咂酒酿造技艺等；在传统舞蹈与音乐方面，有地盘子、板凳龙、踩高跷、打莲香、南剧、傩戏、薅草锣鼓、土家民歌等；在民风民俗方面，有土家婚俗、土家年俗、人生礼仪等等。正如文物管理专家单霁翔先生所指出的，"物质与非物质文化遗产的区分只是其文化的载体不同，二者所反映的文化元素仍然是统一和不可分割的……非物质文化遗产的被感知、被保护，往往有一个物质化的收藏、研究、展示过程，即非物质文化遗产与物质文化遗产相互印证、相互支撑、相互融合的过程。因此，物质和非物质文化遗产必然是互为表里。物质文化遗产记忆的是传统中的文化，而非物质文化遗产保持的是文化中的传统"。[1] 唐崖土司城址及其艺术物象，是历史上民族、地域的物质与非物质的文化遗产的有机结合，从传承利用的角度来说，将二者有机结合起来，既可使世界文化遗产存续的历史环境更加生动，也可使与城址艺术相关的文化产品更加丰富，为城址及城址艺术的宣传教育和旅游利用等提供更多的文化产品支持，为促进遗产地经济社会发展与民生改善提供更多的路径选择。

五 建立艺术人才培养基地

人才培养是艺术传承利用的关键。在唐崖镇兴办城址艺术人才培养基地，不仅有利于城址艺术的传承和相关艺术产业的发展，而且也有利于城址及城址艺术的保护，促进当地经济社会的发展。唐崖土司城址拥有丰富的艺术物象和深厚的历史人文价值蕴含；城址所处之地，地势独特，山水环绕，自然环境优美，气候温和，四季景色不同；当地具有丰富的民族文化和鲜明的民风民俗，完全具备建设艺术人才培养基地的条件。建议地方政府和相关文化、教育机构进行商讨协作，创造条件，引进多元投资主体，采用市场化运作方式，在唐崖镇建立起各类高校（艺术院校、普通高校和职业院校等）艺术类学生写生与人才培养基地。同时，组织开展雕刻、绘画、织锦、编织等人才培训与服务。积累经验，提高人才培养质量，争取做出品牌，做出影响。推进人才培养与市场需求的对接，鼓励艺术人才创新创业，促进艺术人才培养的可持续发展。

六 加强城址艺术遗存修复保护

由于时代变迁，城址艺术在不同历史时期都曾遭受人为毁损；由于岁月无情，城址艺术经历了数百年的自然侵害。"荆南雄镇"牌坊虽然由于其为石质建筑所以至今整体保持相对完整，但由于人为与自然的原因，

---

[1] 单霁翔：《走进文化景观遗产的世界》，天津大学出版社2010年版，第277页。

牌坊之上的装饰雕刻图形破损、脱落较为严重。"奉调出征""除妖镇反""土王出巡""尊祖敬宗""渔、樵、耕、读""乘龙驭凤""断桥送子"等艺术价值极高的石雕艺术造型，都存在破损残缺现象，"荆南雄镇""楚蜀屏翰"的题刻也缺损严重，受损部分至今尚未得到修复。

能否对已经严重缺损的部分进行必要的修复，涉及对世界文化遗产保护公约相关原则的理解。学界和管理部门都有不少人认为，保持文物的残缺，是体现文物保护的真实性原则。所以，对残缺部分的修复是不必要的，也是不容许的。但笔者认为，从有关世界文化遗产保护的规定及其精神来看，遗产保护并非绝对地禁止对文物缺损部分的修复，而是将法律意义上的"修复"视为"保护"的主要内容之一。《奈良真实性文件》指出："保护：是指所有旨在了解一项遗产，掌握其历史和意义，确保其自然形态，并在必要时进行修复和增强的行为"。第二届历史古迹建筑师及技师国际会议 1964 年通过的《威尼斯宪章》第九条规定："修复过程是一个高度专业性的工作，其目的旨在保存和展示古迹的美学与历史价值，并以尊重原始材料和确凿文献为依据。一旦出现臆测，必须立即予以停止。此外，即使如此，任何不可避免的添加都必须与该建筑的构成有所区别，并且必须要有现代标记。"第十二条规定："缺失部分的修补必须与整体保持和谐，但同时须区别于原作，以使修复不歪曲其艺术或历史见证"。第十三条规定："任何添加均不允许，除非它们不致于贬低该建筑物的有趣部分、传统环境、布局平衡及其与周围环境的关系。"① 从上述保护规定看，文物的保护要体现最小干预原则，但是最小干预并非完全不动或动得最少，而是在特定保护目标下的"最小必要措施"。英国著名建筑遗产保护专家费顿先生，在其名著《历史建筑保护》中指出："任何干预必须是最小必要的"。② 这里的"最小"修饰的是"必要"，针对的主要是各种"保命"，包括结构上"保命"，或材料上"保命"。也就是说，如果文物不加修复保护，该文物本体可能消失，或严重改变其性状，甚至扭曲其普遍性价值与意义。这种情况的出现，显

---

① 《威尼斯宪章》，中国世界遗产网：http://www.whcn.org/Detail.aspx?Id=1751。
② 转引自吴晓、李雁《世界文化遗产明显陵原真性与完整性的保护与阐释》，《中国文化遗产》2016 年第 3 期。

然与文化遗产保护的真实性原则相背离。

对于土司城址艺术来说，必要的修复不仅是保护其完整性、增强其真实性、提升其观赏性的需要，而且是防止这些艺术遗存进一步损坏的需要。如果不对牌坊装饰的石雕缺损部分进行必要的修复，现存石雕部分就可能从残缺处延伸开来，加快风化、脱落的进程，最终危及整个艺术品的存续。如不采取修复措施，若干年后，牌坊上的石雕图案可能全部脱落，甚至"荆南雄镇""楚蜀屏翰"（图10—1）几个大字也将变得不可辨识。

图10—1 严重风化的"荆南雄镇"牌坊石雕

基于上述理解与分析，建议对唐崖土司城址的一些具有重要文化与艺术价值的建筑与装饰石雕的残缺、破损部分进行必要的修复，以便更好地保护其价值与功能。当然，对缺损部分的修复，应该严格按照《威尼斯宪章》的要求，在"对古迹进行考古及历史研究"的基础上，采用传统材料、传统工艺施工。进行修补、加固，要保持文物的原形制和结构，体现"不改变文物原状"的原则，在恢复外观形制的同时，又保留遗址的历史原真性。在修复过程中，要强调"可识别性"要求，制作专门的指示说明标牌。"荆南雄镇"牌坊上残缺的石雕装饰修复，其技术难度比城墙、道路等的修复更大，必须精心组织谋划，请专业的古籍修复专家操作。

除了对残损部分进行必要的修复以外，采取必要的防护措施，保证现有艺术遗存免受人为破坏与自然现象的腐蚀，是唐崖土司城址艺术遗产保护面临的另一重大课题。对于防范人为破坏，管理部门已经采取了不少行之有效的保护措施，并取得不错的效果。但在世界文化遗产保护区，仍可能出现乱刻乱画等不文明行为，甚至造成文物实体性破坏的违法行为，由于这类行为明显违反社会公德，甚至违法，所以比较容易识别与阻止。但自然现象对文物的侵蚀与破坏，是一个长期的隐性过程，控制的难度非常大。目前，城址管理部门对园内的大气、温度、水流、风速等采取了一系列的监控措施,但对自然现象可能对城址艺术造成的破坏性影响,却没有采取有效的应对措施。早年,有关部门在张王庙遗址建起了"罩马亭",对石人石马和一些碑刻进行保护,有效避免了自然界风雪雷电的腐蚀侵害。但对于"荆南雄镇"牌坊、"土司王坟"之上的艺术雕刻,却难以用此办法进行保护。这一困境是其他世界文化遗产面临的共性问题。笔者在参观世界文化遗产"大足石刻"时,发现同样的问题,当地管理部门也未能找到合适的保护办法。

笔者建议,对于裸露的城址艺术物象,可以根据不同的类型与形制,采取不同的防护措施。对于具有艺术特性的柱基、陡坎护板、石狮等物件,可以借鉴世界文化遗产明显陵文物保护工程的做法,采用玻璃罩等形式予以保护,使之与大气隔离,避免风吹雨淋,以及有害物质的腐蚀等,尽量减少自然带来的损害。对于"荆南雄镇"坊、"土司王坟"等不便以"罩亭"或玻璃罩保护的雕刻艺术品,则可采取现代科技办法,进行无害化的表层防护处理,尽量减少其与自然环境的直接接触,防止其风化与自然毁损。对此,可以通过与国家重点文物保护单位和相关科研部门合作,亦可借鉴国外世界文化遗产保护的成功经验。通过以上保护措施,实现世界文化遗产的永续利用。

七　精心设计城址艺术标识

无论是从艺术审美的角度,还是从功用的角度看,为世界文化遗产"唐崖土司城址"设计一套高水平的"城址"标识,具有特别重要的意义。

标识的基本特点是显示事物本身的特征,使人易于辨别,标明此事物与其他事物的不同意义与归属。显著是各类标识的重要特性,绝大多数标识的设置,是为了引起人们的关注。所以,标识一般都具有色彩鲜明、清晰醒目、图形简练等特征。经过设计的标识,一般都具有艺术性,既贯彻审美的原则,又符合实用要求。从社会效果看,具有较强艺术性的标识,一般更能吸引和感染人,给人以较为深刻的印象。标识与其他宣传品(广告等)不同,一旦推出,传播开来,就可能产生持续的影响,形成长期的使用价值,而不能随意改动。虽然标识的本质作用在于它的功用性,但其设计理念与品质、艺术审美特性,对于其功用的实现具有特殊价值。成功的标识能给人美的享受，使人产生过目不忘的视觉冲击，产生丰富的联想与深刻的记忆。

作为世界文化遗产的唐崖土司城址，急需建立一套高质量的视觉识别系统。规范系统的标志能给游人提供完整、规范的视觉印象，也有利于创建旅游品牌，推广景区形象，提升景区文化价值与经济效益。"就历史文化遗迹本身而言，标识起着提供基本信息和导向服务的作用，帮助参观者了解遗迹的资源及价值，同时也可起到引导游览者行为，规范化监管的作用"①。可以说，一套优质的标识系统，是世界文化遗产这张"黄金名片"的名片。从一定意义上说，高质量的标识设计，对于城址及其艺术的宣传展示，并不亚于环境整治和其他硬件建设。

自从唐崖土司城址启动"申遗"工作以来，特别是"申遗"成功之后，在建设世界文化遗址公园的过程中，相关部门已启动"城址"标识的设计工作，并已形成不同类型的城址标识。但是从艺术性、标准型、规范性、功能性等方面审视，"城址"标识设计，还有许多工作要做，还有较大的提升空间。

首先，要规范城址的"形象标识"。"形象标识"在标识系统中处于最高层级，是某一事物的代表性标识，对其他标识起统领的作用。"城址"至今未正式向社会推出统一的"形象标识"。在各种宣传册页、图书推介、展示场所、网络平台上，土司城址的符号表达，大多采用未经设计的"荆南雄镇"牌坊彩色照片，有的采用"唐崖土司"邮票首发纪念图标（图10—2），还有的则采用"世遗唐崖"图案，或采用"世界文化遗产"标识与

图10—2　遗产日邮票首发纪念图标

---

① 范玥：《西安历史文化遗迹标识系统研究——以西安市传统风格区历史文化遗迹标识系统设计为例》，西安建筑科技大学，硕士学位论文，2010年，第17页。

"世遗唐崖"图案并列的办法。

2016年9月24日，咸丰县在恩施州"第三届硒博会"上，举行"唐崖"公共品牌发布仪式，正式将"唐崖"作为县域特色产业公共品牌。该公共品牌采用土司城址最具代表性的牌坊、石马、唐崖河组合成"唐崖"商标标志（图10—3）。据报道，"唐崖"公共品牌共四个注册标识和LOGO。其中，唐崖标志图形商标，包含茶、果蔬、豆制品、茶馆、中药成药、药酒、桐油、漆等产品共10个大类别；唐崖文字及图形组合商标，包含药茶、药草、肉、豆制品、水果、食物熏制等产品共4个大类别；唐崖山水、唐崖茶语两个文字商标，包含茶、茶饮料、蜂蜜、糕点、谷类制品、方便粉丝、食用品香料、调味品、食用淀粉和零食小吃产品。相关负责人表示，"唐崖"公共品牌不是一个企业产品的品牌，更不是政府官方拥有的品牌，而是咸丰县域内各产业的整体形象和特征。① 显然，这个"唐崖"公共品牌与世界文化遗产"唐崖土司城址"的"形象标识"并不是一回事。

图10—3 "唐崖"公共品牌标志

"形象标识"的不确定，对于宣传世界文化遗产"唐崖土司城址"极为不利。城址管理部门应尽快向社会公开征集（招标）"形象标识"。要组织专家对征集（或入围）的"标识"进行评议，并对预选方案提出完善的意见。对最终选定的"标识"，要通过网络和传统媒体向社会公布。通过系列活动宣传标识，提升城址的社会认知，增加世界文化遗产的美誉度。"形象标识"的设计，应提炼出"世界文化遗产""唐崖土司城

---

① 李维君等：《咸丰"唐崖"公共品牌正式对外发布》，咸丰县人民政府官网，http：//www.xianfeng.govn/xfyw/61572.jhtml.cn/xfyw/61572.jhtml。

址"的典型艺术符号,设计精美、内涵丰富、解读正确,具有强烈的视觉冲击力和丰富的艺术文化特点。"形象标识"是城址的代表性标识,一旦向社会公布,就不可轻易改变,也不可乱用。为保护标识的知识产权,有关管理部门应及时注册商标,申请法律保护。对于相关旅游产品使用"形象标识",应建立严格的审查授权制度,维护标识的严肃性,保障与标识相关的各种权益。

其次,要完善城址的系列功能标识。与"形象标识"代表城址整体形象不同,"功能标识"是城址次一级的标识,具有较强的功能性。具体来说,包括三种类型:第一类是"信息标识"——包括对城址历史文化、展示内容的介绍等,一般置于城址入口、游客接待中心、售票厅、展示景点等处。它是参观者了解城址历史、文物价值、文物特点的介绍性标识。信息标识的内容必须真实可信,表达规范简明。第二类是"指示导向标识"——其内容包括整个园区构成格局、功能区划、道路系统、文物名称、游览参观路线等。一般置于入口、游客接待处、售票厅、道路交汇处、展示文物附近等处。"指示导向标识"应标识明确,元素齐全,如路名、方位、文物名称、距下一展示点的距离等等。第三类是"管理标识"——这是园区管理部门对游客或参观者发出的游览参观注意事项或警

图10—4　城址导游标志

示语,如"禁止吸烟""禁止刻画""注意摔倒""禁止触摸攀爬"等。一般置于文物附近或园区的关键点位。"管理标识"要显目,意思表达要明确,表达语言要人性化,体现善意提醒的意蕴,防止过于生硬,避免伤害参观者或游人的情感。系列功能标识的设计,要凝练城址的艺术元素,将标识的引导性功能与审美功能有机地结合起来,使之与丰富的城址艺术相匹配。目前,城址内的"功能标识"还很不规范,一是不成系统,二是缺乏设计创意,标识不明显,如图10—4所示。

艺术特色鲜明、高品质的城址系列标识的设计与使用，将有效改善当下城址标识不全、质量不高的现状，提升城址的艺术形象，促进城址艺术的传播，方便游客参观游览，更好地实现世界文化遗产及其艺术的审美价值与其他社会价值。

八　加大宣传力度与改进宣传方法

虽然在"申遗"过程中和"申遗"成功之后，当地政府和国家有关职能部门对唐崖土司城址做了不少宣传工作，但这些宣传主要是对唐崖土司及城址的介绍，宣传力度明显不够，宣传形式也较为单一，传播范围有限。目前，社会上了解这一世界文化遗产的人并不多，甚至连湖北高校的教师与大学生都少有人知晓。对一般旅游者来说，唐崖土司城址仍极为陌生。下一步的宣传工作，要下大力抓好几件事：一要更加重视对城址历史文化与艺术价值的阐释。要借助专家的影响力，继续深入挖掘唐崖土司城址的历史文化与艺术价值，特别是历史上王朝国家"齐政修教，因俗而治"的民族地区治理智慧，揭示城址艺术的价值蕴含与审美特点，提高其在公众中的知晓率与美誉度。二要组织推出系列有影响的唐崖土司文学艺术作品。建议以历史文献、家族谱牒、民间记忆与传说等为依据，就唐崖土司与朝廷关系、唐崖土司与卫所关系、唐崖土司与相邻土司关系、唐崖土司与汉族地区的交往交流、唐崖土司奉调出征、覃氏土司与田氏土司联姻、田氏夫人峨眉行、田氏夫人代行土司职责与家族管理、朝廷敕建"帅府"与"荆南雄镇"坊、石人石马等传说为题材，创作系列小说，改编电视剧等，讲好世界文化遗产的故事，扩大城址影响。三要利用好现代多媒体力量。除传统平面媒体之外，宣传工作要充分利用互联网、手机等移动平台，以及各种旅游网络资源；要推出有影响力的形象代言人，利用好影响大、覆盖面广的中央级大媒体，形成立体的宣传态势。

总之，唐崖土司城址艺术的保护与利用，关乎文化的传承传播与地方经济社会的发展。只要理念正确，措施得当，假以时日，这颗世界文化遗产"耀眼的宝石"必将放射出更加璀璨的光芒。

参考文献

一 方志与方志校注

（明）李贤等：《大明一统志》，（明）天顺五年刻本。
（明）王士性：《广志绎》，国际中文出版社2004年版。
（明）吴廷举等：《嘉靖湖广图经志书》，书目文献出版社1991年版。
（清）毛峻德等：《鹤峰州志》，（清）乾隆六年刻本。
（清）王协梦等：《施南府志》，（清）道光十七年刻本。
（清）袁景晖等：《建始县志》，（清）道光二十二年刻本。
（清）张光杰等：《咸丰县志》，（清）同治四年刻本。
（清）李勷等：《来凤县志》，（清）同治五年刻本。
（清）李焕春等：《长乐县志》，（清）光绪元年刻本。
（清）廖恩树等：《巴东县志》，（清）光绪六年刻本。
（清）周来贺等：《桑植县志》，（清）光绪十九年刻本。
（清）张九章等：《黔江县志》，（清）光绪二十年刻本。
（清）多寿等：《恩施县志》，民国二十六年铅印本。
（民国）张仲炘、杨承禧等：《湖北通志》，民国十年刻本。
张兴文等：《卯峒土司志校注》，民族出版社2001年版。
杨东甫、杨骥校注：《蛮司合志校注》，广西人民出版社2015年版。

二 古籍与古籍注疏

（汉）司马迁：《史记》，中华书局1959年版。
（汉）班固：《汉书》，中华书局1964年版。
（梁）刘勰：《文心雕龙》，岳麓书社2004年版。
（唐）樊绰、向达撰：《蛮书校注》，中华书局1962年版。

（唐）张彦远:《历代名画记》，国际中文出版社2003年版。
（宋）司马光:《资治通鉴》，中华书局1956年版。
（元）陈澔注，金晓东校点:《礼记》，上海古籍出版社2016年版。
（清）皮锡瑞:《孝经郑注疏》，中华书局2016年版。
（清）张廷玉等:《明史》，中华书局1974年版。
关增建等:《考工记：翻译与评注》，上海交通大学出版社2014年版。
李学勤主编:《十三经注疏·孟子注疏》，北京大学出版社1999年版。
任继愈:《老子绎读》，北京图书馆出版社2006年版。
杨伯峻:《论语译注》，中华书局1958年版。
《容美纪游》整理小组:《容美纪游注释》，天津古籍出版社1991年版。

三　外文译著

［爱沙尼亚］斯托洛维奇:《审美价值的本质》，凌继尧译，中国社会科学出版社2007年版。

［德］海德格尔:《诗·语言·思》，彭富春译，文化艺术出版社1990年年版。

［德］黑格尔:《美学》，朱光潜译，商务印书馆2009年版。

［德］叔本华:《叔本华美学随笔》，韦启昌译，上海人民出版社2004年版。

［法］丹纳:《艺术哲学》，傅雷译，人民文学出版社1963年版。

［美］威廉·A. 哈维兰:《文化人类学》，瞿铁鹏、王钰译，上海社会科学院出版社2006年版。

［瑞士］海恩瑞希·乌尔富林:《艺术史原理》，梁再宏译，中国社会科学出版社1986年版。

［英］H. A. 梅内尔:《审美价值的本性》，刘敏译，商务印书馆2005年版。

［英］克莱夫·贝尔:《艺术》，周金怀、马钟元译，中国文艺联合出版公司1984年版。

四　中文专著

段超:《土家族文化史》，民族出版社2000年版。

龚荫:《中国土司制度史》,云南民族出版社1992年版。

韩林德:《境生象外——华夏审美与艺术特征考察》,生活·读书·新知三联书店1995年版。

何继明主编:《荆南雄镇——镜画唐崖土司城》,中国民族摄影艺术出版社2016年版。

黄现璠等:《壮族通史》,广西民族出版社1988年版。

黄兴涛:《重塑中华:近代中国"中华民族"观念研究》,北京师范大学出版社2017年版。

黄凯锋:《审美价值论》,云南人民出版社2005年版。

刘纲纪:《艺术哲学》,武汉大学出版社2006年版。

罗彬、辛艺华:《土家族民间美术》,湖北美术出版社2011年版。

马大正主编:《中国边疆经略史》,中州古籍出版社2000年版。

单霁翔:《走进文化景观遗产的世界》,天津大学出版社2010年版。

田敏:《土家族土司兴亡史》,民族出版社2000年版。

吴山编著:《中国纹样全集·新石器时代和商·西周·春秋卷》,山东美术出版社2009年版。

吴永章:《湖北民族史》,华中理工大学出版社1990年版。

咸丰县政协文史资料委员会、唐崖土司城遗址管理处编:《唐崖土司城址》,湖北人民出版社2015年版。

萧洪恩:《土家族哲学通史》,人民出版社2009年版。

俞剑华编著:《中国画论类编》,人民美术出版社1986年版。

宗白华:《美学散步》,上海人民出版社2005年版。

四 期刊论文

陈飞:《唐崖土司荆南雄镇坊价值探析》,《三峡论坛》2013年第6期。

段超:《元至清初汉族与土家族文化互动探析》,《民族研究》2004年第6期。

湖北省文物考古研究所等:《湖北咸丰唐崖土司城址调查简报》,《江汉考古》2014年第1期。

湖北省文物考古研究所、咸丰县文物局:《咸丰唐崖土司城址衙署区发掘简报》,《江汉考古》2014年第3期。

黄柏权：《唐崖土司资料搜集整理亲历记》，《湖北文史》2017年第2期。

刘孝瑜：《古代鄂西土家族与汉族的关系述略》，《中南民族学院学报》（哲学社会科学版）1982年第1期。

满益德、凌云：《唐崖土司王城建筑石刻的造"形"与造"势"》，《湖北民族学院学报》（哲学社会科学版）2009年第4期。

莫代山：《"蛮不出境、汉不入峒"考释——兼论明清土家族土司地区的人口流动》，《湖北民族学院学报》（哲学社会科学版）2016年第5期。

覃莉：《土家族区域木雕艺术发展史》，《三峡大学学报》（人文社会科学版）2011年第1期。

王平：《唐崖覃氏源流考》，《贵州民族研究》2001年第3期。

王祖龙、陈露、肖竹：《仿象与象征：唐崖土司城遗迹的文化解读》，《三峡论坛》2014年第4期。

五 其他

中华人民共和国国家文物局：《〈土司遗址〉申报书》。

中国世界遗产网：《保护世界文化和自然遗产公约》。

后　　记

　　承担国家社会科学基金艺术学项目，对我来说是一段特殊的人生经历，其中甘苦，只有自知。项目申报时，绞尽脑汁、忐忑不安；获得立项时，激动不已、诚惶诚恐；研究过程中，压力山大、战战兢兢；完成结项，感觉如释重负、浑身轻快。

　　作为艺术设计专业的高校教师，所长的也许是动手能力与技术性操作，所短的可能是历史文化等方面的知识储备和学理的阐释与分析。这种状况，在行内大概具有一定的普遍性，笔者也不出其外。本课题研究的是世界文化遗产"唐崖土司城遗址"的艺术价值。完成课题，不仅需要对现场艺术物象进行细致的观察、分析，而且需要有相关的历史文化功底与艺术审美能力，特别是理论阐释能力。正是专业特性与思辨能力的局限，才使笔者形成了上述的心路历程。

　　幸运的是，在项目申报与研究过程中，笔者得到了诸多专家的指导与帮助。从我到美院任教之始，老院长罗彬教授就耳提面命，谆谆教诲，为我指明科研发展方向；在项目申报和进行之中，罗院长又不时鼓励鞭策，提出指导性意见，使我受益匪浅。现任院长吴海广教授，是我读大学时的老师，他在挂职咸丰任副县长期间，亲自为我联系调研事宜，收集有关研究资料；在担任学院院长后，又时常关心课题进展，给予我多方面的指导。民社学院的田敏院长，是土司问题研究专家，他不仅对课题申报提供了重要支持，而且他的有关论著为课题的完成提供了重要参考。民社学院的李吉和教授，一直关心我的科研工作，对课题申报和研究提供了多方面的帮助。学校在咸丰挂职的余俊、贺军副县长，也曾对我的调研工作给予重要支持。对这些专家、领导的关心与帮助，我要致以最诚挚的感谢！

感谢咸丰县唐崖土司城遗址管理处的各位领导和工作人员。我几次赴唐崖调研，都受到校友王明松副主任的热情接待。王主任是唐崖当地人，也是名副其实的"唐崖通"。他不顾酷暑，为我们现场解说土司城遗址的历史与文化，介绍遗址艺术；当笔者从网上咨询有关数据时，他亲自到现场测量并及时回复，其敬业精神令我心存感佩。何继明副主任是唐崖土司研究专家，他提供的宝贵研究资料，使我获益良多。遗址管理处办公室的徐瑶同志总是有求必应，帮我查找资料，解决各种具体问题。可以说，没有遗址管理处、县民族博物馆等单位的领导和同志们的支持与帮助，本课题不可能顺利完成。

感谢湖北省文化和旅游厅文物保护与考古处的陈飞处长。陈处长曾挂职咸丰，参与唐崖土司城遗址考古发掘和"申遗"工作，发表关于遗址研究的系列论文。本人曾多次就相关问题向陈处长请教，都得到他热情的解答。

值此书稿付梓之际，我还要感谢我的父母。父亲的"严苛"要求，一直是我前行的重要动力。母亲任劳任怨，不仅担负照顾我女儿生活与学习的重任，而且时常为我的生活与工作操心，尽力免除我的后顾之忧。没有父母的关爱与支持，我不可能完成此项研究任务。

如前所述，由于本人相关能力的不足，书中一定存在诸多不妥甚或谬误之处，敬请专家、读者批评指正。

雷　宇

2020年仲春于武昌